教学关键问题解析丛书

基于核心素养的
高中生物学教学关键问题解析

Jiyu Hexin Suyang de Gaozhong Shengwuxue
Jiaoxue Guanjian Wenti Jiexi

主　编　柳忠烈
副主编　田树青　王金海　蔡　磊

高等教育出版社·北京

内容提要

本书依据《普通高中生物学课程标准（2017年版2020年修订）》，紧密围绕学生学科核心素养的培养，梳理出24个高中生物学教学关键问题，对这些问题进行分析，提出一些可操作性的解决途径，并提供丰富的教学案例作为示范。本书配有相应的数字资源，读者可以扫描二维码观看。本书和配套的数字资源全方位地呈现了基于核心素养的高中生物学教学关键问题的课堂实践和教学指导，有助于教师提升教学能力，发展专业素养，从而促进学生学科核心素养的培养。

本书可作为高中生物学教师的培训教材和教学研修资源，可作为高中生物学教师资格考试参考书，也可作为高等院校相关专业师范生的学习参考书，还可供生物学教学研究者参考使用。

图书在版编目（CIP）数据

基于核心素养的高中生物学教学关键问题解析／柳忠烈主编．--北京：高等教育出版社，2022.12（2024.12重印）

ISBN 978-7-04-058027-3

Ⅰ.①基… Ⅱ.①柳… Ⅲ.①生物课-教学研究-高中 Ⅳ.①G633.912

中国版本图书馆CIP数据核字(2022)第019052号

策划编辑 王文颖　责任编辑 王文颖　封面设计 王 鹏　版式设计 徐艳妮
插图绘制 邓 超　责任校对 刘 莉　责任印制 刘思涵

出版发行 高等教育出版社
社　　址 北京市西城区德外大街4号
邮政编码 100120
印　　刷 天津画中画印刷有限公司
开　　本 787 mm×1092 mm 1/16
印　　张 17.25
字　　数 370千字
购书热线 010-58581118
咨询电话 400-810-0598
网　　址 http://www.hep.edu.cn
　　　　 http://www.hep.com.cn
网上订购 http://www.hepmall.com.cn
　　　　 http://www.hepmall.com
　　　　 http://www.hepmall.cn
版　　次 2022年12月第1版
印　　次 2024年12月第2次印刷
定　　价 45.00元

物 料 号 58027-00

编委会

主　　编：柳忠烈
副 主 编：田树青　王金海　蔡　磊
指导专家：罗　滨　王世东　胡玉华　姚守梅　陈　颖

编写人员：刘　健　侯　峰　李　琳　徐　丹　王金海
杜　军　李　朴　蔡　磊　马小娟　郝俊冉
柳忠烈　夏　静　张亚慧　付　鑫　田树青

序

构建高质量育人体系，培育优秀人才，是国家落实立德树人根本任务的要求，是每个学生生命成长的需求，也是每位教师的责任。在这个日新月异、不断变化的时代，跨界和创新无处不在。教师要主动提升自己的教书育人能力素质，做学生成长的引导者、支持者和陪伴者。教师要让学科教学承载更多的素养功能，在学科知识和技能的基础上，促进学生在学习中获得价值观念、沟通能力、合作能力、共情能力、坚毅品质和多角度思维等的发展；要重视学生创新能力的形成，用具有挑战性的学习任务、担当社会责任的实践活动，激发学生的好奇心、想象力和创新思维，鼓励学生勤于实践，善于合作，敢于质疑，勇于创新，帮助学生形成未来发展需要的正确价值观、必备品格和关键能力。

进入21世纪后，基础教育课程改革已经走过二十余年。随着高中课程改革的深入推进，育人为本的理念深入人心，教师的教学理念发生了显著变化，理论水平和教学实践能力均获提升，教师在教学中积累了丰富的经验，取得了丰硕的成果。2017年底新版普通高中课程标准颁布，2019年新教材启用，对培养学生学科核心素养提出了新要求，基于学生学科核心素养发展来观察课堂教学现状，我们发现，教师还难以很好地解决“为什么教”“教什么”“怎样教”“教得怎么样”等教学基本问题，具体表现为：一是难以把握本学科的育人价值，对学科本质和核心素养理解不深；二是在进行教学设计时，难以精准确定教学目标，难以合理选择情境素材，将素材加工成挑战性任务的能力不足；三是在教学组织过程中，引导学生思考的深度不够，教学结构化水平不高，难以设计出高水平、结构合理的作业，难以命制核心素养导向的试题，等等。此外，部分教师还存在教学实施与设计思路相脱离、教学理念和行为相脱节的情况，还存在部分教学改革实践仍停留在理念层面，课堂教学主要凭经验而行之的现象。

为了有效解决上述问题，帮助教师有能力、有信心迎接挑战，开展基于课程标准的教学。2018年，在“初中学科教学关键问题实践研究”项目的基础上，教师教育资源联盟（以下简称“联盟”）各成员单位相继开展了核心素养导向的高中新课程、新教材实施的研究及实践，启动了“高中学科教学关键问题提炼与解决”项目。围绕着新课程标准、新教材、新高考方案的要求，各学科教研团队聚焦学生核心素养的发展，遵循高中教师日常教学工作的逻辑，找到影响教学设计与实施质量的关键因素，开展了系统的理论研究和实践探索。特别是开展了一系列案例研究和教学实践，探寻解决问题的思路和策略，并对成果进行了系统梳理，将其转化为教师教育资源建设。

在过去的四年里，教师教育资源联盟的部分成员单位组建了高中语文、数学、英语、物理、化学、生物学、政治、历史和地理共九个学科团队。在各成员单位的组织和支持下，每个学科团队都由本区域学科教研员牵头形成核心团队，成员均为当地学科骨干教师和学科专家。本着坚持课标导向、素养导向、问题导向、实践导向、需求导向的原则，各学科团队在研究的基础上，走进学校，深入课堂，以具体的课例研究为载体推进项目。教师教育资源联盟秘书处定期组织学科团队开展专题研讨，分享地区和学科经验，解决实际问题，并邀请专家以专题讲座的方式进行高位引领，统筹协调各学科团队按照项目计划有序推进各项工作。

促进核心素养发展的学科教学关键问题是决定课程实施质量的核心问题。本着努力为一线教师提供教学改革方向引领、提供教学改革专业指导、提供教学资源支持的原则，针对教师学科教学能力发展的障碍点、关键点和生长点，涵盖教学设计与实施的重要环节，指向教师专业能力提升，各学科团队从三个维度提炼核心素养导向的教学关键问题：一是课程标准，包括学科核心素养、课程结构、内容要求、学业要求、学业质量等；二是单元教学设计与实施的核心要素，包括确定素养导向的学习目标、凝练引领性学习主题、设计挑战性学习任务和持续性学习评价；三是教师教学专业知识，包括课程知识、教学知识、学科知识、学生知识和评价知识。

为进一步总结和推广基于核心素养的高中学科教学关键问题项目的成果，促进资源内容更具科学性、系统性和适用性，让资源利用价值实现最大化，在教师教育资源联盟成员单位和高等教育出版社的大力支持下，各学科团队开始进行书稿撰写及配套视频资源整理。

“教学关键问题解析丛书”依据普通高中学科课程标准（2017 年版 2020 年修订），聚焦学生核心素养发展，呈现高中学科教学关键问题及解决方案。各册书对每一个教学关键问题进行问题表现及成因的深入分析；结合典型教学案例呈现教学关键问题的解决过程；提炼教学设计与实施的要点与策略，引导教师从现象思考本质，并为教师提供了具有可操作性的教学途径。

教育大计，教师为本。教师提升学科教学能力的关键在于学习，向专家和学者学习，向经验丰富的教师学习，向本校和其他学校的优秀教师学习。此外，基于自己和同伴教学实践的反思，有针对性地进行教学改进，也是一条重要且有效的道路。本套丛书的出版回应了高中新课程新教材实施过程中教师的实践需求，丛书及配套资源全方位呈现了基于核心素养的高中学科教学关键问题的课堂实践和教学指导，为教师提供教学改进的专业支撑，为各地区教研、培训提供资源支持。本套丛书可用作高中教师的培训教材，供相关培训和教研部门使用，也可作为高中教师资格考试的参考书和高等院校相关专业师范生的学习参考用书，还可供学科教学研究者参考使用。

我相信，这套丛书是一套具有“开放空间”的丛书，一定能帮助各地各学科一线教师打开一扇学生核心素养培养与发展的“门”，探索出一套学科核心素养培养的方法和策略，最终收获更加美好的未来！

让我们共同期待！

北京市海淀区教师进修学校校长 罗滨
2022 年 4 月 23 日

前言

我国现代化发展的重要目标之一是“教育强国”，在经历了多轮次、持续的教育教学改革之后，特别是伴随着2017版普通高中课程方案及课程标准的推出，我国基础教育改革走向一个新的高峰。当代我国的教育更加适应国家整体改革和进一步发展的人才需求，也更加坚定地向实现我国教育现代化发展的战略规划与远景目标迈进。

教育领域改革的终极目标是为国家发展培养出具备正确价值观、必备品格和关键能力，在复杂的社会实践中解决问题的能力，适应未来社会发展的公民。随着教育改革和人才培养模式的变化，“灌输式”“说教式”等陈旧的教学方式逐步淡出教育者的视线，但紧盯学科知识本位、依赖机械训练提升知识和能力水平、忽视学科核心素养发展和实践能力培养的教学仍大行其道，教师的育人方式、学生的学习方式变革仍充满挑战，影响着学科育人的质量。在广大教师对课堂教学面临问题的积极探索中，基于深度学习理念的单元教学正被广泛认同并实施，但从传统的课时教学走向单元教学，从单元教学走向学生深度学习，还存在着许多待破解的教学关键问题。

“教学关键问题”本质和内涵界定是至关重要的一个问题。教学关键问题是指对学生核心素养发展具有重要影响的教学问题。这些问题包括教师在教学中如何理解课程标准和课程育人价值，如何理解学科本质、核心内容与思想方法，如何选取最有价值、有效促进学生发展的学习内容，如何设计高水平的单元教学活动以有效达成教学目标，如何开展多元化的教学，如何持续性评价学生学习，如何测评学生素养发展等一系列问题。

“教学关键问题”的提炼是否准确、全面、切中教学“痼疾”，是解决关键问题、落实课程标准、实现学科育人的重要途径。教学关键问题的梳理是一个相对困难的过程，在此过程中本书的作者团队都有了认识上的提升。首先，通过研读课程标准，学习课程理念和目标，课程内容、学业要求和实施建议，我们更好地认识到本学科的育人价值，梳理育人目标，提炼教学关键问题；其次，通过对一线教学过程的分析和再认识，单元教学设计和实施过程中的积极探索，课堂观察和课后交流，教学研究和教师研修活动等，我们更深入地思考课堂教学的困惑和障碍，从一线教师教学的角度提炼出教学中面对的真正的关键问题；最后，通过大量的理论学习和文献查阅，我们借鉴了国内外同行的研究，完善编写思路，调整教学关键问题的内在逻辑性，使之更加系统。

教学关键问题的梳理、提炼和解决，一方面从理论和实践层面，更深入地剖析教学现象、归纳分析问题的成因，有助于教师认识教学中的问题，开展基于课程标准的教学，提升育人水平；另一方面，通过案例和案例分析、多种解决问题的实践方案，以及教学、说课等微视频和文献资料（可扫二维码访问），为一线教师提供解决教学关键问题的参考和教学改进的支撑。研究和解决教学关键问题，有助于促进教师的专业发展，促进对教学的探索和思考，认识育人行为的本质，这对提升区域学科教学的质量，落实国家教育改革理念，迈向教育强国具有重要意义。

本项目团队核心成员包括2位教研员和13位一线教师，其中主编柳忠烈承担全书规划和单元1、单元3的审校工作，副主编蔡磊和王金海承担单元2的审校工作，副主编田树青和王金海承担单元4的审校工作。核心团队的撰写分工如下：刘健（1–1）、侯峰（1–2和2–6）、李琳（1–3）、徐丹（1–4和1–5）、王金海（2–1）、杜军（2–2和2–3）、李朴（2–4和2–5）、蔡磊（2–7）、马小娟（3–1和3–2）、郝俊冉（3–3和3–5）、柳忠烈（3–4）、夏静（4–1和4–3）、张亚慧（4–2和4–7）、付鑫（4–4和4–5）、田树青（4–6）。

本书引用的案例由40位教师提供：刘健、侯峰、许晓滨、孙淼、李琳、徐丹、王金海、冀静、夏一凡、蔡磊、闫新霞、杜军、付饶、苏昊然、马磊、邓晓丽、马小娟、苏明学、张斌、郝俊冉、柳忠烈、夏静、汪峡、刘赛男、程卓、李树莹、王魏然、张亚慧、于璇、柏叶、秦洁、付鑫、田树青、汤洋洋、孙荏苒、郭莉、尹丽媛、刘铭玉、陈新月、高成。

另外，高等教育出版社王文颖编辑对书稿体例和内容等提出了诸多具有建设性的修改意见。

在此，向他们一并表示衷心地感谢！

我们希望本书梳理的24个教学关键问题以及问题解决策略，能促进教师专业素养的发展和教学质量的提升，为一线教师的教学改进提供帮助。

北京市海淀区教师进修学校

柳忠烈

2022年7月26日

目录

单元1 高中生物学课程标准及内涵理解

1-1 如何理解高中生物学科的育人价值？

《普通高中生物学课程标准（2017 年版 2020 年修订）》（以下简称新版课程标准或课程标准）将落实立德树人作为课程根本任务，强调生物学课程要凸显生物学的育人价值。如何理解高中生物学科的育人价值？通过对这个关键问题的分析和解决，希望教师能够：

- 认识课程育人目标与生物学科育人目标的共性与特性，理解生物学科具有的独特育人价值。
- 探索在教学过程中实现生物学科独特育人价值的途径。

教学关键问题分析

新中国成立以来，我国进行过八次基础教育课程改革。中学生物学的课程目标从“双基”发展到“三维目标”，再到“核心素养”。课程目标的变化体现了随着社会、经济、教育的发展，人们对中学生物学课程价值的认识从掌握知识体系，到追求人的素质发展，培养全面发展的人。那么，生物学科应该承载怎样的育人目标，具有怎样的育人价值？

一、生物学课程是实现国家课程育人目标的重要组成部分

我国现代教育的目标与任务正从实现学科价值演进到落实育人价值。中国学生发展核心素养（图 1-1-1）回答了国家课程“培养什么人”这一根本问题。生物学课程与其他学科课程一样，其育人目标与国家教育总体方针一致：引导学生树立正确的国家观、历史观、民族观、文化观，切实增强“四个自信”；积极培养和践行社会主义核心价值观，深入开展中华优秀传统文化教育；帮助学生养成良好个人品德和社会公德。但学科育人不只是思想教育、道德教育，还是价值教育、情感发展、能力提升、习惯养成等各方面融为一体的系统，其中尤为凸显的是学科的核心价值观、学科思维方式、学科学习策略方法等。① 一种学科对于学生发展的价值，除了学科领域的知识外，从更深的层次看，还应该给学生认识世界和解决问题的独特视角、思维方法和特有的逻辑。② 高中生物学学科核心素养正是结合生物学科的学科本质及其独特的育人价值而凝练出来的。生物学学科核心素养的本质就是体现学科的育人价值，是对学生在生物学学习过程中需要形成的正确价值观、必备品格和关键能力的描述。

---

① 成尚荣．学科育人：教学改革的指南针和准绳［J］．课程·教材·教法，2019，39（10）：82-89.

② 叶澜．重建课堂教学价值观［J］．教育研究，2002（5）：3-7，16.

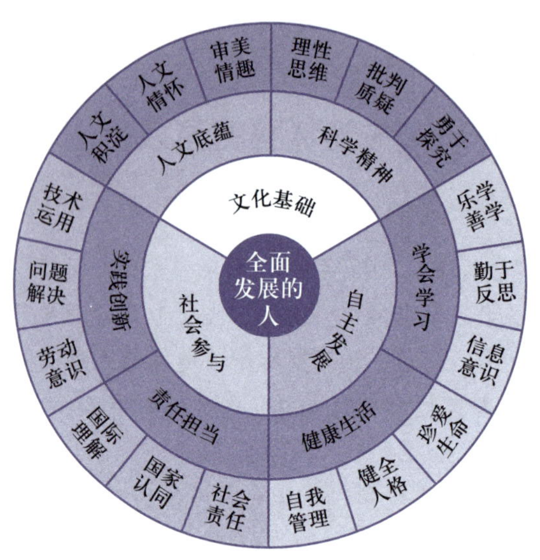

图 1-1-1　中国学生发展核心素养

二、生物学课程体现了科学课程的共性价值

生物学课程作为科学课程的一部分，以培养学生科学素养、发展学生科学本质观为己任。科学教育的重要部分就是让学生学会科学探究和工程实践以及掌握基本的科学概念。① 学生的科学素养应该体现在科学探究能力、科学思维能力、科学精神、科学态度以及社会责任等方面。科学探究和科学思维是生物学课程的两个重要素养目标，两者密不可分，是培养学生科学素养的有效策略。每一个孩子都有与生俱来的探索自然界的欲望，从小学开始的科学课程就将科学探究作为学生获取知识、探索自然、理解科学概念、理解科学家工作的一种学习方式。科学探究是科学本质教学的有效策略之一，科学思维有利于促进学生对科学的理解。新版课程标准将学生科学思维的发展聚焦在以下三点：质疑是思考的视角，实证是判断的尺度，逻辑是论辩的准绳。

三、生物学科具有独特的育人价值

学科育人的差异在于不同学科有其独具特色的概念体系和研究对象、研究方法。生物学是研究生命现象和生命活动规律的科学，具有其他学科不具备的独特育人价值。

1. 生命观念是生物学科独特的素养维度

在生物学科核心素养的 4 个组成中，科学思维、科学探究及社会责任都具有自然科学领域的跨学科属性。而生命观念则是独具生物学学科特点的要素，是本学科核心

---

① 刘恩山，曹保义．普通高中生物学课程标准（2017 年版 2020 年修订）解读［M］．北京：高等教育出版社，2020.

素养的标志和关键。[1] 与细枝末节的生物学知识不同，生命观念有助于学生理解较大范围的生物学事件和生命现象，有助于学生正确认识生命世界、解释生命现象，从而理解生命的本质，进而形成对待生命的态度和意识，乃至形成正确的世界观、人生观、价值观。生命观念使学生在面对现实生活的实际问题和挑战时，具有更好的理解力和决策能力。

2. 生物学思维方式的独特性

生物学思维秉承了科学课程中的科学思维，非常重视基于事实的分析推理，强调证据和逻辑，同时生物学思维方式又独具特色，它是非线性的，更倾向于接受多样性并陈列大量事实，而不在意这些事实是否能用某个统一理论来解释。生物学思维和物理学思维是解释世界的两种不同方法，适用于不同的系统，而且通常是互补的。[2] 了解不同学科思维方式的差异，可以有针对性地帮助学生突破学习瓶颈，实现思维能力的全面发展。一方面，尊重和理解学生在选科过程中的抉择，尊重个性化发展；另一方面，明确生物学思维对完善学生科学思维，提高分析问题和解决问题的能力等具有重要的意义。

3. 健康文明的生活方式需要生物学知识和方法

生物学教材中有许多具体的内容引导学生形成健康意识，践行“健康中国”的理念。例如，通过“稳态与调节”模块的学习，学生懂得评估健康的各项指标及其含义，从稳态维持、调节方式的角度理解健康是机体稳态维持的过程，认识到建立健康生活方式的重要性，懂得如何维护健康，能运用所学生物学知识解决生活中的实际问题，对健康的生活方式、饮食习惯等作出正确的判断和决策，为未来的健康生活奠定基础。

4. 生态学原理是践行“人与自然和谐共处”观念的基础

生态文明建设关乎国家和民族的未来，生态文明的共同体更是真正的人类命运共同体。高中生物学课程为国家培养的未来接班人，应该能够运用生态学知识和技能分析或探讨人类活动对自然生态系统动态平衡的影响，以及人工生态系统带来的经济、生态和社会效益。选择性必修模块“生物与环境”有助于学生储备生态学基础知识和技能，帮助学生树立和践行“人与自然和谐共处”的观念，形成生态意识、环保意识，主动参与环境保护实践活动，树立和践行“绿水青山就是金山银山”的理念。

5. 生物安全与伦理

生物安全问题是人类共同面临的生存和发展的重大威胁之一。高中生物学课程中，有许多内容可以引发学生思考生物技术安全与伦理问题，如转基因技术的利与弊、生殖性克隆人面临的伦理问题、生物武器对人类造成的威胁与伤害等。学生可以通过日常生活或社会热点话题的讨论，关注生物技术与工程的安全伦理问题，在学习

---

① 刘恩山．生命观念是生物学学科核心素养的标志［J］．生物学通报，2018，53（1）：18-20.

② 阿贝斯曼．为什么需要生物学思维［M］．贾拥民，译．成都：四川人民出版社，2019：99.

与交流过程中形成敬畏生命的观念，遵循正确的伦理道德。

教学关键问题解决

一、构建以育人功能为导向的课程结构

高中生物学课程结构不断调整优化，逐步确立了关心每一个学生发展的改革立场，改革思路从重视学科知识逐渐转向关注人的发展，在保证共通性、基础性的前提下，强化课程的多样性、可选择性，满足学生不同发展需要。

新版课程标准遵循“少而精”的原则，以学科大概念作为教学核心，以主题作为引领，使课程内容结构化、情境化，促进学科核心素养的落实。高中生物学课程结合学生年龄特点和学科特征，关注学生的共同基础和多元发展需求，设置了必修课程、选择性必修课程和选修课程。其中，选修课程涉及现实生活应用、职业规划前瞻、学业发展基础三个方向的多个拓展模块，全面落实以学生为本的育人理念。必修课程和选择性必修课程分别承载着各具特色的育人目标（表 1-1-1），经过高中阶段的生物学学习，学生将在侧重不同又有机整合的模块内容中逐步形成正确价值观、必备品格和关键能力。

表 1-1-1 高中生物学课程部分模块的育人目标

模 块	育 人 目 标
必修 1 分子与细胞	通过学习细胞的物质组成、细胞的结构与功能，初步建立生命世界的物质观、系统观、发展观；分析细胞代谢过程，建立物质与能量观，形成科学世界观和辩证唯物主义自然观。 科学方法和思维：观察归纳法、模型建构（细胞膜的流动镶嵌模型、真核细胞模型）、控制变量和设计对照实验、同位素示踪法、差速离心法等
必修 2 遗传与进化	帮助学生从细胞水平和分子水平理解生命的延续和发展，认识生物界及生物多样性，形成生物进化的观点，建立进化与适应观；从信息的角度认识生命的本质，建立生命的信息观。 假说—演绎法、概念模型(中心法则)、物理模型（DNA 双螺旋结构)、数学模型(种群基因频率变化数学模型)、调查法。通过遗传学研究科学史的内容，感悟科学精神、科学态度和科学思想方法。 遗传学技术原理在杂交育种、遗传病检测预防、人类辅助生殖技术、刑侦和亲子鉴定等方面的应用，培养学生的正确价值观和社会责任感
选择性必修 1 稳态与调节	认识生命系统的调节机制，强化系统观，建立稳态与平衡观，形成局部与整体相统一、稳态与动态平衡等辩证思维。 认同健康文明生活方式对维持人体内环境稳态、疾病预防的意义；宣传毒品的危害及传染病防控措施；结合植物激素和植物生命活动调节机制，分析并尝试提出实践应用方案

续表

模　　块	育人目标
选择性必修 2 生物与环境	认识生命系统与环境的关系，从系统角度认识生态系统中的物质循环、能量流动和信息传递，建立宏观层面的稳态与平衡观、结构与功能观。 数学模型（种群数量变化）建构、调查法、系统分析的思想和方法。 根据人类活动对自然生态系统动态平衡的影响以及对经济、生态和社会效益的影响，尝试提出人与环境和谐共处的合理化建议，形成生态意识、环保意识，践行绿色低碳生活方式
选择性必修 3 生物技术与工程	基于对生命系统的理解，在利用和改造生命过程中形成生命伦理观。 基于事实和证据运用生物学基本概念和原理，就生物技术与工程的安全与伦理问题展开讨论，训练批判性思维；在工程技术实践操作过程中落实实践育人。 运用生物技术解决生产、环境保护及人类健康问题，理性运用生物技术，关注生物技术与工程的安全与伦理问题

二、通过教学活动实现生物学科独特育人价值

宏观的课程育人目标需要落实在具体的教学活动中。目前正在推广使用的基于深度学习的单元教学设计，就是通过精心设计的教学单元，系统化、多角度、循序渐进地实现课程的育人目标。具体到每节课的教学目标的描述，均是为提升核心素养、实现育人目标而设计的。教师在课堂教学中的定位，应当从知识传授转向以人为本，教师要精心设计动手动脑的实践活动，设计富有创意的问题串，引导学生在真实情境下深度学习，使学生有所感悟、有所提升，真正实现能力的提升、观念的形成和情感的升华。

1. 将生命观念作为贯穿生物学课程内容的主线

生命观念是生物学中为数不多但可以贯穿全部课程内容的重要观点，反映了科学家对生物学主题或核心概念的理解和认识。学生应该在较好地理解生物学概念的基础上形成生命观念，如结构与功能观、进化与适应观、稳态与平衡观、物质与能量观等。课程标准对生命观念的描述是用核心概念来具体呈现的。比如，进化适应观在高中生物学内容标准中对应了必修模块的概念 4“生物的多样性和适应性是进化的结果”。

让学生记住一个事实性的知识点并不难，而帮助学生建立一个大概念甚至形成终身不忘的观念则是一个长期且艰巨的过程。学生生命观念的形成有赖于日积月累的学习，需要通过精心设计的教学单元循序渐进、有梯度地逐步形成。首先，教师要研读课程标准和教材，进行模块知识结构的分析，理清生命观念、重要概念在模块间、单元中的分布和逻辑结构；其次，教师要掌握概念教学的方法技巧，生命观念的建立要以概念性知识的教学为基础；最后，教师要精心设计课堂教学活动，学生在主动参与的学习活动和实践经验中更容易构建概念性知识、建立生命观念。

【案例 1】

稳态与调节

在普通高中生物学课程标准中，"稳态平衡观"在选择性必修 1《稳态与调节》和选择性必修 2《生物与环境》中有集中的体现。在进行教学设计规划时，可以整合分析：这两个模块如何体现这一生命观念？各自有何侧重、有何关联？从课程层面上整体设计之后，再细化到单元目标、课时教学目标，最后具体到每课时的学习实践活动，如图 1-1-2 所示。

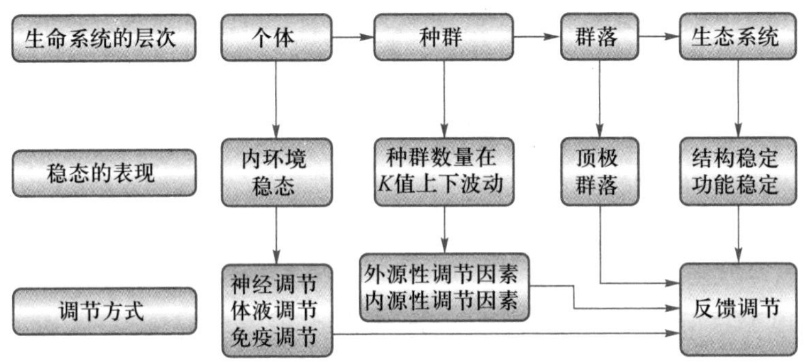

图 1-1-2　稳态与调节相关内容分布

概念 1　生命个体的结构与功能相适应，各结构协调统一共同完成复杂的生命活动，并通过一定的调节机制保持稳态。

概念 2　生态系统中的各种成分相互影响，共同实现系统的物质循环、能量流动和信息传递，生态系统通过自我调节保持相对稳定的状态。

案例分析：

上述案例在进行整体设计时，在个体水平、群体水平不同的生命系统层次上将稳态平衡观渗透其中，使学生从不同层面上领会稳态是生命系统的基本特征，稳态在不同的生命系统有不同的表现形式，生命系统通过不同的调节机制维持稳态。整个教学单元完成后，学生对稳态平衡观可以形成比较丰满的认识，能从稳态与平衡的角度理解人体健康的表现和维持，理解生态系统的修复、生态工程的原理，使生命观念真正成为学生思考问题、解决问题的思想方法。

（案例提供：刘健，清华大学附属中学）

2. 在潜移默化中形成生物学学科思维

教学生学会思考，应该是生物学最重要的育人价值。学生学会思考，能够分析问题、理性判断、科学决策、创造性地解决问题，这是伴随学生一生的能力，是全面发展的人所具备的核心要素。培养学生科学思维方式的契机有很多，如认识模型和建构模型，学生从制作细胞模型、DNA 双螺旋结构模型开始认识物理模型；通过中心法则的构建认识概念模型；在生态系统种群数量增长、遗传平衡群体等内容中了解数学模型。生物学课堂帮助学生逐渐理解建构模型是一种建构性学习活动，也是一种重要的科学研究方法、科学思维方法。在这个过程中，学生体验归纳概括的思维过程，尝试从抽象到具体的思维转换，学会科学概念的构建，学会反思、矫正和修订。又如假说—演绎法，学生在学习遗传学时知道孟德尔运用假说—演绎法发现了遗传定律。学习的重点不仅仅是遗传定律本身，理解假说—演绎法这种科学研究方法和思维方法的习得比定律知识的获得更为重要。在生物学教学中，教师应该适当创设新的问题情境，使学生运用假说—演绎法，尝试进行基于事实和证据的逻辑推理，发现生物学规律或机制。

生物学的研究对象是复杂的生命系统，生命系统的复杂性使得生物学研究的思维方式更愿意接受多样性。在生物学中，系统的组成部分不仅种类繁多，而且涉及很多层级，比如，分子层面上蛋白质具有多样性，构成生物体的细胞类型多种多样，生物体内部的组织器官也功能各异。生命系统的各个组成部分不但各不相同，而且还很难从整体中被单独拆解出来，部分与整体是相对独立又协调统一的。生物学思维方式与物理学思维方式具有不同的特点。物理学思维致力于发现世界共同的秩序，希望用统一的理论和解释来简化世界的多变性和多样性。所以，如果我们试图运用物理学思维将生命现象进行抽象概括，往往就会忽视掉很多细节，丢弃大量相关信息，最终无法解决问题，甚至得到完全错误的认识。

学生未来面临的社会系统是复杂的，未来生活中必不可少的信息化系统、技术系统也日趋复杂化，并且这些系统和生命系统一样，是不断变化的动态系统。面对未来生活，学生更需要借助生物学思维，获得在复杂系统中分析问题、解决问题的方法。

3. 关注学生身心健康，倡导“健康生活”

健康教育是生物学育人价值最直接的体现。在“分子与细胞”“遗传与进化”“稳态与调节”等模块，都有大量的生物学内容可以与学生的生活实践相联系，让他们学以致用，用来解决生活中有关的问题，并用于指导健康生活。① 比如，糖类、脂质、蛋白质等相关知识可以帮助学生形成健康饮食的观念；预防及治疗癌症、高血压、糖尿病等威胁人类健康的重大疾病，需要生物学知识做依据；艾滋病、流感、新冠肺炎等流行病传播时，具备生物学素养能够更好地帮助学生对疾病的防控措施作出正确的理解、判断和决策。

【案例 2】

细胞中的糖类和脂质

学习“细胞中的糖类和脂质”时，不仅要求学生举例说出糖类和脂质的种类和作用，而且将引导健康生活作为本节课的重要目标。通过问题串引导学生关注糖类、脂肪等的过量摄入对健康的影响，在改进自己膳食习惯的同时，还向他人宣传健康饮食的观念。

---

① 赵占良，谭永平．聚焦学科核心素养，彰显教材育人价值［J］．课程·教材·教法，2020，40（1）：82-89.

主要问题	设计意图
【情境导入】展示图片，马拉松比赛中补给站工作人员递给运动员的补给品是什么？	承上启下，细胞的生活需要水和无机盐，还需要糖类为细胞生活提供能量
【设问】体育课上出现低血糖现象的同学如何快速恢复？ 【讨论】什么是糖？糖一定是甜的吗？甜的一定是糖吗？ （学生自主学习，归纳整理糖的种类和作用）	根据标准，对食品自行判别、分类，暴露前概念
【联系生活】人类食物中糖类的主要来源——粮食作物（主食） 【提问】食物中的糖如何成为人体细胞中的糖？ 【设问】糖类是生命活动的主要能源物质，是否摄入越多越好？ 【设问】糖尿病人的饮食受到严格限制，包括米饭、馒头等主食也都要限量摄取。联系上述知识，分析原因	联系初中阶段学过的知识：食物的消化吸收。 指导健康生活：《中国居民膳食指南（2016）》提出的“控糖”建议，每日糖的摄入量不超过 50 g，最好控制在 25 g 以下
【活动】分析健康减肥食谱；出示“北京鸭”的图片，提出问题：“它每天吃的都是一些玉米、谷类和菜叶，为何长了一身肥肉？”	引导学生思考讨论，发现事实：食物中多余的糖可以转化为脂肪储存起来
（学生自主学习，归纳脂质的种类和作用） 【设问】在全民减肥的时代，脂肪真的有害无益吗？脂肪的作用体现在哪些方面？ 【设问】植物细胞中有脂肪吗？植物脂肪与动物脂肪有何区别？ 【设问】什么是不饱和脂肪酸？我们都需要补充“脑黄金”吗？	区分饱和脂肪酸和不饱和脂肪酸、反式脂肪酸，科学认识常见保健品和食品添加剂的利弊

1-1-1　细胞中的糖类和脂质

案例分析：

以育人为目标的课堂教学设计，将课堂的重心从糖类、脂质等知识细节的学习转移到对生活实际问题的讨论。教师从马拉松运动员的补给品“能量棒”这一具体情境入手，引导学生发现糖类对细胞生活的重要作用，进而联系生活中各种各样的糖类，学习糖的种类、功能，自主构建糖类的概念体系。学生对糖和脂质有许多生活经验，有些是需要规范的前概念，有些是有待甄别的，哪些习惯是健康的，这些都可以作为课堂教学的切入点。本节探讨了运动饮料、低血糖、糖尿病、减肥、保健品等生活实践中的“真”问题，让学生将生物学知识学以致用、分析问题、解决问题，经过“理解—接受—自觉行为”，真正践行健康生活方式，从而实现育人目标。

（案例提供：刘健，清华大学附属中学）

教学中，教师应多方面收集贴近学生生活、生产实践、社会热点、生命科学前沿的教学素材，进行生动有趣的教学设计，提高课堂教学效率，利用好课堂教学阵地，让生物学的育人价值落到实处。

4. 让生物学课堂成为生态文明教育的主场

校园无疑是开展生态文明教育的主阵地。高中生物学教学中有许多生态学基础知识、基本概念，如生态系统的不同类型、生态系统结构、生物多样性、生态系统稳定性等，它们是学生理解生态环境保护、生态环境修复、生态工程的理论基础。利用课堂和各种学校资源，让学生储备足够的生态学常识，将生态文明教育渗透到学生在校的生活学习中，使学生树立人与自然和谐共处以及可持续发展的观念；养成保护环境、维护生态环境的习惯；并能提出人与环境和谐相处的合理化建议；关注环境议题，关注生态学研究的进展，关注生态学工程在实践中的应用及其效果。

5. 学"有用"的生物学，承担社会责任

学生学习高中生物学，未来未必会从事与生物学相关的工作，那么这一段学习经历最终留给学生的是什么？也许很多年以后，学生早就忘了心脏的结构以及它的工作原理是怎样的，但他可能会面对医生的报告单，为要不要做心脏搭桥手术作出决策；可能要对各种营养保健品的推销作出判断；他会知道转基因食品并不像传闻中那么可怕。这些就是具有科学素养的公民应该具备的思考、判断、决策能力，是我们在生物学课堂中培养人的终极目标。

在生物学教学中，我们应时时结合教学内容，启发引领学生用所学的生物学概念、原理参与讨论相关社会议题；能辨别迷信和伪科学；能够用科学的视角向他人宣讲健康生活、环境保护等理念；能依据证据和信息作出理性判断和决策；等等。学习生物学的学生能够感受到现代生活方方面面都离不开生物学知识，生物学学科素养对现代人的生活尤其重要。

【案例 3】

社会热点中的生物学问题

电影《我不是药神》引起了很大的社会反响，生物学教学中可以组织学生讨论慢粒白血病的相关生物学知识，理解单克隆抗体这种药物的制药原理及应用前景，理解生物学知识和技术带来的社会效应，感受科学技术这把"双刃剑"，看到它能解决的技术问题和不能解决的社会问题。

例如，2018 年，我国某科研工作者宣布一对 CCR5 基因编辑婴儿露露和娜娜在中国诞生，这一事件激起了轩然大波，震惊世界。时值基因工程教学结束，我们引入该社会议题：这种基因编辑技术是否能够用于改造人类？我们是否可以利用基因编辑技术让每个家庭都生出健康漂亮的孩子？我们就这些话题组织了辩论赛，如"转基因技术安全吗？""是否应该利用现代生物技术让每个家庭拥有更健康更聪明的孩子？"等等，让学生各抒己见。辩论的结果其实没有输赢，辩论的过程更多的是呈现给学生一个真实的矛盾情境，让学生运用生物学知识原理进行分析判断，作出决策。

在这些真实的案例中，学生切身感受到生命科学所应承担的社会责任。

1-1-2　学生辩论赛视频片段集锦（辩题 1）

1-1-3　学生辩论赛视频片段集锦（辩题 2）

案例分析：

在生命科学迅猛发展的今天，生物学已经悄然渗入现代人生活的方方面面，它解决了我们现实生活当中的大量问题，尤其是医疗健康。在生物学课堂中利用科技新闻进行社会责任教育是一种有效的方式。教师可以与学生及时分享新的研究成果或科技发展的新动态，共同探讨社会热点问题，讨论可能的应对决策，唤起学生的责任感。

（案例提供：刘健，清华大学附属中学）

【研修作业】

1. 选择一个自己熟悉的教学单元，尝试分析本单元具有哪些育人价值。

2. 生命观念是生物学科独特的育人目标，如何在日常教学中培养学生的生命观念？你有什么经验或困惑？

1-2 如何在生物学科教学中实现立德树人目标？

立德树人是发展中国特色社会主义教育事业的核心所在，是培养德智体美劳全面发展的社会主义建设者和接班人的本质要求。解决这个关键问题旨在改进学科教学的育人功能，落实生物学教学立德树人这一根本任务，希望教师能够：

- 理解立德树人目标的内涵。
- 通过案例研读，将立德树人自觉贯彻在日常教学中。

教学关键问题分析

一、如何理解立德树人

2014 年，教育部印发了《关于全面深化课程改革　落实立德树人根本任务的意见》（以下简称《意见》），要求将立德树人落到实处，充分发挥课程在人才培养中的核心作用，进一步提升综合育人水平，更好地促进各级各类学校学生全面发展、健康成长。

《意见》提出，“改进学科教学的育人功能”是着力推进关键领域和主要环节改革之一，要求各地全面落实以学生为本的教育理念；要组织开展育人思想和方法研讨活动，将教育教学的行为统一到育人目标上来；要在发挥各学科独特育人功能的基础上，充分发挥学科间综合育人功能，开展跨学科主题教育教学活动，将相关学科的教育内容有机整合，提高学生综合分析问题、解决问题的能力。

立德树人就是坚持育人为本、德育为先的教学理念。在教学中要一直坚守这个根本原则，教师在进行教学时应该明确到底要培养什么样的学生，要在平时的教学过程中不断融入社会主义核心价值观，使学生通过课程学习能够拥有比较深厚的知识水平，同时能够具备优秀的道德品质，获得全面发展。

赫尔巴特说过，教育的唯一工作与全部工作可以总结在这一概念之中——道德。道德普遍地被认为是人类的最高目的，因此也是教育的最高目的。[①] 犹如海上冰山，道德教育更多的是隐性的。正如“细雨湿衣看不见，闲花落地听无声”，在学科教学中自然而然地渗透德育内容，更有利于落实立德树人的根本任务。

---

① 胡乐勇．国外教育名家成长经历［M］．桂林：漓江出版社，2011：94.

二、课程标准的要求

检索新版课程标准与立德树人相关的内容如表 1-2-1 所示。

表 1-2-1　新版课程标准中与“立德树人”相关的内容

位　　置	页码	与“立德树人”相关的内容
前言	1	基础教育课程承载着党的教育方针和教育思想，规定了教育目标和教育内容，是国家意志在教育领域的直接体现，在立德树人中发挥着关键作用
一、课程性质与基本理念 （一）课程性质	2	本课程是以提高学生生物学学科核心素养为宗旨的学科课程，是树立社会主义核心价值观、落实立德树人根本任务的重要载体
三、课程结构 （一）设计依据 2. 以发展学生生物学学科核心素养为宗旨，构建课程内容	7	课程内容是发展学生生物学学科核心素养的重要载体，是在本课程中落实立德树人根本任务的抓手。基于学生在“生命观念”“科学思维”“科学探究”和“社会责任”等方面应有的表现，精选必修、选择性必修和选修的课程内容，设计各模块的教学目标及学业要求，以全面落实生物学课程的育人功能
四、课程内容 （三）选修课程 现实生活应用 5.“动物福利”模块开设建议（1 学分）	35	随着社会上一些虐待和残害动物的事件被陆续曝光，动物福利也成为一个备受公众关注的话题。在生物学课程体系中进行动物福利教育，对于普及动物福利理念，培养学生尊重生命、关爱动物的价值观有重要意义，对于发展学生的生物学学科核心素养，落实立德树人目标有着积极的意义。动物福利是校本课程的一个适宜的选题
六、实施建议 （一）教学与评价建议 2. 评价建议 2.1　评价原则	61	评价应遵循立德树人的指导思想，重视学生爱国主义情操和社会责任感的形成；评价应关注学生对生物学大概念的理解和融会贯通；评价应指向学生生物学学科核心素养的发展；评价应体现导向性和激励性；评价方式应具有多样性。使评价既促进学生核心素养水平的提升，又推动教师教学水平的提高，实现评价者和被评价者共同发展的目的

教学关键问题解决

高中生物学课程是基础教育课程的一部分，是树立社会主义核心价值观、落实立德树人根本任务的重要载体。课程内容是落实生物学课程育人价值的抓手，人教版教科书中编写了大量相关素材，在教学中值得我们深入挖掘。

有的素材指向明确，如“过度放牧”指向生态意识，“合理膳食”指向健康生活；有的素材可以多用，如“我国科学家将来自玉米的 α-淀粉酶基因与目的基因一起转入植物中，由于 α-淀粉酶基因可以阻断淀粉储藏使花粉失去活性，因而可以防止转基因花粉的传播带来的基因污染问题”，这一素材既可以用来反映我国科技发展，进行爱国主义教育，也可以用来关注基因扩散可能造成的环境污染，指向生态观念，还可以用作素材讨论转基因生物安全性这一社会议题。

由于教科书篇幅有限，不能把所有的适用素材编写进来，一些最近发生的时事热点也无法在教科书中呈现，这就需要教师结合实际情况对教科书进行二次开发，以满足学科教学需求，落实立德树人根本任务。

总体而言，为实现立德树人目标，生物学教学应培养学生形成生态意识，践行环保理念；对学生进行爱国主义教育，强化国家认同；引导学生珍爱生命，关爱他人，认同健康生活观念；帮助学生科学运用所学知识，理性参与社会议题；借助生物科学史，培养学生的科学精神。下面逐一展开分析。

一、形成生态意识，践行环保理念

地球是目前已知的人类的唯一家园，但由于人口增长过快等因素造成诸多环境问题。通过生物学教学，需要让学生结合生态学的基础知识和原理，科学认识环境问题的由来、危害和合理的治理方式，分析人类活动对自然生态系统动态平衡的影响；帮助学生形成珍爱生命、人与自然和谐共处、可持续发展的观念，树立“绿水青山就是金山银山”的环保理念，形成生态意识；能将生态意识和环保理念转化为环保行动，积极参与绿色家庭、绿色学校、绿色社区等行动，养成保护环境、维护生态平衡的行为习惯，参与环境保护实践；运用生态学基础知识和理念，向周围的人理性解释环保行动，科学宣传低碳生活方式，分析人工生态系统带来的经济、生态和社会效益，提出人与环境和谐相处的合理化建议等。生态学知识、理念、行动之间的关系如图 1-2-1 所示。

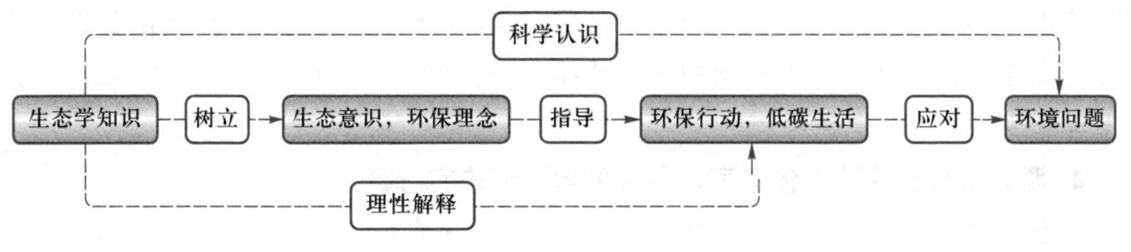

图 1-2-1　生态学知识、理念、行动之间的关系

人教版教科书中列举了水华、过度放牧、实验室有害生物泄漏、杀虫剂污染、除草剂污染、栖息地碎片化、水土流失、生物入侵、生物放大、二氧化碳过量排放、全球气候变化、水资源短缺、臭氧层破坏、土地荒漠化、生物多样性丧失、大气污染、水体污染、土壤污染、基因污染等诸多环境问题；介绍了留存动物迁徙通道，设置禁渔期和禁渔区，建立种质资源库，建立保护区，推广稻蟹种养模式，四大家鱼混养，桑（蔗）基鱼塘，立体农业，开展沼气工程、城市生态工程、三北防护林工程等环保行动或生态工程等。这些都是培养生态文明意识的良好素材。

生态环境问题与实际生活联系密切。教师还应引导学生开展有关的实验、调查和搜集资料等活动，特别是调查了解当地环境中存在的主要问题，搜集生物多样性保护的实例，提出保护建议或行动计划，引导学生了解生态发展的新成就、新成果，培养学生的社会责任感和创新精神。

二、进行爱国主义教育，强化国家认同

我国是有着五千年文明史的大国，教师在教学中若能引经据典，充分介绍前人在劳作中积累的丰富的生物学智慧、与生物学相关的源远流长的传统文化，必然可以提升学生的文化自信。国家集中力量办大事，完成多项举世瞩目的大型生态工程建设，生物科技迅猛发展，教师在教学中不仅要让学生了解其中的生物学原理，也要让学生认同成就源自社会主义制度的优势，增强制度自信。①

1. 前人积累的丰富的生物学智慧

高中生物学教科书列出了许多我国古代劳动人民在生物学上的贡献，教师在教学中应充分使用，以提升学生的民族自豪感。

例如，约 9000 年前我们的祖先就会利用微生物将谷物、水果等发酵成含酒精的饮料。早在公元 5 世纪的北魏古籍中就有关于腐乳生产工艺的记载。

我国古代先民依靠"无废弃物农业"，使得所耕作的土地几千年来一直维持着生产能力。早在西汉时期我国就出现了"间作套种"的农业生产方式，宋代文献就记载了以生长素诱导分化为原理的嫁接方法，宋元时期记载了乙烯催熟现象。

我国是最早养殖和培育金鱼的国家，也是世界上最早用免疫的方法预防传染病的国家，等等。

还有很多与教学内容相关但教科书并未列出的例子，建议教师有意识地搜集、整理并在教学中使用。例如，《农桑辑要》记载适时打顶去心，可促植株开花结实。早春低温时，稻农常将种子置于流动的河流或溪水中浸泡一段时间，去除脱落酸，让水稻种子早发芽。

2. 源远流长的传统文化中有许多与生物学相关的内容

文化与教育存在着天然的、内在的联系。教科书在章首页、正文等多处引经据典，如唐代杜牧的《秋夕》："银烛秋光冷画屏，轻罗小扇扑流萤。天阶夜色凉如水，卧看牵牛织女星。"挖掘生物学教科书中的古诗词、谚语和成语等渗透中华优秀传统文化的内容，将人文社会与自然科学有机结合，既能提高学生的审美情趣，又能提升学生的文化自信。

成语和古诗词中也蕴含着许多生物学知识，例如，动物的先天性行为——无师自通；根的吸收功能和光合作用——根深叶茂；种间关系中的共生——同甘共苦，生死与共；生物的捕食——螳螂捕蝉，黄雀在后；人体通过排汗调节体温——锄禾日当午，

---

① 参见：王颖．高中生物学教材中社会责任素养的内涵与体现［J］．课程·教材·教法，2020，40（2）：125-131.

汗滴禾下土；植物表现为向光生长——春色满园关不住，一枝红杏出墙来；秋季气温降低，叶绿素不耐低温大量分解，同时糖分转化为花青素——停车坐爱枫林晚，霜叶红于二月花；微生物作为分解者促进物质循环——落红不是无情物，化作春泥更护花。①

3. 我国生物科技发展迅猛

科技创新能力已成为国家实力最关键的体现。在经济全球化时代，一个国家具有较强的科技创新能力，就能在世界产业分工链条中处于高端位置，就能创造激活国家经济的新产业，就能因拥有重要的自主知识产权而引领社会的发展。

近年来，我国生物科技发展迅猛，我国科学家已经创造了多项世界第一，在许多细分领域处于世界领先水平。结合教学内容，教科书列出了近百处科技成就。科技发展离不开一批领军人物的推动，教科书呈现了施一公、袁隆平、许智宏、方精云、杨焕明、屠呦呦、顾方舟、马世骏等生物学大家的生平和科研故事，引领学生从中体悟科学家的家国情怀和人格修养。

科技发展日新月异，很多最新的重要研究成果还没有被收录、更新到教科书中，建议教师将关联性强、能体现我国科技成就的内容及时补充到教学中。例如，在克隆猴“中中”和“华华”诞生一年后，中国科学家再接再厉，应用基因编辑和体细胞克隆技术，成功获得了 5 只 BMAL1 基因敲除的克隆猴，这是国际上首次成功构建一批遗传背景一致的生物节律紊乱猕猴模型，意味着克隆基因编辑猴技术由此从理论层面迈向了实践层面，中国正式开启了批量化、标准化创建疾病克隆猴模型的新时代。

4. 国家建设与大国担当

集中力量办大事是社会主义制度的优势。新中国成立以来，我国完成了三北防护林等多项举世瞩目的大型生态工程建设，为全球生态环境改善作出了显著贡献；大力支持生物科技创新和发展，极大地推动了医疗、农业等相关学科的进步，我国建立了完善的儿童免费疫苗接种计划、安全的转基因食品评价体系等；我国加入并积极履行《禁止生物武器公约》等国际条约，体现了大国担当。

教科书里有多处介绍国家生态工程建设和大国担当的内容，教师在教学中还可以通过资料检索、收集和整理进行必要补充，既让学生了解其中的生物学原理，又让学生认同社会主义制度的优势，从而增强制度自信。

【案例 1】

生态系统的物质循环（节选）

人教版选择性必修 2 教科书第 3 章第 2 节。

1. 教学目标

（1）通过分析生态系统生产者、消费者、分解者的生命活动，建立碳循环的基本模型，概述生态系统物质循环过程。

（2）通过分析大气碳库的平衡与失衡，认同低碳生活理念，形成环保意识。

① 李晓宇．中学生物学教学与中华传统文化结合的应用研究［D］．聊城：聊城大学，2017.

（3）结合碳循环基本模型，认同国家生态建设、法规建设等对节能减排的巨大作用，增强制度自信。

2. 教学过程

<table>
<tr><th>教学环节</th><th>主要师生活动</th></tr>
<tr><td>情境导入</td><td>学生观看视频“熊熊燃烧的山火”并思考：旷日持久的森林大火有哪些全球性的影响？教师引导学生关注燃烧过程中的物质变化</td></tr>
<tr><td>建立模型</td><td>构建出碳循环的基本模型</td></tr>
<tr><td>模型拓展</td><td>学生观看动图，思考二氧化碳在全球范围内的可扩散性，归纳影响大气碳库中二氧化碳浓度的因素。以天然渔场、温室效应为例，教师引导学生基于模型分析人类活动对全球碳循环的影响</td></tr>
<tr><td>应用模型</td><td>教师引导学生从社会、国家、个人这三个方面分析大气碳库平衡与失衡的原因，明确是人类活动降低了生产者的固碳总量，开采和使用化石燃料大大增加了大气中的碳含量，酸雨造成海洋释放更多气体。由于多因素叠加，大气中二氧化碳浓度上升，导致全球气候变暖和海洋酸化。
【重要环节】国家环保行动
知晓面对环境问题，我国大力进行生态工程建设、发展清洁能源等，针对碳循环过程的关键环节，开展环保行动。
• 中国积极参与国际合作，主动履行义务，为全球减少碳排放作出贡献。
• 我国有系列国家质量标准，通过法规强制提高物品的耐用性，减少对生物资源的消耗，减少物品更新带来的能源消耗。
• 多次号召节约粮食、制止餐饮浪费，在北京、上海、广州、深圳等城市正在推行更精细的垃圾分类和回收，这些措施都能有效减少不必要的消耗。
• 林地群落具有明显的垂直结构，对光能的利用率高，固碳能力强。我国建设的重大生态工程，如天然林保护工程、退耕还林工程等，贡献了陆地生态系统固碳总量的36.8%。此外，还有沙漠治理、城市绿化等行动。这些努力大幅提升了碳固定量。
• 塞罕坝人工林和毛乌素沙地治理是两个典型工程。新中国成立初期，塞罕坝是林木稀疏、人迹罕至的茫茫荒原。从1962年开始大力植树造林，森林覆盖率由原来的11.4%提高到超过80%。因为贡献突出，塞罕坝人在2017年获得联合国环境领域的最高荣誉——地球卫士奖。毛乌素沙漠有4万多平方千米，到2020年4月，沙化土地治理率已达93%。
• 实施秸秆还田、无废弃物农业等，增加土壤碳储量、提高肥力。
• 国家还在加大科研投入，探索影响碳循环的新途径，如收集大气二氧化碳，并用作温室碳肥。
• 推广高产作物，减少农业对土地的占用。
• 开发建设水电、风电、光电、核电等清洁能源项目，减少传统能源使用。
国家环保行动还有很多，同学们可以在课下继续补充。
【重要环节】个人低碳生活
学生结合生活常识，完成学习任务：作为中学生，我们应该怎样做自己力所能及的事情，以响应低碳生活的号召？结合模型，举例说明。
认同低碳生活理念，形成环保意识，从小事做起，衣、食、住、行、用，处处践行低碳生活方式</td></tr>
<tr><td>拓展应用</td><td>运用类比、对比等方法，概括氮循环的过程</td></tr>
</table>

续表

教学环节	主要师生活动
小结	简要梳理本节课重要概念及其关联（图 1-2-2）。 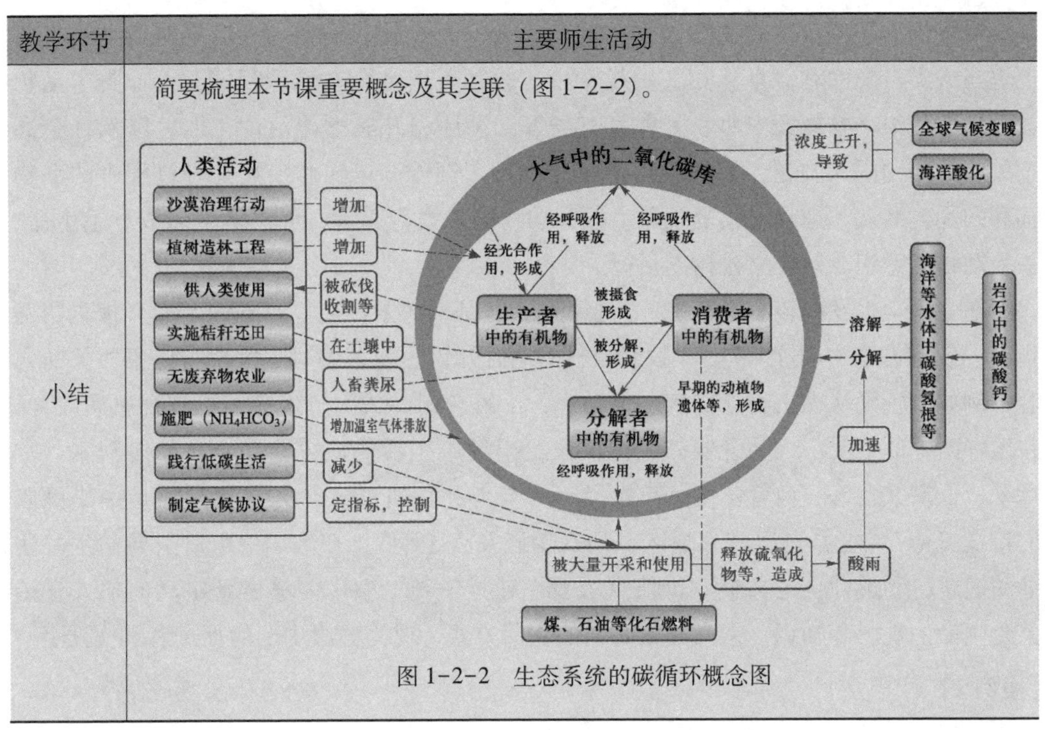 图 1-2-2　生态系统的碳循环概念图

案例分析：

本案例首先基于学生已有知识，引导他们构建碳循环的基本模型。然后应用模型，分析并明确是因为人类社会的活动降低了生产者的固碳总量，开采和使用化石燃料大大增加大气中碳含量等多因素叠加，大气中二氧化碳浓度上升导致全球气候变暖和海洋酸化。针对环境问题，分别从国家和个人两个层面谈环保行动。本案例中引用了许多教科书中没有的实例，授课教师对教学资源进行了深度开发，既完成了知识方面的教学目标，又充分渗透了生态文明教育和爱国主义教育。

1-2-1　人类活动对碳循环的影响

（案例提供：侯峰，北京市育英学校）

5. 牢记历史，勿忘国耻

在抗日战争、朝鲜战争中，我国曾深受生物武器的伤害，时至今日，生物武器并未在世界上绝迹。教科书中的相关内容警醒我们，面对可能的生物武器威胁，我们绝不能掉以轻心！

三、珍爱生命，关爱他人，认同健康生活观念

珍爱生命，就要让学生学会欣赏生命之美、生命之巧、生命之复杂，任何一个生命体，无论动物、植物、微生物，都有它存在的价值和意义。人教版教科书选取了很多精美的图片，详细描述了光合作用、有丝分裂、基因表达、神经调节等复杂又精巧的过程，列举多种生物对人类或环境的价值，列举普氏原羚等多个濒危物种。教科书

编写者始终在向学生传达人与生物平等的观念，引导学生珍爱生命。

课程标准还指出，动物和人类共同分享着一个地球，文明、人道地对待动物本质上也与人类自身的利益息息相关。教学中，教师可以结合本地课程资源，如野生动物救助站、流浪动物救助中心、家禽养殖场等，设计和开展学习活动，也可以从社会高度关注的问题深入主题，如实验动物福利标准，饲养、运输和疾病处理过程中的动物福利问题，滥食、虐食动物的现象，残害动物的暴力行为等，促进学生形成尊重生命、关爱动物的意识，落实立德树人目标。

在中国学生发展核心素养中，“健康生活”是六大素养之一。党的十九大报告明确指出“实施健康中国战略”。人教版教科书结合知识内容，编写了大量与健康相关的内容，例如，正确认识人类遗传病、传染病，了解它们的成因、病症，不歧视患病人群，在做好防护的情况下，关爱弱势群体；还给出健康生活的诸多小贴士，如多喝水、常运动、低糖饮食等；教育学生远离毒品，参与毒品危害的宣传。尊老爱幼是中华民族的传统美德，“老吾老以及人之老，幼吾幼以及人之幼”，在教学中可以引导学生关注老幼健康，渗透社会主义核心价值观教育。通过学习，学生能够做到主动向他人宣传关爱生命的观念和知识，崇尚健康文明的生活方式，成为健康中国的促进者和实践者。

【案例 2】

重阳节德育活动与遗传系谱图教学设计（节选）

人教版必修 2 教科书第 1 章第 2 节。

1. 教学目的

（1）学生通过观察、问询等方式与家族长辈交流，尽可能多地收集各成员耳垂、苦味感知和血型等性状信息并准确绘制家族遗传系谱图，据此进行演绎和推理，预期子代表现型种类及概率，综合提升遗传类问题的分析能力。

（2）结合重阳节敬老爱老的节日传统，学生回家拜访长辈，按照给定任务，观察长辈的音容笑貌，为长辈制作特定菜肴，与长辈交流感受，在活动中体验关爱与被关爱，培养尊老、爱老、助老的良好道德品质。

2. 教学环节

（1）布置任务

教师设计重阳节家族内遗传性状调查任务单，节前发给学生并明确提出活动要求。

（2）完成任务单

重阳节期间，学生拜访长辈，按照给定任务，观察长辈的音容笑貌，为长辈制作特定菜肴，与长辈交流沟通感受，调查至少三代个体的耳垂、苦味感知和血型等，依据遗传系谱图绘制的基本要求，绘制家族遗传系谱图。

（3）遗传分析

对调查的各性状做遗传分析，并与家人分享研究结果。

（4）提出健康生活的建议

在完成学习任务的同时，关心长辈们的生活习惯和健康状况，结合自己所学的知识为他们提出健康建议，并选择一项合适的活动和长辈一起完成。

(5) 分享感受

以文字、照片或视频等形式记录活动过程，返校后交流学习心得和活动感悟。

案例分析：

本案例以遗传系谱图绘制和分析为主线，结合传统节日重阳节设计德育活动，以学习任务的形式“强制”学生探望长辈，又通过递进式任务逐层设置观察、交谈、活动等环节，引导学生与长辈增加交流，自发关注老人的生活习惯和健康问题。在这次活动中，立德树人与知识教学有机结合，并以最后一个环节的分享活动检查目标达成效果。

（案例提供：许晓滨、孙淼，北京市育英学校）

四、科学运用所学知识，理性参与社会议题

人教版教科书针对民间常见说法、科学家的假说、基因检测、虚假广告、器官捐献、转基因食品的安全性、生殖性克隆人等议题，根据问题所处的情境，巧妙安排设问。社会议题往往带有复杂性，常需要一分为二看问题，若能给学生充足的时间表达，各自陈述正、反方观点，相信更能帮助学生深刻认识问题。但需要注意的是，针对有些议题，教科书给出了应有的态度，无论学生怎么争辩，教师都需要进行总结，保证导向的正确性。比如评价民间说法“吃什么补什么”，需要从正反两个角度进行思考；评价生殖性克隆人，教科书陈述了我国政府的态度——“禁止一切形式的克隆人”。

通过学科学习，学生应能够以造福人类的态度和价值观，积极运用生物学的知识和方法，关注社会议题，参与个人与社会事务的讨论并作出理性解释，辨别并自觉抵制迷信和伪科学；能遵循正确的伦理道德，对生物学相关社会热点议题进行科学的评价。

五、借助研究简史，培养科学精神

生物学科是建立在观察和实验基础上的学科，在海量的研究历程中有丰富的教育素材。人教版教科书中包含40余项研究简史介绍，分别从以下几个方面培养学生的科学精神。

第一，坚持不懈。科学研究没有平坦的大道，科学家需要付出大量的时间和心血，拥有强大的心理素质，笃定方向与坚持不懈才有可能成功。

第二，批判性思维。科学是在实验和争论中前进的，实验失败很常见，失败的实验往往蕴藏着成功的契机；伟大科学家的观点也可能有一定的局限性，科学家要尊重科学事实，敢于挑战学术权威，勇于否定自我。

第三，继承与合作。科学探索永无止境，科学家既要继承前人的科学成果，也要善于合作，汲取不同的学术见解，不断进行修正和完善。

第四，科学发展依赖于技术的进步。

第五，知识是创新的基础。很多实验都是多学科交叉渗透的，弄清楚科学知识的来龙去脉，拥有扎实的学识才能带来更多的科研灵感，因为机遇总是给有准备的人的。人教版教科书列举了许多与生物学相关的学科交叉内容。

第六，理解实验设计的逻辑，学会欣赏科学之美。

【案例 3】

自然选择与适应的形成（节选）

人教版必修 2 教科书第 6 章第 2 节。

1. 教学目标

（1）举例说明适应的普遍性和相对性。

（2）运用达尔文的自然选择学说解释适应的形成，说明适应是自然选择的结果。

（3）评述达尔文的自然选择学说的贡献和局限性。

（4）分析生物进化观点对人们思想观念的影响。

2. 教学过程

教学环节	主要教学活动	设计意图
导入	展示动画：枯叶蝶变换栖息环境等	情境导入
新知学习	一、适应的普遍性和相对性（略） 二、适应是自然选择的结果 按照科学研究史逐一展开各种适应形成的理论，引导学生比较、分析各个理论，体会科学发展过程的艰辛与不易。	以时间为主线，纵向比较，帮助学生形成科学认识。
	1. 简要描述上帝创世说、盘古开天辟地、女娲造人，指出以神创论为代表的物种不变论的基本观点，并点明神创论强化了人的特殊性。	1. 了解物种不变论。
	2. 以食蚁兽、鼹鼠为例，阐明拉马克的进化理论，重点解读用进废退和获得性遗传；结合教科书边栏内容，举出反例予以反驳，培养学生的批判性思维，渗透社会责任教育；引导学生将之与神创论对比，体会拉马克学说的进步意义。	2. 了解拉马克的进化理论，并能科学解释用进废退和获得性遗传的不当之处。
	3. 在拉马克进化论的基础上，结合达尔文提出的 5 个事实，逐步推理、呈现自然选择学说的解释模型；引导学生比较两个学说的核心观点、理论依据，分析两个理论之间的联系，说明二者在理论上的局限性以及做了哪些修正；培养学生的科学思维，引导学生从模型中学习基于事实进行推理、得出结论的思维方法，理解建模过程和模型呈现方式。 结合教科书中的“思考讨论”，展示当时讽刺达尔文的几幅漫画，指出马克思、恩格斯对达尔文的肯定，呈现严复翻译的天演论，引导学生分析进化观点对人们思想观念的影响。	3. 掌握自然选择学说的基本内容，体会科学发展的艰辛、不易以及它所带来的深刻影响。
	4. 结合现代遗传学关于遗传和变异的内容，进一步修正达尔文的进化模型，明确进化是共同祖先经过遗传和变异、自然选择两个重要的阶段，形成新的适应特征和生物多样性的过程；借此引导学生评述达尔文的自然选择学说的贡献和局限性，进一步认同科学理论不是一蹴而就，而是不断发展的。	4. 帮助学生建立更加准确的进化模型。
	简要介绍现代进化理论的基本观点。	为第 3 节做铺垫。

续表

教学环节	主要教学活动	设计意图
新知学习	三、自然选择学说的应用 1. 结合教科书中的思考讨论，以长颈鹿的适应性特征为例，要求学生运用自然选择学说解释适应的形成。 2. 以青霉素、小麦、杂交水稻、家鸡、草莓等育种案例为例，结合超级耐药菌和抗除草剂野草的扩散，分析人类社会、科学技术对生物进化的影响；引导学生运用自然选择学说，科学解释生物学现象、评判社会议题的观点等	1. 实现对自然选择学说的演绎和运用。 2. 以实例分析自然选择学说对生产实践、生态环境、社会生活等产生的影响
小结	归纳概括本节课所涉及的重要观点	形成核心概念
作业	完成学习任务单	巩固所学

案例分析：

1-2-2　适应是如何形成的

本案例从所观察到的基本事实出发，按照认知时间线寻找其中的内在规律。本案例的重点部分围绕达尔文在《物种起源》发表前后的犹豫、被人身攻击、被认可接受的过程展开，看似与教学内容无关，恰是本节课立德树人的关键之处。达尔文的《物种起源》一经出版就引起强烈反响，一方面因为其科学价值，受到科学界许多有识之士的支持和赞扬；另一方面因为它对宗教观念、传统认识的猛烈冲击而受到许多人的诋毁和攻击，特别是进化论与人猿同祖说的提出引起一片震惊，人们无法把干净优越的人类和全身多毛的猿猴扯上关系，当时讽刺达尔文的漫画屡见不鲜。达尔文尊重事实、坚持真理、不畏挑战权威，这些正是科学精神的精髓所在。严复把达尔文学说引入我国，将《天演论》中“生存斗争、适者生存”的观点作为唤起国人“自强保种”的警钟，在客观上给当时的中国带来了积极的影响。也有人将达尔文的观点不恰当地引入社会学领域，提出“社会达尔文主义”，过度强调人的动物属性、弱化人的社会属性，为人类社会中两极分化、种族主义、侵略战争等丑恶现象寻找借口。这说明科学也应以造福人类的态度和价值观为导向。

（案例提供：侯峰，北京市育英学校）

【研修作业】

1. 结合自身教学实践，任选立德树人的一个方面，设计一个教学片段。
2. 在课堂实施教学过程中，渗透某项立德树人教育元素，调查并反馈育人效果。

1-3 如何理解学科核心素养四个维度的内涵及其关系？

学科核心素养是高中生物学课程育人价值的集中体现，是课程设计的准绳和教学实践的方向和总体要求。理解学科核心素养中生命观念、科学思维、科学探究和社会责任四个维度的内涵及其相互之间的关系，是落实学科核心素养的基本前提。通过对这个关键问题的分析和解决，希望教师能够：

- 深入理解学科核心素养四个维度的内涵、意义和落实途径。
- 在教学实践中自主构建四个维度的关系，探索全面落实指向核心素养的教学。

教学关键问题分析

新版课程标准凝练了学科核心素养，学科核心素养是学科育人价值的集中体现，是学生通过学科学习而逐步形成的正确价值观、必备品格和关键能力。生物学学科核心素养的提出，将本学科的教学内容和立德树人的宏观要求有机结合起来，具体描述了高中生物学课程的育人价值，是高中生物学课程设计的准绳，也是教师教学实践的方向和总体要求。①

为落实学科核心素养，课程标准进一步精选了学科内容，重视以学科大概念为核心，使课程内容结构化，以主题为引领，使课程内容情境化，促进学科核心素养的落实。由此可见，理解生物学学科核心素养是实施课程标准的关键。教师深入理解学科核心素养的内涵，准确把握学科核心素养与教学内容的关联，是高效备课、精准教学的前提。教师备课时在设定教学目标、选择教学素材、设计教学活动和实施教学评价等环节都应思考如何发展学生的学科核心素养，以培养全面发展的人。

深入理解学科核心素养的内涵，首先要求教师能够准确、全面地阐述其四个维度的具体内容。那么，这四个维度的内涵是什么？对学生现阶段的生物学学习和未来的人生发展具有怎样的意义？在教学中可以通过哪些具体内容和教学手段落实核心素养？这些问题都需要教师在教学实践中积极探索。

基于“核心素养”的学校课程的功能发生了根本性的变化——从“知识传递”走向“知识建构”。② 倡导核心素养的教学意味着教育实践和研究的重心要从“教”向“学”转变，实现以学生为中心的教学。学生需要在课堂中自主建构知识，学习的结果既包含知识也包含建构知识的过程。学生的生物学学习应该在生物学事实的基础上，

---

① 刘恩山，曹保义. 普通高中生物学课程标准（2017 年版 2020 年修订）解读［M］. 北京：高等教育出版社，2020：34.

② 钟启泉. 核心素养十讲［M］. 福州：福建教育出版社，2018：14.

借助科学思维和科学探究建构生命观念，并最终指导生活实践，承担相应的社会责任。由此可见，虽然教学过程中核心素养的四个维度是循序渐进逐步落实的，但这四个维度又是相互联系构成的有机整体，最终的教学目标应全面落实核心素养的四个维度。因此教师应思考如何在一个教学单元（如一个单元、一个模块、一个学段等）中全面发展学生学科核心素养的四个维度。

综上所述，生物学教师只有准确把握学科核心素养的内涵，深入理解学科核心素养四个维度间的内在联系，才能在教学实践中落实核心素养，促进学生的全面发展，达成立德树人的育人目标。

教学关键问题解决

一、生命观念的内涵及其落实途径

新版课程标准指出："生命观念"是指对观察到的生命现象及相互关系或特性进行解释后的抽象，是人们经过实证后的观点，是能够理解或解释生物学相关事件和现象的意识、观念和思想方法。根据课程标准对生命观念的描述可知，生命观念并非事实性的知识，而是高度抽象概括的对生命现象和本质的认识。它既可以体现为高度抽象的大概念——基于生物学事实抽象概括形成的观念，也可以体现为认识生命现象和本质的思维方式——运用生命观念分析解决生物学问题的意识和方法。课程标准列举了"结构与功能观""进化与适应观""稳态与平衡观""物质与能量观"等生命观念，但这并不意味着高中生物学教学仅涉及这四种生命观念的内容，除此之外，如生态观、信息观等都可以作为生命观念的内容渗透到生物学教学中。

在学科核心素养的四个维度中，生命观念处于重要地位，它经由科学思维和科学探究的过程形成，是社会责任的基础。生命观念与生物学知识的联系最为紧密，最能体现生物学学科特点。由于生命观念具有高度概括性和抽象性，无法直接通过讲解来传授，而是需要学生在学习的过程中由事实抽提概念，由概念凝练观念，逐步内化、建构而成。生命观念的形成途径如图 1-3-1 所示。正是由于生命观念的形成必须基于大量的生物学事实，又必须经由学生的思维加工，因此，它是在学生头脑中留存时间最久的学习成果，可以保持数十年甚至一生。随着时间流逝，即使学生对具体的生物学事实已经淡忘，对生物学概念的记忆逐渐模糊，在面对有关生物学的社会议题时，仍可以运用生命观念辨别封建迷信和伪科学，作出理性的决策。

生命观念的建立以概念性知识的学习为基础。基于核心素养的教学要求教师在备课时要具有大局观和整体认识。基于生命观念的形成途径，教师可以借助逆向思维进行教学设计。首先，在模块或单元设计阶段，教师要充分梳理生命观念与不同层次生物学概念和生物学事实之间的联系，明确生命观念在课堂中的落脚点，并设计循序渐进的进阶发展路径。进而，在课时教学设计中，教师要创设恰当的教学情境，引用适切的生物学事实，设计参与性高的教学活动，引导学生通过抽象概括形成严密、有机的概念群，进一步发展对生命本质的认识，形成生命观念。生命观念的教学是落实在每一节课的具体课堂教学中的。

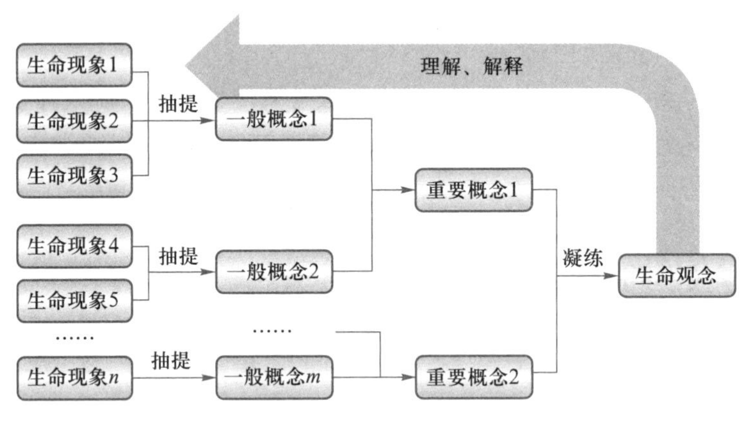

图 1-3-1　生命观念的形成途径

教师要深入理解并准确把握生命观念，才能良好地落实生命观念的教育。生命观念不是孤立的知识点和概念，不能仅通过说教传递给学生，更不能要求学生死记硬背。首先，生命观念的内涵是丰富的，不可以狭隘、片面地解读，如赵占良老师曾举例说明，对“结构与功能观”的理解不能只停留在“结构决定功能”的水平上，而应从结构观、功能观、结构与功能观等多个维度立体、丰富地加以解读。[①] 其次，生命观念是柔性的，教师需要关注生物学现象的多样性、丰富性，注重对特殊现象的解释，体现生命观念的包容性。最后，生命观念是发展的。一方面，生物学技术和科研进展推动生命观念的补充和发展；另一方面，在教学过程中师生的思维活动可以不断丰富对生命观念的理解，也体现了生命观念的延展性。

【案例 1】

细胞器之间的分工合作（节选）

教 学 片 段	设计意图和素养落脚点
教学活动 1： 教师：能否按照细胞内各种物质的组成和比例在试管中配制一个生命系统？它能否完成细胞中的各项生命活动？为什么？ 学生可以明确回答“不可以”，并借助教材对“系统”概念的解释，提出分子组成细胞是具有特定结构的。 学生对比人工合成结晶牛胰岛素的巨大困难与细胞高效合成蛋白质的现象。 教师：为什么靠人力很难完成的工作，对细胞来说却轻而易举呢？细胞具有怎样的“生产线”？	借助“系统”概念，认识细胞作为最基本的生命系统的独特性和复杂性。在细胞的物质性的基础上，引导学生关注细胞精巧的结构对其高效完成各项复杂的生命活动具有的重要意义，渗透结构观和系统观。 在逻辑推理的基础上，通过对生命系统和人工系统的比较，体现细胞内细胞器之间分工合作的精准高效，渗透“结构是功能的基础”的观念，并初步形成“整体大于部分之和”的系统观

① 赵占良．对生物学学科核心素养的理解（一）：生命观念的内涵和意义［J］．中学生物教学，2019（6）：4-8.

续表

教学片段	设计意图和素养落脚点
教学活动 2： 学生阅读教材中的“动物细胞亚显微结构模式图”，填写“细胞器名片”（表略），尝试挑选与“胰岛素的合成和分泌”相关的细胞器，并根据其参与该过程的先后进行排序。 学生在阅读教材、梳理流程图的过程中思考各个细胞器是如何通过特定的结构来完成其功能的；在进行细胞器的选择和排序过程中，将细胞器按照功能的相关性分类，并尝试将它们的工作进行排序，关注结构与功能之间的关联	“结构与功能观”的基础是结构观与功能观，学生首先要准确理解各个细胞器的结构和功能，即细胞器的分工，这是理解细胞器之间合作的基础
教学活动 3： 教师出示“胰岛细胞”和“上皮细胞”的亚显微结构图，让学生比较二者的结构特征，判断哪个是“胰岛细胞”。 学生可根据图片所示细胞的结构差异（如内质网的发达程度等）选出胰岛细胞	基于“结构是功能的基础”的观点，引导学生逆向思考，从细胞的功能反推细胞可能具有的结构特征，深化结构与功能观
教学活动 4： 教师：仅依赖核糖体、内质网、高尔基体，细胞能完成蛋白质的合成和分泌过程吗？该过程还需要哪些细胞器或细胞结构的参与？请将此过程整理为流程图。 学生能够补充如线粒体、细胞膜、囊泡等细胞结构参与蛋白质合成与分泌的过程，同时辨析“细胞器”与“细胞结构”的概念	在问题的引导下，学生能够进一步关注细胞器、细胞结构之间更广泛的合作，厘清概念，进一步深化“结构与结构相联系”的观点
教学活动 5： 教师：内质网、高尔基体、囊泡、细胞膜都是具膜结构，请结合你对细胞膜结构和功能的学习，分析膜结构在该过程中发挥的功能，以及膜是如何实现其功能的。 在总结膜结构所承担的功能时，学生能发现其共性——参与物质运输。结合已经学过的细胞膜的结构和功能，学生可以得出“膜结构的流动性是囊泡形成、囊泡与细胞膜结合、实现物质运输的基础”的结论	通过对多种具膜结构的比较分析，学生可自主构建“生物膜”的概念雏形。对生物膜概念的理解有助于学生理解细胞器、细胞结构与功能，对结构观、功能观和整体观的深化均有辅助作用
教学活动 6： 教师：完成蛋白质的分泌后，细胞内的各个膜成分会发生怎样的变化？细胞内蛋白质的分泌可以持续进行吗？ 学生回答问题：完成分泌后，内质网的膜面积降低，而细胞膜的膜面积增大。 教师可结合细胞器的功能（内质网合成脂质）和细胞的其他生命活动（胞吞等），讲解在复杂的生命活动中各细胞结构能够维持相对稳定的状态，而相对稳定的状态又是其稳定、高效地完成生命活动的基础和保障	该问题的实质是引导学生思考在活跃的细胞代谢中，膜成分的相对稳定是如何调节的，使学生认识到结构是功能的基础，而功能的发挥对结构具有反作用。由此，学生认识到生命系统的结构与功能是不断变化、相互适应的，结构与功能观得到丰富

案例分析：

本节课中，教师创设了问题情境：蛋白质的细胞合成和人工合成效率为何存在巨大差异？在解决这一问题的过程中，突出了生命系统的特殊性，设计了丰富且具有梯度的思考与讨论活动，通过阅读教材、梳理流程图等方式促进学生逐步构建“细胞各部分结构既分工又合作，共同执行细胞的各项生命活动”的概念，并在此概念的基础上渗透“系统观”和“结构与功能观”，集中地体现了对学生生命观念的培养。教学中的问题设计体现出教师对“系统观”和“结构与功能观”的认识是比较深入和全面的。针对系统观，教师引导学生关注系统具有一定的结构，并认识到整体大于部分之和。随着问题探讨的深入，教师引导学生逐步认识到“结构是功能的基础”“功能与结构相适应”“功能对结构有反作用”“结构与功能是动态变化的”等观念，形成较为完整的结构与功能观。

（案例提供：李琳，清华大学附属中学）

二、科学思维的内涵及其重要意义

“科学思维”是指尊重事实和证据，崇尚严谨和务实的求知态度，运用科学的思维方法认识事物、解决实际问题的思维习惯和能力。高中生物学中的科学思维具体包括：学生能够基于生物学事实和证据，运用归纳与概括、模型与建模等方法得出概念，运用演绎与推理、批判性思维和创造性思维进行科学探究，探讨、阐释生命现象及规律形成生命观念，并基于以上方法和能力审视或论证生物学社会议题，体现社会责任。

科学思维对应中国学生发展核心素养中“科学精神”素养的“理性思维”要点，是理性思维在生物学教学中的落脚点。学生科学思维的发展可以聚焦在质疑、实证和逻辑三个要点，质疑是思考的视角，实证是判断的尺度，逻辑是论辩的准绳。质疑、实证和逻辑也是发现新知的过程，质疑凸显了科学思维的态度和意识；实证强调证据意识和收集证据、分析证据的能力；逻辑则体现在思维的严谨性、全面性和深刻性上。在科学技术迅猛发展的今天，让学生掌握足够多的知识是不现实的教育目标，而促进学生科学思维的发展，提升学生的学习态度和能力，帮助学生成为独立的学习者，才是实现育人目标更有效的途径。

科学思维是生物学学科核心素养其他三个维度的思维基础。科学思维体现在每一个概念的学习过程中，也渗透在每一个科学探究活动中。在教学中，教师应为学生提供充足的机会参与并展示科学思维的过程，使他们养成科学思维的习惯。例如，“归纳与概括”是贯穿生物学学习的思维方法，是概念学习的基本方法。概念是基于对生物学事实的一般规律的归纳，并运用标准的生物学语言进行概括而形成的。“演绎与推理”是推动科学探究的重要思维方法，学生根据假设对可能出现的现象进行推理即为演绎，设计实验、实施实验，根据实验结果得出结论即为推理。“创造性思维”不是轻松实现的，但不少科学家的研究经历和重要科学发现都体现了直觉和想象在科学研究中发挥的重要作用。在教学中，教师应抓住典型的科研情境和科学史案例，带领学生体验科学家曾经背负的时代责任和迸发的思维火花，向他们渗透思维方法，激发他们的科学探究热情，使科学思维成为学生生物学学习的基本方法和习惯。

发展学生的科学思维还应该注意以下几个方面：首先，科学思维是理性思维在生物学学科中的体现，生物学学科背景下的科学思维还包括生物学特有的科学思维，如平衡思维、多样性思维等，教师注重提升学生的这些思维意识，有利于加深学生对生物学学科的认识，提升学习能力。其次，在特定教学内容背景下，如在“生物技术与工程”模块中，应注重科学思维和技术思维、工程思维等的衔接，促使学生将生物学知识与生产生活实践相结合，为学生未来选择不同的学科、职业发展方向奠定基础。

三、科学探究的两个重要方面

新版课程标准指出，“科学探究”是指能够发现现实世界中的生物学问题，针对特定的生物学现象，进行观察、提问、实验设计、方案实施以及对结果的交流与讨论的能力。学生应在探究过程中，逐步增强对自然现象的好奇心和求知欲，掌握科学探究的基本思路和方法，提高实践能力；在探究中，乐于并善于团队合作，勇于创新。不难发现，科学探究不仅注重探究方法和能力的提升，还注重探究意识和兴趣的培养，注重团队合作和创新等精神的树立。

生物学是一门自然科学，科学探究在学科教学中具有较高的地位。科学探究是生物学发展的基础，培养学生的科学探究能力，既有助于学生理解科学本质，也有助于培养学生的学习能力。作为核心素养的四个维度之一，科学探究是其他素养形成的基本路径。概念的形成需要以科学事实为基础，科学思维需要以科学事实为证据，而科学事实需要通过大量的科学探究获得。

提升学生的科学探究素养，应从培养他们善于发现问题，乐于探究的科学态度入手。教师在教学中可以通过引入经典的科学史故事、创设真实的问题情境等方式激发学生的学习动机，并鼓励学生通过实证解决问题，努力为学生创设科学探究的机会和平台。在开展科学探究活动的过程中，教师除了提供相关的指导和帮助外，应为学生留有充分发挥的空间，甚至是试错机会，科学探究的过程和结果同样重要，要让学生经历真实的探究过程。对于特定的教学内容，学生难以亲身经历科学探究的过程，则可以通过科学史学习、思维训练等，模拟科学探究过程。除此之外，教师还应为学生搭建交流和展示的平台，通过展示环节使学生获得认同感和成就感，同时培养合作能力和持续的探究精神。

四、社会责任的具体内容

新版课程标准指出：“社会责任”是指基于生物学的认识，参与个人与社会事务的讨论，作出理性解释和判断，解决生产生活问题的担当和能力。学生应能够以造福人类的态度和价值观，积极运用生物学的知识和方法，关注社会议题，参与讨论并作出理性解释，辨别迷信和伪科学；结合本地资源开展科学实践，尝试解决现实生活问题；树立和践行“绿水青山就是金山银山”的理念，形成生态意识，参与环境保护实践；主动向他人宣传关爱生命的观念和知识，崇尚健康文明的生活方式，成为健康中国的促进者和实践者。

社会责任是立德树人育人目标在生物学学科教育中的重要体现，是生命观念、科学思维、科学探究素养指导具体生活实践的表现，是在核心素养其他三个维度的基础之上形成的。

脱离真实情境空谈社会责任是空洞、无效的。教师在教学中要避免刻意说教，可以寻找合适的社会议题作为切入点，鼓励学生运用所学知识表达自己的看法，作出理性决策，并用实际行动影响身边的人。在社会议题的选择中应注意其复杂程度与学生的知识基础、能力水平和情感基础相匹配，教师在组织讨论时应保持审慎、冷静、理性和科学的态度。

五、生物学学科核心素养的四个维度构成有机的整体

基于以上对学科核心素养四个维度的深入分析，不难看出，核心素养的四个维度并非孤立存在，而是互为因果、相互影响、有机统一的整体。其中，生命观念是学科核心素养的核心和支柱，是学生学习成果的集中体现；科学思维是学科的内部逻辑，为其他核心素养的达成提供思维方法；科学探究是生物学探究和学习的基本过程，是其他核心素养构建的基本途径；社会责任则是生物学学习成果的最终应用，是其他核心素养与生活实践的连接点。生物学学科核心素养的四个维度密不可分，深入理解这四个维度的内在关系，有助于教师巧妙地设计课堂教学，循序渐进地落实核心素养，全面准确地实施评价。

核心素养四个维度之间不是割裂的，也不是简单的线性关系，多位专家分别提出相关的模型进行解读。谭永平将学科核心素养的内在关联概括为类似于四面体的立体关系（图1-3-2），吴成军绘制了学科核心素养四个要素之间的关系图（图1-3-3），都反映了核心素养四个维度之间相互联系形成统一的整体。我们结合多位专家的模型和自己的理解，将生物学学科核心素养四个维度之间的关系总结为如图1-3-4所示的形式。

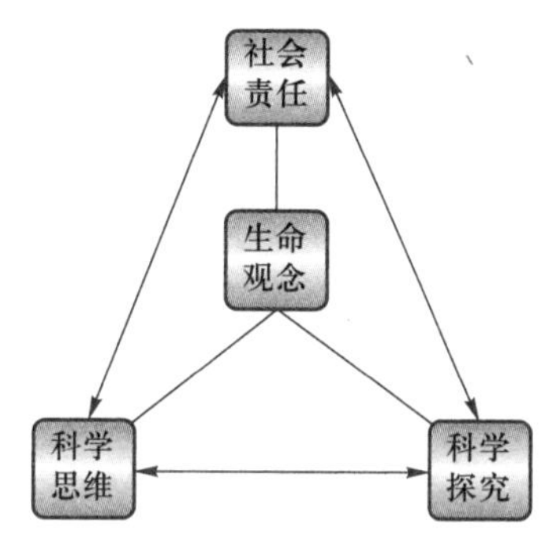

图1-3-2　学科核心素养的内在关联

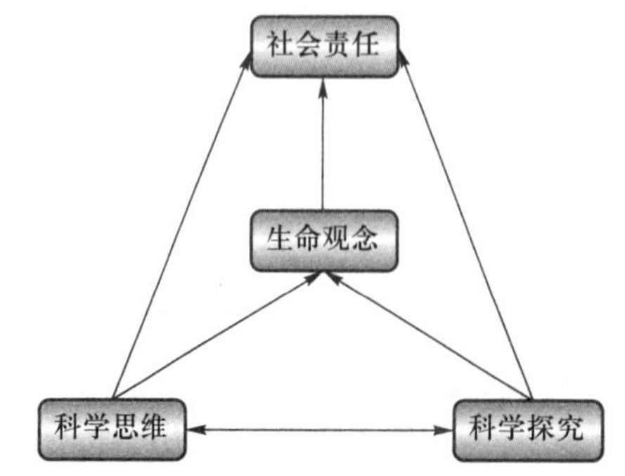

图1-3-3　学科核心素养四个要素之间的关系

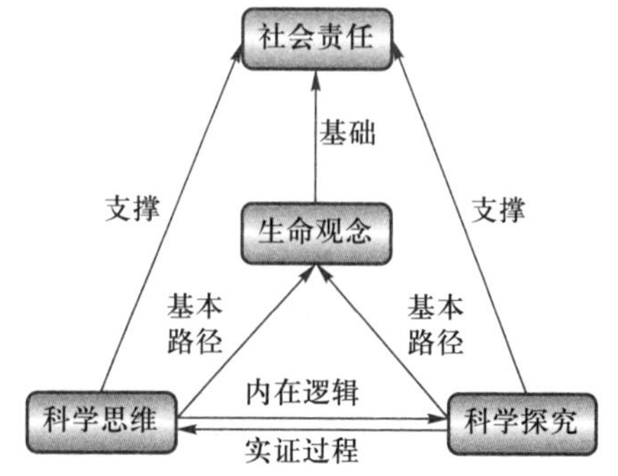

图1-3-4　学科核心素养四个维度之间的关系

1. 科学思维和科学探究是构建生命观念的基本路径

生命观念既包括对生命现象和本质的认识（可表述为大概念），也包含对生命现象

和本质的认知方式。其中概念的建构是基于生物学事实和证据，通过归纳与概括、模型与建模等方式形成的；认识生命现象和本质的过程则包括观察、提问、实验探究，以及在此基础上进行演绎推理，借助批判性思维和创造性思维得出结论的过程。因此，生命观念的建构是以科学思维和科学探究为基本路径的。在教学过程中，教师可以创设适宜的情境，通过活动和设问，引导学生基于生物学事实进行抽象、概括，探寻生命现象的规律和本质，并通过思辨、实验等方式对假说和推测进行探究和验证。基于以上情境和复杂的思维活动所形成的概念，更有利于理解、记忆和迁移，也更便于进一步抽象、凝练形成意识、观念和思想方法。

例如，稳态与平衡观的形成要基于对生命系统各结构层次的稳态的认识，要全面准确地认识稳态现象不能仅凭教材对稳态概念的描述，还应为学生呈现大量的生物学事实。教材提供了模拟实验——模拟生物体维持 pH 的稳定，教师可以让学生通过模拟实验，直观地认识到内环境可以维持 pH 的稳态。在此过程中，事实性证据是基于学生自主实验获得的，学生对于实验材料的选择可以加深对内环境概念的理解，对实验组和对照组数据的比较分析，能够更好地凸显内环境维持 pH 稳态的能力，进而加深学生对内环境稳态概念的理解，为学生形成稳态与平衡观奠定基础。

2. 科学思维是科学探究的内在逻辑，科学探究是科学思维的实证过程

科学思维和科学探究都是认识生命现象和本质的基本过程，二者相互依存，不可分割。从课程标准对二者的描述即可看出：科学思维要求学生基于“生物学事实和证据”阐释生命现象及规律，而生物学事实和证据往往是通过科学探究获得的；科学探究要求学生具备“针对特定的生物学现象，进行观察、提问、实验设计、方案实施以及对结果的交流与讨论的能力”，而发现问题、提出问题、设计实验、实施实验、分析结果、得出结论的过程都是建立在科学思维的基础之上的。因此，在生物学课堂中，科学思维和科学探究素养的落实往往是相辅相成的。这就提醒我们在生物学教学中要注重培养学生关注生物学事实和证据的意识，鼓励学生通过实验探究等方式获得数据，在科学探究的过程中也要关注学生科学思维的发展，如运用演绎与推理等方法论证和阐释生命现象及规律。

孟德尔运用假说—演绎法发现遗传规律的过程，就是科学思维和科学探究的关系的集中体现。孟德尔基于对遗传现象的观察提出生物学问题（科学探究），并进行了大量的杂交实验（科学探究）。在分析实验结果时，孟德尔借助突出的数学和统计学功底对所得实验数据进行分析，建立了数学模型（科学思维），并由此提出假说（科学探究），尝试对遗传因子的传递规律进行解释。基于假说，孟德尔进行了进一步演绎（科学思维），由此设计并实施了严谨的测交实验（科学探究），证明了假说的正确性，不仅得出了重要的遗传规律，还形成了严谨的方法范式，为未来的研究提供了方法借鉴。在此过程中，科学思维是保证每个环节正确推进的内部逻辑，而科学探究则是重要的实证过程。

“基因在染色体上”这一重要概念的得出经历了萨顿、摩尔根的“类比”“假说—演绎”过程，在课堂教学中，教师结合科学史资料，带领学生论证基因在染色体上的过程，就是科学思维和科学探究及其关系的良好体现。

【案例 2】

基因在染色体上

1. 教学目标

（1）运用假说—演绎法分析萨顿假说和摩尔根果蝇杂交实验，说明基因在染色体上。

（2）通过设计实验并基于证据得出结论的过程，认同和尊重客观事实、敢于怀疑、勇于创新的科学精神。

2. 教学过程（节选）

<table>
<tr><th>教学内容</th><th>设计意图</th></tr>
<tr><td>一、萨顿假说
联系减数分裂和孟德尔遗传规律，归纳在有性生殖过程中，染色体与基因表现出的平行关系：
<table>
<tr><th></th><th>基因</th><th>染色体</th></tr>
<tr><td>体细胞</td><td>成对</td><td>成对</td></tr>
<tr><td>配子</td><td>成单</td><td>成单</td></tr>
<tr><td>来源</td><td colspan="2">一个来自父方，一个来自母方</td></tr>
<tr><td>组合</td><td>自由组合</td><td>自由组合</td></tr>
</table>
由此提出猜测，展示萨顿假说。
思考：仅凭类比推理提出的假说是否可信？</td><td>【科学思维】通过比较、归纳等方法，引导学生发现生物学现象之间的重要联系，用科学的生物学术语总结染色体和基因之间的联系。
强调实验证据的重要性，建立科学严谨的科学思维习惯</td></tr>
<tr><td>二、基因在染色体上的实验证据
1. 介绍摩尔根的科研态度和将果蝇作为遗传学材料的优势，并介绍果蝇的性别、眼色等相对性状。
2. 白眼果蝇杂交实验现象分析。
展示摩尔根利用白眼雄果蝇所做的杂交实验的现象，引导学生运用遗传学知识进行判断的解释。
① 实验现象是否符合孟德尔分离定律？（符合）
② 判断果蝇眼色的显隐性关系。（红色对白色为显性）
③ 实验结果有何特殊之处？（F_2 白眼全为雄性，发现果蝇眼色的遗传与性别相关联）
3. 介绍果蝇的性染色体，并展示摩尔根提出的假设——控制眼色的基因位于 X 染色体上，Y 染色体上没有。
4. 讲解性染色体上基因的标注方法，并带领学生书写遗传图解，判断假说的合理性。说明控制眼色的基因位于 X 染色体上可解释该现象。
思考：假说可以解释实验现象，能否证明其正确性？
5. 设计以下问题串带领学生设计测交实验验证假说。
① 请设计实验检验摩尔根的假说。
F_1 红眼雌果蝇与白眼雄果蝇交配；
F_1 红眼雄果蝇与白眼雌果蝇交配；
野生红眼雄果蝇与白眼雌果蝇交配。
② 借助遗传图解进行演绎，预期各组实验结果。</td><td>【科学探究】渗透科学家敢于质疑、勇于实践、尊重事实的科学精神。
【科学探究】重现完整的研究过程：发现问题，提出假说，对假说进行演绎，设计实验验证假说，最终得出实验结论。培养学生的自主探究意识，掌握遗传学研究的基本思路和方法。
【科学思维】使学生体验假说—演绎法的使用，培养学生基于证据得出结论的严谨的科学思维。
【科学思维】通过问题串引导，逐步提升学生的思维力度，训练学生严谨的思维习惯和运用遗传图解解决问题的能力。
学生通过努力得出重要结论，提升成就感和自我认同</td></tr>
</table>

续表

教学内容	设计意图
③ 以上哪个实验可以证明"Y 染色体上无眼色基因"？ 比较 F_1 红眼雄果蝇与野生红眼雄果蝇的基因组成差异，并分析杂交结果差异。 6. 通过与摩尔根的测交实验数据进行比较，得出白眼基因位于 X 染色体上的实验结论	
三、生物学研究中的假说—演绎法 分为两个层次梳理：① 摩尔根解释眼色遗传与性别相关联的假说—演绎过程；② 摩尔根的实验证明了萨顿假说的正确性	强化运用假说—演绎法解决问题的能力

案例分析：

1-3-1 基因在染色体上

在教学导入环节，教师通过对孟德尔遗传定律和减数分裂的复习，引导学生发现基因和染色体间的关系，同时强调证据的重要性，并引导学生设计遗传学实验得出结论。这一过程既体现了尊重事实和证据的科学思维，又明确了科学探究在科学发现过程中的重要性。

在实验探究过程中，学生经历了多轮"发现问题，提出假说，进行演绎，设计实验，得出结论"的过程。在这些过程中，每一个问题的提出、演绎和推理、实验结果的分析都基于归纳与概括、演绎与推理、批判性思维和创造性思维等科学思维方法。这充分体现了科学思维和科学探究密不可分的关系——科学思维是科学探究的内在逻辑，科学探究是科学思维的实证过程。

（案例提供：李琳，清华大学附属中学）

3. 生命观念是社会责任形成的基础

社会责任体现在将生物学知识应用于社会生活实践，是生物学知识与社会议题、生活决策的连接点，是核心素养在真实情境中的外显。社会责任的落实以生命观念为基础，以科学思维和科学探究为支撑。学生在参与个人或社会议题讨论中能够作出理性的解释和判断，解决生产生活中的问题，都是基于正确的生命观念。为了在生物学教学中落实社会责任，教师可以有意识地引入社会性议题创设教学情境，使学生的学习与实际应用建立联系，尝试运用生命观念解决问题。

引导学生树立和践行"绿水青山就是金山银山"的理念，形成生态意识，参与环境保护实践，是生物学教学需要落实的社会责任之一。如果学生未建立生态观、稳态与平衡观等，就很难利用生态学原理阐明环境保护对人和环境的重要意义，更难以找到参与环境保护实践的具体方法，那么环境保护则成为一句空话。以"生物多样性及其保护"为例，教师可以引导学生运用所学的生态学原理，基于稳态与平衡观在种群、群落、生态系统等多个层次分析影响种群数量变化的因素，基于进化与适应观解释遗传多样性对生物保护的意义，基于整体观与系统观分析生物多样性保护与社会经济发展的关系，提出生物多样性保护的可行方案。

4. 科学思维和科学探究是落实社会责任的重要支撑

科学思维和科学探究是形成生命观念的基本路径，自然也是落实社会责任的基础。

社会责任的落实不仅体现在学生个人的生命观念与行为决策的逻辑自洽，还体现在诸多与他人、与社会的连接点，如“主动向他人宣传关爱生命的观念和知识”“关注社会议题，参与讨论并作出理性解释，辨别迷信和伪科学”等。不难发现，学生要向他人解释或宣传正确的生命观念，就需要提供生物学事实和证据，并作出科学的解释。因此，仅就社会责任的落实来看，也同样需要科学思维和科学探究作为支撑。

除此以外，学科核心素养四个维度之间还可能体现出更多的联系。比如，社会责任可以为科学探究和科学思维提供基本动力。例如，在新冠肺炎疫情暴发之时，学生基于对社会议题的关注产生相关的生物学问题，并通过查阅资料和类比、推理等思维过程对生命现象进行概括等。再如，生命观念可以促进科学思维和科学探究的发展。大量科学史案例都表明，在生物学研究中，良好的生命观念可以帮助研究者准确地发现问题、提出假设，并建立合理的模型解决问题。总之，核心素养四个维度之间的关系是复杂、灵活的，甚至是基于教学而不断生成的。挖掘并运用核心素养四个维度之间的关系，是教师提高教学水平，全面落实核心素养的重要途径。

下面以“内环境的稳态（第 1 课时）”为例，展示在教学过程中如何建立核心素养四个维度间的关系，综合落实核心素养。

【案例 3】

内环境的稳态（第 1 课时）

1. 教学目标

（1）通过“模拟生物体维持 pH 的稳定”探究实验（科学探究、科学思维），说明内环境具有维持 pH 相对稳定的能力，阐明内环境稳态的概念（生命观念）。

（2）以 pH 为例，阐明机体通过不同器官、系统协调统一维持内环境的稳态（科学思维）。

（3）关注健康问题（社会责任），运用内环境稳态的知识评价“酸碱体质理论”的科学性（科学思维），并向他人宣传科学知识和健康生活方式（社会责任）。

2. 教学过程及核心素养的落实

教学环节	教 学 活 动	核心素养的落实
导入	以“酸碱体质理论”的争议引入课堂，学生提出疑问：摄入碱性食物是否能够改变内环境的 pH?	【社会责任】关注社会热点议题 【科学探究】提出问题，增强对自然现象的好奇心和求知欲
实验探究	讨论实验方案：学生在问题串的引导下，完成实验材料选择、确定变量、对照实验设计，并讨论居家实验的设计	【科学探究】掌握科学探究的基本思路和方法，提高实践能力 【科学思维】基于生物学事实和证据，运用模型与建模、批判性思维，探讨、阐释生命现象及规律，审视生物学社会议题
	实验过程：教师演示实验、学生居家实验，记录实验结果	
	分析实验结果得出结论：展示教师实验数据，绘制曲线图。分析结果，得出“内环境对外界 pH 的变化具有一定的缓冲能力”的结论	

续表

教学环节	教 学 活 动	核心素养的落实
建构内环境稳态的概念	以内环境 pH 的相对稳定为例，结合生活经验理解体温、渗透压等理化性质的稳态，进而理解内环境稳态的概念	【生命观念】在理解内环境稳态概念的基础上形成稳态与平衡观，认识生物的复杂性
应用	利用所学，指出“酸碱体质理论”中存在的问题，并尝试向家人、朋友宣传内环境稳态的科学知识和健康的生活方式	【生命观念】运用生命观念指导解决实际问题 【社会责任】积极运用生物学知识和方法，关注社会议题，参与讨论并作出理性解释，辨别伪科学

案例分析：

1-3-2　内环境的稳态（第 1 课时）

本节课教师通过设计教学活动，带领学生在科学探究和科学思维的基础上构建稳态与平衡观，并应用此观念参与社会议题，指导健康生活、辨别伪科学。

结合教学目标的表述，不难看出，本节课比较全面地体现了对核心素养四个维度的落实。教师在教学过程中也能够比较清晰地呈现出核心素养四个维度之间的内在联系。

本节课以“酸碱体质理论”引发的讨论引入，引导学生关注社会热点议题，体现了生物学教学承担的社会责任。而问题的解决则需要学生亲身参与实验设计、方案实施和结果的分析与讨论，这发展了学生科学探究的能力和素养。在此过程中，学生运用演绎与推理、批判性思维等科学思维进行预设，并对实验结果进行分析，得出实验结论，体现了科学思维的发展。进而，学生在比较、归纳、抽象的基础上初步建立生命观念——稳态与平衡观。这一过程体现了由事实到概念，再由概念到生命观念的过程。教学结尾对导入进行了呼应，将所学知识提升到应用水平，要求学生能够运用生命观念指导解决实际生活中的问题，对相关问题作出理性解释，辨别伪科学，落实社会责任。

由此可见，生命观念的形成要经由科学探究和科学思维的过程，而生命观念是社会责任形成的基础，科学思维和科学探究为社会责任提供了必不可少的支撑。

（案例提供：李琳，清华大学附属中学）

【研修作业】

1. 研读课程标准，与同伴交流对生物学学科核心素养四个维度的理解。

2. 结合自身教学实践，以一个单元的教学为例，分析生物学学科核心素养四个维度之间的关系。

1-4 如何处理大概念、重要概念和一般概念的关系？

这个关键问题是基于课程标准基本理念设计和实施课程内容的重要依据，它指引着课程单元板块设计的大方向和实施层级。通过对这个关键问题的分析和解决，希望教师能够：

- 合理分析概念及概念之间的层级关系，为教学内容的实施进行规划。
- 结合案例分析，探索概念间关系对教学环节的指导价值。

教学关键问题分析

新版课程标准指出，为了精简容量、突出重点和切合年龄特点、明确学习要求，确保学生有充足的学习时间，课程设计要注重“少而精”的原则，为此必修和选择性必修课程的模块内容都应聚焦大概念，引导学生更深刻地理解和应用重要的生物学概念，发展生物学学科核心素养。

概念是指客观事物在人们头脑中的反映。概念是人类的一种思维形态，它既是思维的产物，是人们对客观事物一般特征、本质属性的认识，又是思维的工具，是进行判断和推理的基础。[①] 概念的要素包括概念的内涵和外延，其中对事物的本质认识即为概念的内涵，而具有这一本质属性的所有事物即为概念的外延。概念的建立是学习者思维活动的过程。

对概念的研究往往需要对概念进行分类，在对生物学问题的概括和归纳中，常将概念划分为大概念、重要概念和一般概念等。大概念是近几年的热点词，对大概念的解释和说法较多，对比国内外学者的研究，大概念与教师以前使用的核心概念、关键概念较为接近，一般描述为学生在持久的学习活动中通过归纳、概括、发展后逐渐形成的对生物学基本规律和本质的认识，是在离开了具体的教学情境之后仍然能够为学生认识相关生命现象提供支持的可迁移的概念，包括学科核心概念和跨学科概念等。大概念是需要对知识逐级加工后才能抽象出来的对生命本质的高阶认知。引导学生形成大概念的教学，是提高学生生物学科核心素养的有效教学。

在大概念之下，依据概念涵盖内容的广度和深度，又可以将概念区分为重要概念和一般概念，这些相对的下位概念包含的是大概念不同维度的表现和特征，是大概念的外延，是大概念所描述的本质属性下的事物的一般特征。清晰梳理一般概念、重要概念和大概念的关系往往决定了教师能否在教学设计和实施中准确把握教学的主干和方向，也影响着教师在具体课时中对教学活动的设计和对学生的有效评价。

---

① 赵占良．概念教学刍议（一）：对概念及其属性的认识［J］．中小学教材教学，2015（1）：40-42.

另外，大概念为课堂教学的学业要求作出提示，只有聚焦大概念、聚焦大概念下的重要概念实施教学，才能保证在有限的课时中，使学生获得最大化的学习收益，才能做到与课程设计理念中的“少而精”相适应。处理好概念层级的关系，就是为教学的实施规划好路径，引领教学“不偏航”。

在高中生物学课堂教学实施中，经常发现这样的问题：生物学课程内容中包含大量细碎的知识，而教学组织的过程重在帮助学生形成和修正已有概念，使学生最终能够在头脑中形成接近教材中用文字准确描述出的科学概念。概念的教学不能脱离具体知识的理解和使用，如何把握两者之间的关系，需要对具体知识与概念的关系进行梳理。教师为课堂内容的落实准备了多种素材，设计了丰富的活动，但是如果素材使用方式重复，活动没有体现出概念的进阶，教学效果不能凸显，形成大概念的难度就会较大。如果教学设计和组织以单个课时为主，相关课时之间的连贯性不足，学生学习后主动形成重要概念或者大概念的难度也较大。针对这些问题，我们需要进一步明确大概念、重要概念和一般概念的关系，了解概念之间关系分析的一般方法，并利用它们来指导教学。

教学关键问题解决

一、分析大概念、重要概念和一般概念的关系

从众多对大概念的表述来看，大概念是人们对事物、现象整合提升之后的认识，是高阶的概括性的认识。与之类似的是，重要概念和一般概念也是学生在学习单元内容或模块内容之后形成的对生命现象的认识。比较而言，虽然概念通常都具有概括的特性，但是越上位的概念对应的知识范围越广，这意味着其内容往往越抽象，其可迁移性越强。需要注意的是，大概念也是相对的，是根据组织的单元内容或模块内容划定的。赵占良先生提出，“大概念就是其他一般概念的集合，相当于文件夹”，这个文件夹内的概念，特别是一般概念，可以是更加具体的生命现象规律，每个概念都可能是大概念在不同角度和研究水平的表现，作为文件夹本身的大概念要能概括内部所有生物学概念的本质规律和一般特征。

不仅如此，教师需要更加明确的是，同样装在一个大概念文件夹中的重要概念和一般概念对大概念的支持角度是否存在差别，是平行的几个类型，还是不同的维度。除了上下位关系之外，同为重要概念或一般概念的概念之间的关系也应当予以重视。在同级概念中，概念之间是否也存在知识或理解上的递进关系，还是在不同研究范围领域呈现出平行关系，同级概念是否具有理解上的先后顺序，只有对这些概念之间的关系进行准确解读，才能对相关教学环节的处理顺序和处理方式进行合理组织。

下面是选择性必修 3 第一章“发酵工程”所包含的概念。

概念 3　发酵工程利用微生物的特定功能规模化生产对人类有用的产品。

3.1　获得纯净的微生物培养物是发酵工程的基础。

3.1.1　阐明在发酵工程中灭菌是获得纯净微生物培养物的前提。

3.1.2　阐明无菌技术是在操作过程中，保持无菌物品与无菌区域不被微生物污染的技术。

3.1.3　举例说明通过调整培养基的配方可以有目的地培养某种微生物。

3.1.4　概述平板划线法和稀释涂布平板法是实验室中进行微生物分离和纯化的常用方法。

3.1.5　概述稀释涂布平板法和显微镜计数法是测定微生物数量的常用方法。

3.2　发酵工程为人类提供多样的生物产品。

3.2.1　举例说明日常生活中的某些食物是运用传统发酵技术产生的。

3.2.2　阐明发酵工程利用现代工程技术及微生物的特定功能，工业化生产人类所需产品。

3.2.3　举例说明发酵工程在医药、食品及其他工农业生产上有重要的应用价值。

梳理这一章的概念，可以形成如图 1-4-1 所示的概念图。

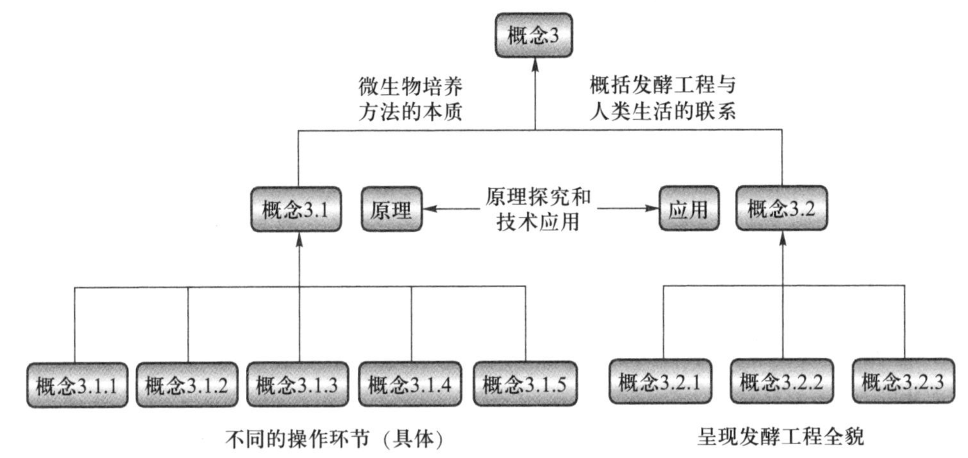

图 1-4-1　“发酵工程”概念图

对比来看，概念 3.1 和 3.2 是原理阐述和应用介绍的差别。可以尝试以这样的顺序组织教学：先以 3.2 内容中的传统发酵构建发酵工程的粗略“外观”，再以 3.1 中的技术细化发酵工程的原理，最后通过 3.2 中的现代发酵工程完善发酵工程的发展和进步，以更好地帮助学生加深对发酵工程的认识。

概念 3.1 之下有 5 个一般概念。分析这 5 个概念可以看出，它们分别指向灭菌处理、无菌操作、培养基配制、分离和纯化方法、计数方法等重要的微生物培养技术，这些技术有序应用在完整的微生物培养过程中，顺次完成各个环节才能最终获得纯净的微生物培养物。因此教学组织就应当据此考虑，如果教师先设计针对“要获得纯净的微生物培养物，应当考虑哪些问题?”的讨论活动，不限定顺序地帮助学生逐步生成这几个一般概念，就应当注意在之后的内容中帮助学生梳理培养的操作顺序，以帮助学生完成相关内容的有序串联，保证知识建构的完整性。教师也可以先引导学生梳理微生物培养的一般过程，再分别顺次思考每个环节应当如何保证培养物的纯净。无论是哪一种模式，都要有序地凸显，这样学生对微生物培养的技术发展过程、实验室培养的全流程有整体性认识，才能更加顺利地建构和形成大概念。

二、梳理教学内容中的概念关系

1. 以课程标准为依据进行概念梳理

课程标准在课程内容板块以内容要求的形式详细解读了每个模块涉及的大概念，基于大概念描述了具有学科逻辑、符合高中学生认知特点的重要概念，并以大概念、重要概念和一般概念的顺序进行了编号，形成了课程的内容框架。

处于学科核心的顶层位置的大概念的编号为 1，2，3，4，…，这些大概念构成了课程的内容框架。重要概念和一般概念则分别以“1.1，1.2，…”和“1.1.1，1.1.2，…”的序号在相应的大概念下分层级排列。教师在进行课程模块和教材单元教学设计时，应当参考课程标准中的概念，整体分析和把握教学单元内的概念内容和概念间关系，进行教学资源的整合和设计。

2. 以授课的实际单元进行概念梳理

在实际教学，特别是复习课中，教师的教学设计也经常会脱离教材顺序和既定单元，进行主题单元的内容重组。这时就需要教师从教学的实际内容出发，分析主题内涵盖的教学内容和包含概念，并进行概念间关系的梳理。

在主题单元中，概念的梳理需要教师结合课程标准，重新分析主题中哪些内容是基础的生物学现象，它们可以帮助学生认识生命本质规律的哪些方面，又可以上升到哪个生命观念。这样就从概括程度和思维难度上进行了概念间关系的梳理，整理出本主题内容中的大概念、重要概念和一般概念。

以复习专题“细胞分裂”为例。在这一复习专题内，学生需要梳理细胞分裂的不同方式，专题内容以有丝分裂和减数分裂为主。

通过分析教学内容，我们可以得出，本专题的主要知识是细胞有丝分裂和减数分裂的过程，其中有丝分裂和减数分裂的一般特征可以描述为以下一般概念。

一般概念 1：有丝分裂保证了遗传信息在亲代和子代细胞中的一致性。

一般概念 2：减数分裂产生染色体数量减半的精细胞或卵细胞。

对这两个一般概念进行对比和归纳，细胞分裂过程的差异使得产生的细胞内遗传物质的数量不同，新细胞因此具备不同的特征，在生命活动中参与不同的生命活动过程。学生可以在此基础上获得组成生物体的细胞具有分工和合作的关系，共同组成作为整体的多细胞生物个体。因此，这两个一般概念应当包含在重要概念“细胞由多种多样的分子组成”之下。而这一重要概念也是“细胞是生物体结构与生命活动的基本单位”大概念的重要下位概念，它提示组成生物体的细胞参与不同的生命活动，通过不同的生命过程产生。

分析专题内包含的概念并梳理它们之间的关系，保证了学生学习的方向，也加深了教师对专题内容的理解。

三、利用大概念、重要概念和一般概念的关系指导教学

教师的教学应当具有整体观，教学既要有整体性也要有层次性，这个整体的骨架就是由以大概念为中心，参考重要概念和一般概念作为骨架结构的关键节点依次搭建起来的。梳理概念间关系是有效搭建教学框架的前提，一个合理的框架搭建，有利于教师把握单元和课时的关系，明确学生学习进阶的关键问题，有针对性地设计活动并指导学习活动的开展。

把握概念之间的关系有助于以下教学工作的开展。

1. 指导单元设计

在多数教学单元中，教学内容涉及多个课时，内容涵盖多方面知识，综合性强。教师在每课时教学时要做到“心中有单元”，必须先对单元内容进行梳理。就像是带学生画一根竹子，竹子的全貌就是单元的主题，即这个单元的大概念，每一个枝条和每一片叶子就是重要概念和一般概念。教师只有理清单元知识框架，才能“胸有成竹”，在每个一般概念的生成过程中都能把握概念在具体知识和概念发展框架中的位置，以及每个概念会怎样以及多大程度地影响大概念的形成。

2. 引导学生活动的方向

教师在设计学生活动时，要认真梳理学生学习的发展过程，借助概念形成和发展的关键点，预判教学活动中的难点，通过活动设计进行突破，完成从事实到概念，从一般概念到重要概念再到大概念的进阶。在概念发展路径的指导下，教学活动指向明确，有助于教师减少不必要的素材堆积和展示，充分利用课堂时间开展有利于概念提升的关键活动，落实“少而精”的教学实施原则。

学生在生活经历和对生命现象的观察中，已经对某些学习内容有了一定的认知和判断，在脑海中有了对知识的初始刻画，形成了一些一般概念，也就是前概念。概念的梳理为教师展示了完整概念对应的知识框架，教师在教学初始环节设置能够检测学生前概念的活动，让学生暴露前概念的同时也可以引导学生改正前概念中的错误，同时明确接下来的教学环节应当利用哪一个概念路径展开，据此调整教学的初始情境和概念进阶的起始位置，准确把握教学的起始点。这样不仅可以避免学生的错误概念影响后续教学环节的推进，也能将不同学生的学习初始状态调整至接近同步的状态，使课堂教学面向全体学生，提高教学的有效性。

3. 用概念间关系引导学习进阶

概念的发展是学生理解生命本质的进阶过程，依托概念层级的教学过程也应当是进阶性的教学。实现进阶性教学的重心应当是帮助学生突破知识、思维、情感的难点，实现生命观念、科学思维、科学探究和社会责任等核心素养的水平提升。

概念是对现象和事实的概括，越高阶的概念就越抽象，概括程度也越高，可迁移性就越强，就需要更多的事实性知识支持，需要更充分的思维活动完成概念生成。明确概念进阶关系，明确进阶概念之间的跨度，以及可能存在的问题，教师才能有针对性地设计学生活动，突破教学难点。同等级的概念往往是支撑上一级概念的基石，学生的学习就是用许多一般概念和重要概念基石建立大概念的平台。

下面以高中生物学选择性必修 1“稳态与调节”模块中的第 1 章“人体的内环境与稳态”为例，展示在单元设计和课时操作中如何基于概念发展关系进行教学设计。本单元设计 3 课时完成。

【案例】

“人体的内环境与稳态”单元设计

（一）单元分析

“人体的内环境与稳态”内容属于选择性必修 1“稳态与调节”模块，涉及的知识包括人体的内环境与稳态、人和动物生命活动的调节、植物激素。

该模块聚焦稳态与平衡观、整体观、结构与功能观等生命观念的形成，学生将学习生物体如何作为一个整体完成复杂的生命活动，适应多变的环境。

“人体的内环境与稳态”在教材中自成一章，属于本模块的开篇章节。知识内容主要为介绍内环境，认识稳态，理解稳态的重要意义，并初步认识稳态的调节机制。这部分内容对前述的三个生命观念的形成都有初步的引导作用。

（二）单元概念分析和知识网络图构建

本单元需要帮助学生形成的大概念、重要概念和一般概念如下：

概念 1　生命个体的结构与功能相适应，各结构协调统一共同完成复杂的生命活动，并通过一定的调节机制保持稳态。

1.1　内环境为机体细胞提供适宜的生存环境，机体细胞通过内环境与外界环境进行物质交换。

1.1.1　说明血浆、组织液和淋巴等细胞外液共同构成高等动物细胞赖以生存的内环境。

1.1.2　阐明机体细胞生活在内环境中，通过内环境与外界环境进行物质交换，同时也参与内环境的形成和维持。

1.1.3　简述机体通过呼吸、消化、循环和泌尿等系统参与内、外环境间的物质交换。

1.2　内环境的变化会引发机体的自动调节，以维持内环境的稳态。

1.2.1　以血糖、体温、pH 和渗透压等为例，阐明机体通过调节作用保持内环境的相对稳定，以保证机体的正常生命活动。

1.2.2　举例说明机体不同器官、系统协调统一地共同完成各项生命活动，是维持内环境稳态的基础。

梳理本单元的概念发展路径，大概念、重要概念和一般概念的关系，可以形成如图 1-4-2 所示的概念图。

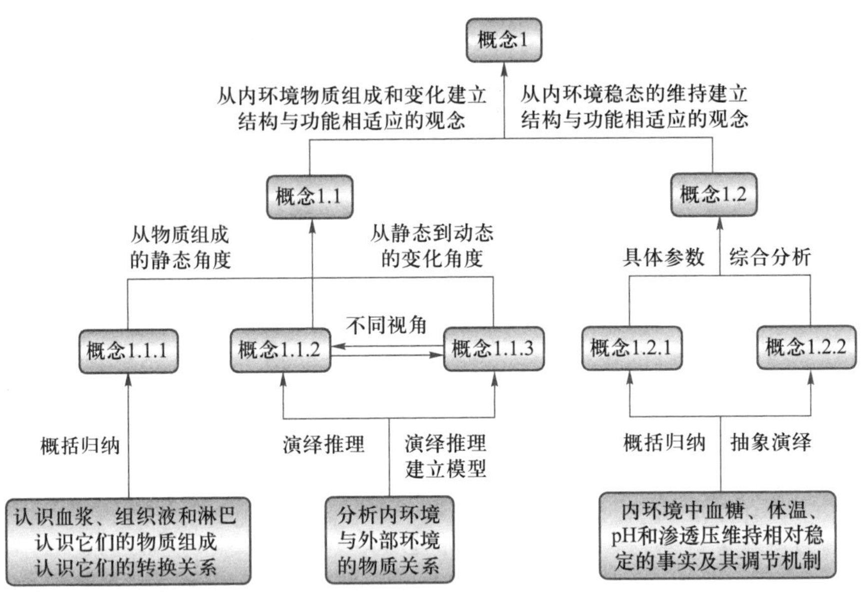

图 1-4-2 “人体的内环境与稳态”概念图

(三) 围绕概念细化活动

本单元设计 3 课时完成。

第 1 课时，以理解一般概念 1.1.1、1.1.2 和 1.1.3 为主，以“内环境”和“稳态”为中心，利用抗疫和抗洪活动设计问题串，引导学生从思考问题“人体细胞生活在什么样的环境?”到认识“血浆、组织液和淋巴等细胞外液是细胞赖以生存的内环境”，最后初步感受重要概念 1.1 中的“内环境为机体细胞提供适宜的生存环境”。

通过分析内环境与细胞的关系，内环境通过消化、呼吸、循环和泌尿等系统与外界环境进行物质交换，绘制“细胞—内环境—外界环境”的概念图，以归纳和概括的形式，完善概念 1.1 中的“机体细胞通过内环境与外界环境进行物质交换”，为该重要概念的理解和落实打好基础。

本课时关于稳态的分析主要集中在“物质组成相对稳定”层面。

本课时的活动设计侧重科学思维中归纳概括、对比、演绎推理和概念图式的模型构建。

第 2 课时，以内环境如何维持 pH 稳定为主题的探究实验活动，通过参与探究过程，帮助学生加深对内环境稳态的认识。落实一般概念 1.2.1 中的“机体通过调节作用保持内环境的相对稳定，以保证机体的正常生命活动”。

本节课从 pH 这一个例证，充分展示“理化性质相对稳定”这一内环境稳态的表现，为重要概念 1.2“内环境的变化会引发机体的自动调节，以维持内环境的稳态”的形成提供支持。

本课时的活动设计主要集中在实验设计、方案实施及结果讨论和创造性思维。

第 3 课时，实践活动“人的体温日变化规律”小组活动汇报和分享总结。

本节课以温度为主题继续补充完善学生对稳态的认识，创设真实情境，解读内环境稳态的破坏对机体的影响，落实重要概念 1.2。

本节课的活动设计侧重调查和小组分享，以及问题的讨论和分析。通过真实的问题和熟悉的情境增加学生的学习参与感，加强对重要概念形成的支撑。

本节课安排对稳态和稳态维持机制的相关知识梳理，最终借助概念图，展示稳态与调节机制的关系，聚焦模块学习大概念 1“生命个体的结构与功能相适应，各结构协调统一共同完成复杂的生命活动，并通过一定的调节机制保持稳态”。

1-4-1 人体的内环境与稳态（第 1 课时）

1-4-2 人体的内环境与稳态（第 2 课时）

1-4-3 人体的内环境与稳态（第 3 课时）

案例分析：

本单元是模块大概念 1 的初步建立阶段，学生缺乏对稳态、内环境等具体知识的一般认识，因此在教学初始环节，设计了对相关生命现象的介绍，以及对这些现象如何维持细胞形态、维持细胞正常工作的描述，是建立起内环境的意义与稳态维持机制这样两个一般概念的必须过程。

教师在进行概念分析时关注了概念之间的平行关系和上下位关系，以细胞外液的化学成分为切入点，首先保证从物质与能量观的角度认识细胞与内环境之间的关系。

第 1 课时从身边的现象引发思考，从细胞在生物体内生活的环境到内环境的物质组成，最后完成概念 1.1 的构建，从三个一般概念上升到重要概念，对素材进行了充分挖掘，有针对性地使用概念层级的提升策略，对概念间关系的处理得当。

第 2 课时和第 3 课时利用 pH 和体温两个重要的内环境理化性质，分别用一课时开展学生活动，以“内环境中 pH 是否维持稳定”的探究实验和“人的体温日变化规律”小组活动和汇报，充分展示内环境稳定性的维持这一抽象信息，帮助学生构建两个一般概念中更难理解的概念 1.2。

第 3 课时设计了章节概念图的完善环节，将前两课时已经初步形成的知识结构完整呈现，完成对应大概念的基础框架，将人体内环境和稳态的特征初步呈现给学生。

（案例提供：徐丹，清华大学附属中学；李琳，清华大学附属中学；任晓卓，北京市育英学校）

【研修作业】

1. 结合自身教学实践，选择一个自然单元或重组单元，完成单元内大概念、重要概念和一般概念的辨析和概念间关系的梳理。

2. 根据梳理出的概念间关系，完成单元教学设计，并与同伴交流概念间关系对单元教学设计指导。

1-5 如何理解和把握学业质量标准对学生学业质量的要求？

这个关键问题涉及教学实践活动的设计、操作以及学业评价方式和标准的确立。学业质量是依据国家教育方针和培养目标，以教育质量观为基础规定和设计的学生课程学习活动所应该达到的发展状态和发展水平。通过对这个关键问题的分析和解决，希望教师能够：

- 了解学业质量标准的水平划分依据，明确与各标准水平相匹配的学生知识及思维的发展形式。
- 利用学业质量标准细化学业要求，并能依据要求合理设计教学过程和评价活动。

教学关键问题分析

学业质量标准是课程标准的重要组成部分。发展核心素养是生物学课程的设计宗旨和实施要求，发展核心素养的要求为教师进行教学设计和实施指明了方向，明确了教学的着力点。学业质量描述的是学生通过课程学习后可以显现出来的学业成就表现，是对学习质量的反馈，是学生核心素养的具体表现，是衡量学生学习水平的依据。

学科核心素养的发展需要通过教学来完成，课堂的顺利开展需要教师不断关注学生的学习过程，评估学生学习活动的学习效果，通过教和评的反馈有效调整教学的内容、难度、方向和方式。学业质量及素养水平划分为教师提供了评价和反馈的依据，也为教师备课、教学、评价和命题等工作提供了方向。

教师对学业质量标准的理解影响教师在单元、主题或课时教学中对学生学习结果的预设，同时影响具体教学和评价活动的开展。教师只有明确了学生通过学习活动应当达到的学业质量标准的水平，才能够更加清晰地把握知识内容的引导方向和延伸程度，以及准确把握在知识学习中培养学生的哪些学科能力和发展哪些学科核心素养。学业质量水平是教学目标确立的参照，是评价教学评价环节的依据，是试题命制的指标。学业质量标准中的一、二级水平是生物学学业水平合格性考试的命题依据，三、四级水平是生物学学业水平等级性考试的命题依据。只有依据学业质量标准，考试评价才能更好地考查学生的学科核心素养，促进学科核心素养在教育评价中落地。

教师在使用学业质量标准分析学生的核心素养发展水平时还存在不少问题。

（1）核心素养各个维度对应质量标准的水平尺度不明确。教学是一个连贯的进阶过程，为了展现出学生的发展状态，知识落实和素养发展的评估仍然需要明确的指标，跨度不清晰会影响教学效果的认定和评价。

（2）在单元、章节和课时备课中，学业质量标准与学业要求的对接不准确。教师依据课程标准可以了解每个模块内容要求中的学业要求，但课程标准从生命观念、科学思维、科学探究和社会责任四个维度综合描述了学生在该内容模块中的学业要求。综合描述不便于教师具体把握教学需要达到的质量标准水平，以及该水平下学生应当在学习完成之后显示的学业状态。如果教师不能将学业要求在自己的教学难度、评价方式和考题设计中落实，就不能更好地把握教学难度，也难以分析自己所设计的评价活动是否恰当。

（3）在考题和答案设置中，不能参照学业质量标准完成试题内容的进阶设计；在选题组卷时，不能通过准确把握选用试题的质量标准水平把握试卷的整体难度。

教学关键问题解决

一、研读课程标准，明确学业质量标准的水平划分

依据生物学课程的深度和广度，按照学业质量标准、学科教学规律和学生认知发展规律，针对核心素养的四个方面，学业质量标准也有与之对应的不同维度，每个维度的学业质量标准又被划分为具有进阶关系的四个水平，客观描述不同水平学生表现的关键特征。四个水平中，水平一和水平二对应的问题情境相对简单，解决问题采用的方法多为归纳概括、演绎推理等，涉及的大概念仅限于必修课程内容。水平三和水平四的情境更加复杂，往往需要在真实的社会情境、生产实践中解决问题，对掌握知识的深度和广度要求较高，涉及的大概念、方法也更多，教学内容包括必修课程和选择性必修课程的全部内容。

学业质量水平的划分，让学科知识和核心素养的不同方面都具有可测性和可操作性，是教学实施过程，特别是教学评价和试题命制的关键。

学业质量的不同水平中既包括阶段性的学习结果的表现描述，也有整体性的学业要求，包含学生在学习完主题、单元、模块之后应当出现的学习表现的行为描述，是与核心素养和学科知识体系相对应的。

学业质量是对学生学业成就表现的具体描述。学业质量标准是以本学科核心素养及其表现水平为主要维度。认真研读学业质量标准，对同一学科核心素养下不同表现水平进行比较，可以准确把握学生学习过程中核心素养水平发展的表现和关键特征，明确发展中学生不同方向的进阶表现。

下面分别对同一核心素养纵向发展的四个等级水平进行了对比，如表 1-5-1 至表 1-5-4 所示。

表 1-5-1 生命观念

素养水平	情境来源	涉及的主要生命观念	素养发展表现		
水平一	简单情境	结构与功能观、物质与能量观等	初步运用生命观念，说出生物学原理和规律	分析现象，探讨规律	设计方案解决问题
水平二	简单情境	结构与功能观、物质与能量观等	运用生命观念，举例说明说出生物学原理和规律	分析现象，探讨规律	设计方案解决问题
水平三	特定问题情境	结构与功能观、物质与能量观、稳态与平衡观等	运用生命观念，举例说明说出生物学原理和规律	分析现象，探讨规律	综合运用科学、技术、工程学和数学（STEM）知识和能力，设计方案解决问题
水平四	生活情境	结构与功能观、物质与能量观、稳态与平衡观等	运用生命观念，阐释生物学原理和规律	分析现象，探究规律	基于上述观念，能够将科学、技术、工程学和数学（STEM）知识和能力综合运用在实践活动中，解决生活中的实际问题

表 1-5-2 科学思维

素养水平	情境来源	素养发展表现		
水平一	简单情境	理解概念内涵	认同概念基于归纳概括、演绎推理等方法形成	解释生命现象
水平二	面对有争议的社会议题	以文字、图形的形式说明概念内涵	采用归纳与概括、演绎与推理等方法说明概念内涵	探讨问题，阐明立场
水平三	面对有争议的社会议题	以文字、图形、模型的形式说明概念内涵	采用归纳与概括、演绎与推理等方法说明概念内涵	探讨、审视和论证相关问题，阐明立场，作出决策
水平四	面对生产、生活中与生物学相关的新问题情境，面对有争议的社会议题	以恰当的形式阐释概念内涵	采用归纳与概括、演绎与推理、模型与建模等方法阐释概念内涵	论述工程技术原理，探讨、审视和论证相关问题，阐明立场，作出决策并解决问题

表 1-5-3 科学探究

素养水平	情境来源	素养发展表现			
水平一	简单情境	针对问题开展探究活动	根据实验计划，按照实验操作步骤进行实验	记录实验结果	认同开展小组活动的必要性
水平二	一般生物学研究情境	主动提出问题	选择计划方案或制定计划方案并实施	记录和描述实验结果	能与他人合作交流

续表

素养水平	情境来源	素养发展表现			
水平三	特定情境	提出可探究的问题或工程需求	设计和实施探究方案或工程学方案	运用多种方法记录和分析实验结果	能主动与他人合作并推进方案或实践活动的实施
水平四	日常生活和生产中的真实情境	清晰的、有价值的、可探究的生命科学问题或生物工程需求	设计并实施恰当可行的探究或工程方案	运用多种方法如实记录实验结果，创造性地运用数学方法分析实验结果，并客观分析与评价生物技术产品在生产和生活中的应用所产生的效益和风险，论证人类活动对环境的影响	能在小组活动中起到组织和引领作用，能与他人进行有效合作

表 1-5-4　社会责任

素养水平	情境来源	素养发展表现		
水平一	一般社会问题	认同环境保护的必要性	认同健康文明生活方式	对热点问题进行理性判断
水平二	一般社会问题	初步形成环境保护意识	养成健康文明的生活方式	对热点问题进行理性判断
水平三	社会热点问题等特定情境	养成环境保护行为习惯并积极参加环境保护相关活动和提出建议	自觉抵制伪科学	对热点问题进行科学判断
水平四	社会热点问题等特定情境	养成环境保护的习惯并积极参加环境保护的相关活动和提出建议	鉴别并抵制伪科学，参与相关的宣传	对热点问题进行科学判断和科学评价

1. 注意教学情境的设置和难度进阶

无论是核心素养哪个维度对应的学业质量标准，在学生认识生命现象、解决生物问题的情境设置和难度进阶上都表现出一致性，四个水平的情境都是从简单到复杂，从教材指定的简单情境到教材之外的复杂情境，最终上升到来自生产生活的真实情境，特别是有争议的社会热点情境。学生需要在知识提升和能力进阶的过程中学会概括和迁移所学知识，在更加复杂的情境下完成概念的提升和应用。这就提示教师在进行教学时，应注意教学情境的设计与教学过程所能达到的质量水平相匹配，让需要解决的问题难度尽可能贴近学生学习的最近发展区，帮助学生理解相关概念内涵和获得学习成就感。

2. 比较行为动词，匹配学习活动形式

学业质量标准中的四个水平，具体描述了学生学习应该达到的学习水平，教师在明确教学内容的基础上，借鉴对应学业质量水平的行为描述，可以为学生设计更加合理的活动形式，也可以遵循能力进阶的规律设计进阶活动。

例如，在与科学思维对应的学业质量的四个水平中，教师可以设计“尝试解释简单现象—探讨相关问题—论证并作出决策—解决问题”的思维活动路线，依据这一思维进阶路线，挖掘真实情境教学素材中的特定条件问题、一般问题、真实问题，并组织对应的活动，解决问题。教师在借助关键问题作为教学线索的同时，借用不同类型活动促进学生思维能力逐步提升，并依据活动中的学生表现完成学生学习的过程评价和结果评价。

二、利用学业质量标准的水平细化学业要求

课程标准内容要求中的学业要求使用连贯和高度概括的语言描述了单元学习后学生应达到的水平，学业质量标准可以帮助教师将这些语言转化成更加准确的水平要求，进一步明确学生在完成每一段内容的学习后应当出现的具体学习表现，以形成更有条理的教学目标。

以选择性必修 3 第 1 章“发酵工程”为例，课程标准对相关内容的学业要求如下：

结合生活或生产实例，举例说出发酵工程、细胞工程和基因工程等生物工程及相关技术的基本原理（生命观念）；针对人类生产或生活的某一需求，在发酵工程、细胞工程和基因工程中选取恰当的技术和方法，尝试提出初步的工程学构想，进行简单的设计和制作（生命观念、科学探究）；面对日常生活或社会热点话题中与生物技术和工程有关的话题，基于证据运用生物学基本概念和原理，就生物技术与工程的安全与伦理问题表明自己的观点并展开讨论（科学思维、社会责任）。

上述学业要求提示，学生学习该内容后均应结合生产生活实例或针对生产生活中的特定需求完成问题的分析和解决，因此从情境难度设置来看，本章符合学业质量标准中水平三和水平四的要求；学生应掌握的原理和技术，以及进行的研究设计和热点讨论均涉及生物工程的开发和运用，从形成生命观念和科学探究能力发展来看，符合水平四的要求。以此为依据，就可以确立符合水平四的教学目标，并为教学目标的完成搭建好从水平一上升到水平四的台阶。

三、在备课、教学和评价中把握学业质量标准对学生的要求

学业质量标准的梳理过程就是对学生观念、思想、能力的进阶水平和进阶路线的规划过程。教师应当在学业质量水平的要求下，梳理教学思路，分析教学内容中核心素养的水平等级，形成素养提升的进阶路线，明确学习发展的关键内容和方向，

参考学业质量水平等级中的学习成就表现和行为描述，为学习过程匹配合适的教学活动。

需要特别注意的是，分析学业质量水平对学生学习的要求并不是为了将整个教学过程拆分成片段，教师只有明确学业质量水平要求的提升内容，才能更加有序和连贯地使用教学素材进行活动设计。

在教学活动中教师也能据此指导评价环节，明确评价活动中可被观测和评估的表现，及时反馈和调整教学。

下面以人教版教科书必修 2《遗传与进化》中的第 2 章第 1 节“减数分裂和受精作用”为例，展示如何参考学业质量标准完成教学活动设计和开展教学评价。本节内容设计两课时完成。

【案例】

“减数分裂和受精作用”教学设计

（一）章节教学分析

在学习孟德尔的遗传规律之后，“基因在细胞中的物质基础是什么?”“基因在哪里?”正是学生迫切想要找到答案的问题。本章内容回答了基因在细胞中的位置，与第 3 章“基因的本质”从科学发展的历史角度形成了有机的联系。

本章的教学内容是沿着这样的思路呈现的：孟德尔假说的核心是配子形成的过程和类型，要寻找基因，应该从配子形成过程中寻找。细胞学研究对体细胞和配子的对比观察，发现了减数分裂的过程，以及减数分裂过程中染色体的规律性变化。萨顿发现基因和染色体的行为存在平行关系，由此提出假说：基因在染色体上。分析推理的思辨过程不足以证明，最终摩尔根的果蝇实验证实了基因和染色体的关系。基因在染色体上的位置不同，遵循着不同的遗传规律，这正是孟德尔遗传定律的细胞学基础。位于性染色体上的基因，其遗传特点具有特殊性。伴性遗传是“基因在染色体上”的特殊例证，其特别的遗传特点可以用于解决生产生活实践中的遗传问题。这些教学内容帮助学生达成课程标准中的以下概念构建：

3.2.1　阐明减数分裂产生染色体数量减半的精细胞或卵细胞。

3.2.2　说明进行有性生殖的生物体，其遗传信息通过配子传递给子代。

3.2.3　阐明有性生殖中基因的分离和自由组合使得子代的基因型和表型有多种可能，并可由此预测子代的遗传性状。

3.2.4　概述性染色体上的基因传递和性别相关联。

本单元教学内容中穿插着大量的科学史实，展示了科学家大胆想象、提出假说、演绎推理、实验验证的科学思维和科学探究历程。这是本单元宝贵的学习材料，对学生学科核心素养的提升提供了具体的支架。

本节课学习内容是认识减数分裂的过程，理解生物体通过减数分裂形成生殖细胞，有性生殖中配子将亲代的部分遗传信息传递给后代。从课程标准中的学业要求描述来看，学生不仅要理解遗传的在细胞水平上的物质和结构基础，还要运用细胞减数分裂的模型，阐明遗传信息在有性生殖中的传递规律。结合学业质量标准可以看出，学生应在本节课后对减数分裂相关概念内涵的理解和分析能力达到可以解决相对复杂情境中的问题水平，即水平四的要求。

（二）学习目标

1. 利用减数分裂和受精作用研究中的科学史素材，初步感悟减数分裂和受精作用的意义。大胆尝试提出减数分裂过程中染色体数量减半的可能性，进而认同亲子代在维持遗传物质稳定性中具有精准的调控机制。

2. 通过观察减数分裂模式图和动植物精子、卵细胞的减数分裂照片，概述减数分裂的过程，认同生命的物质观。

3. 通过观察有性生殖生物体细胞和配子的染色体组成，提出减数分裂过程的合理假设，借助照片和动画验证假设的合理性，发展科学思维。

（三）学习活动设计

第1课时

观察果蝇体细胞和配子的染色体差异，提出配子的形成过程假设；观察精子的形成过程模式图，描述减数分裂过程；建立减数分裂过程中染色体的变化模型，演示减数分裂的过程。

第2课时

运用模型，演示减数分裂过程中染色体的行为，分析过程中染色体和DNA的数量变化；运用模型尝试解释异常配子的形成过程；运用模型推导减数分裂产生配子的类型，归纳配子多样性的产生规律；探讨减数分裂和受精作用的意义。

（四）教学评价设计

第1课时

序号	评价目标	评价任务	评价标准	评价方法
任务1	形成“减数分裂过程是细胞中染色体复制一次，细胞连续分裂两次，减数分裂完成后，细胞中染色体数目减半”的概念	描述配子和体细胞中的染色体差异	① 只关注数目差异 ② 关注数目和组成差异 ③ 能够根据组成和数目差异提出有价值的问题	分享、讨论
任务2		提出对减数分裂过程的假设；对减数分裂过程中的图像进行排序	① 假设的描述简单、无序 ② 假设描述具体、合理，能进行图像的正确排序 ③ 能够根据组成和数目差异提出合理的猜测，可以对图像正确排序 ④ 可以对图像正确排序，根据排序修正假设，并向小组同学进行解说	分享、讨论、小组报告
任务3		选择合适的材料进行减数分裂的观察；寻找装片中与模式图匹配的图像	① 不能对图像进行判断，无法提出合适的材料选择 ② 可以识别图像，选择合适的材料进行观察	小组分享

第 2 课时

序号	评价目标	评价任务	评价标准	评价方法
任务1	形成“减数分裂过程是细胞中染色体复制一次，细胞连续分裂两次，减数分裂完成后，细胞中染色体数目减半”的概念	利用合适材料建立减数分裂的染色体模型	① 材料选择或处理不合适 ② 材料选择和处理恰当 ③ 利用合适材料和恰当的处理演示减数分裂过程中染色体的变化	小组分享、讨论
任务2		模拟染色体行为对后代染色体数目的影响	① 不能明确描述染色体的变化 ② 依据模型清晰地展示并解说减数分裂中染色体的行为 ③ 对减数分裂中染色体行为变化对配子的影响进行归纳和总结	分享、讨论、小组报告
任务3		模拟配子中的染色体组成	① 不能正确模拟配子的全部染色体组合 ② 可以正确模拟配子中的染色体组合情况 ③ 可以正确模拟配子中的染色体组合，并利用数学思维进行归纳和表述	小组分享
任务4		模拟减数分裂和受精作用对生物的影响	① 只能简单说出减数分裂和受精作用对后代的影响 ② 可以套用进化的思想对有性生殖进行解读	课堂发言

案例分析：

1-5-1　减数分裂和受精作用（第 2 课时）

本节内容是学生认识遗传规律及其实质的重要基础，课程设计从大概念、核心素养和学业质量标准几个方面展开，通过对课程标准中学业要求的解读，明确本内容的学习应达到对生命观念和科学思维的高阶发展，学业质量标准的水平分级为四级。本节教学需完成对遗传过程中减数分裂重要概念的阐述，运用模型分析遗传和变异的过程，阐述遗传与变异的物质和结构基础。

结合本模块的大概念和重要概念，教师首先设计观察和对比活动，以指定的现象“果蝇体细胞和生殖细胞中的染色体组成模式图”入手，借助观察和对比活动，指导学生描述染色体组成差异，尝试说出生殖细胞形成过程中的染色体变化。之后在继续观察减数分裂过程图片的活动中，完善对减数分裂过程的认识和理解，帮助学生落实对减数分裂过程的一般认识，达到生命观念水平二的要求。最后设计制作模型并模拟展示减数分裂的过程，发展科学思维，借助模型开展后续两个重要概念学习和能力提升活动。

除此之外，本案例还为活动设计了评价标准，分级预设，能准确地判断学生学习完成的状态。

（案例提供：徐丹，清华大学附属中学）

四、借力学业质量标准把握试题和试卷的设置

试题是诊断学生学业发展状况的重要工具。教师在设计试题和选题组卷时应当关注每个试题的考查方式、考查维度、考查水平，以及全卷的难度设置。

在试题的命制过程中，需要设置情境及情境的难度进阶，明确考题考查水平等级，确保试题的引导作用。教师可以在试题命制和组卷中通过把握素材难度和广度，分析素材可考查方向、涉及的核心素养等，通过学业质量水平进阶分析（可以参考表 1-5-5 梳理内容，评价试题的使用情况），完成素材的充分挖掘和优质试题的命制。

表 1-5-5　试题学业质量水平分析表

考查内容	概念表述	答题要求 （质量水平）	对应核心素养 发展水平
1			
2			
…			

【研修作业】

1. 请您结合自身经验选择一个教学设计，分析并讨论相关教学内容的学业质量标准水平。

2. 参照学业质量标准对自己做过的教学活动设计进行合适度评估，优化和完善其中的学生活动和评价活动。

单元 2　素养导向的学习活动设计与实施

2-1 如何确立并表述单元和课时学习目标？

落实课程标准，培养学生学科核心素养，是指导教师确立学生学习目标的依据。通过对这个关键问题的分析和解决，希望教师能够：

- 重视学习目标的确立和表述，通过目标引领学生的学习活动。
- 能够针对不同的教学内容和学生特点确立不同类型、不同层次的学习目标并准确表述。

教学关键问题分析

学习目标是指导学生学习过程的方向，检验学习效果的标准，既是学生学习的起点，也是学生学习的归宿。学习目标的确立往往要从达到的学习结果出发，倒推要经历的学习过程、要掌握的方法和内容，让学生能看懂、能理解、可执行、可检测。

学习目标通常包括单元学习目标和课时学习目标。单元学习目标一般是中长期的目标，课时学习目标是具体到每一节课的学习目标。教师要将单元学习目标尽量拆分成课时学习目标，注重每节课的目标达成，最后实现单元学习目标。

学习目标是教师进行有效教学和学生实现有意义学习的关键。[①] 图 2-1-1 展示了学习目标在学生有意义学习中的中心地位，充分体现了学习目标的重要性。有效教学的目的是促进学生进行有意义的学习，只有教师和学生共同向着同一目标努力并达到目标时，教与学的质量才能得到提高。

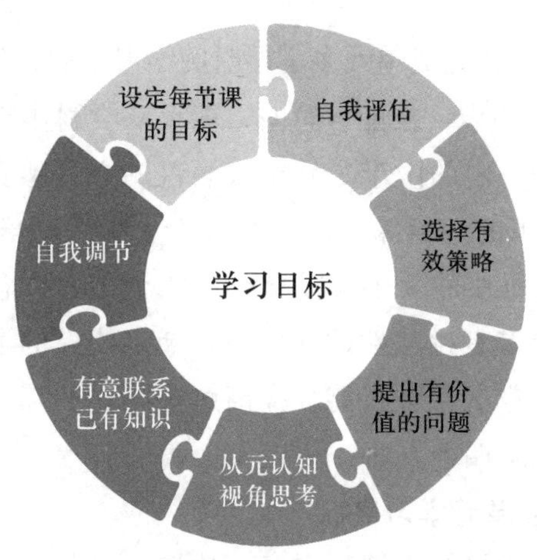

图 2-1-1　学习目标在学生有意义学习中的中心地位

① 莫斯 M，布鲁克哈特 M. 聚焦学习目标：帮助学生看见每天学习的意义［M］. 沈祖芸，译. 福州：福建教育出版社，2020.

图 2-1-2 展示了学习目标在有效教学中的中心地位。教师根据学习目标认真备课与授课，提出高质量的问题，观察学生行为表现，促进学生进步，为学生提供学习脚手架，衡量学习成效。在授课过程中，教师要根据学生的学习效果和反馈不断调整教学策略进行差异教学，促进学生学习进步。学生理解了学习目标后，一旦成为学习的主人，就能够积极参与学习过程，不断调整并运用各种有效策略进行学习，学习才能真正发生。

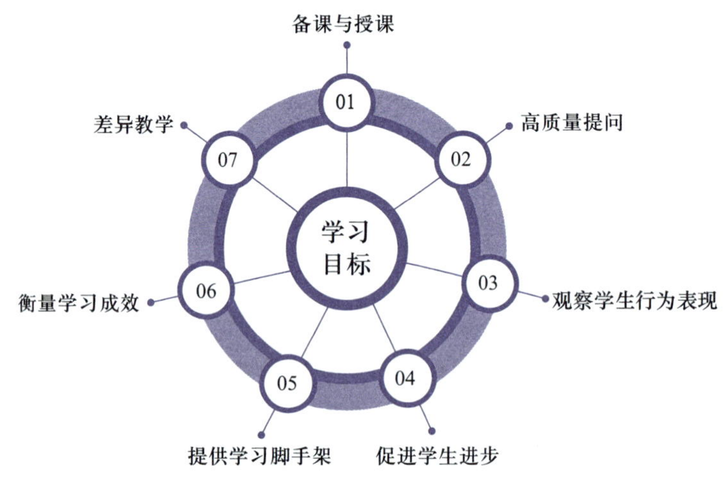

图 2-1-2　学习目标在有效教学中的中心地位

教学关键问题解决

一、确立单元学习目标

“单元学习目标”是指在完成单元多个课时的学习之后，学生应该获得的学科核心素养，包括能灵活应用的知识、技能、策略，能反映学科本质及思想的方法，解决问题的综合能力，以及经历一定的困难之后学生愉悦的心理感受，还有学生对学科的好奇和期待。① 随着教育改革的不断深入，学习过程更加关注学科知识和学科能力的整合，教师将围绕着课程标准中的 1 个大概念或1~2 个重要概念的内容和相互关联的章节合并成一个单元，设计富有挑战性的任务，开展实践性的学习活动，促进学生灵活地运用学科知识，熟练地掌握某种技能，提高解决问题的综合能力。在确立单元学习目标时，教师必须考虑以下四个方面。

1. 根据课程标准确立单元学习目标

依据课程标准中的课程目标和课程内容，从核心素养的四个方面出发确立学习目标，指导学生学习过程。例如，单元概念的学习过程是否体现了生命观念中的结构与

---

① 罗滨．深度学习：从课时教学目标到单元学习目标［J］．北京教育（普教版），2018（12）：18-19.

功能观、进化与适应观、稳态与平衡观、物质与能量观？学生通过一个单元的学习是否能够用生命观念认识生物的多样性、统一性和复杂性？学生能否形成科学的自然观和世界观，并以此指导探究生命活动规律，解决生产生活中的实际问题？如果生命观念的一个或几个方面，确实能够通过一个单元学习达到，那么教师在确立单元学习目标时一定要将其体现出来。

2. 根据单元学习的主题和核心内容确立单元学习目标

大单元的主题学习往往先创设一个情境，再通过学生活动、任务完成来驱动学习过程。每个单元一定有 1~2 个重要概念作为核心内容，教师在确立单元学习目标时，一定要围绕核心内容，依据课程标准进行整体设计。

3. 根据单元学习主题之间的关系确立单元学习目标

每个单元的内容和能力要求在课程标准中都具有独特的地位，承载着学科核心素养进阶发展的要求，以及与其他单元的联系。教师在确立单元学习目标时一定要充分考虑这些内容。例如，细胞的结构，尤其是细胞膜结构，是学习下一个单元中物质出入细胞方式的基础，学生必须先学习细胞膜的结构，再学习物质出入细胞方式。

4. 根据学生的学习基础和发展确立单元学习目标

在明确学生应该获得的知识内容和能力水平标准的基础上，根据最近发展区理论，分析学生现阶段思维特点和发展需求，确立单元学习目标，是以学生为本的育人理念的具体体现。

【案例 1】

新授课大单元学习目标的确立

本案例将人教版教科书必修 2《遗传与进化》中第 1 章和第 2 章内容合并成一个大单元，介绍新授课大单元学习目标的确立。

大单元学习目标：

1. 概述减数分裂过程和受精作用，阐明遗传规律的本质，解释伴性遗传现象，培养学生生命的物质观、稳态与平衡观和生物的进化观（生命观念）。

2. 总结分析遗传现象和规律，比较减数分裂中基因和染色体的数量关系，培养学生归纳、类比、演绎与推理能力，能够运用假说—演绎法解释某些现象（科学思维）。

3. 设计实验方案探究遗传现象，运用数学统计方法分析数据，建立减数分裂模型和遗传规律的数学模型等，培养学生的科学探究能力（科学探究）。

4. 了解环境因素和生活习惯影响减数分裂、受精作用和发育过程，总结遗传规律在育种和人类遗传病中的应用，养成关爱生命、健康生活的习惯，提高利用科学知识解决生产生活问题的能力（社会责任）。

案例分析：

确立大单元学习目标要始终围绕着重要概念和大任务，培养学生学科核心素养。将这两章内容合并为一个大单元，主要依据课程标准中的一个重要概念：“3.2 有性生殖中基因的分离和重组导致双亲后代的基因组合有多种可能。”在这个重要概念中，减数分裂、受精作用和基因在染色体上是遗传规律学习的细胞学基础，自由组合定律、伴性遗传可以视为基因分离定律的拓展和应用。本单元重要的学习任务是性状在亲子代之间如何传递，有什么规律。这个任务的完成大概需要10课时，围绕着这个任务，可以将教材内容重新组合并调整教学顺序：减数分裂和受精作用→孟德尔的遗传规律→基因在染色体上→伴性遗传→遗传规律的应用。内容环环相扣，逐步进阶。在学习本单元之前，学生已经学过有丝分裂等知识，具有一定的知识和能力储备，同时这部分内容的学习，将为后面进一步学习基因的本质、表达、生物变异和人类遗传病打下坚实的基础。

（案例提供：王金海，北京大学附属中学）

【案例2】

单元学习目标的确立

本案例以人教版教科书必修2《遗传与进化》中的“遗传的细胞学基础——基因和染色体的关系分析”专题复习为例，介绍单元学习目标的确立，并给出相应的单元学习任务单。

（一）单元学习目标

1. 通过对减数分裂重要名词的回忆，学生能够写出10个重要名词并绘出概念图（生命观念）。

2. 通过对减数分裂模式图分析，学生能够准确绘制减数分裂某一时期的图像（生命观念、科学思维）。

3. 概述减数分裂过程中同源染色体、非同源染色体、姐妹染色单体的行为变化，并能将染色体与相关基因一一对应，再次领悟基因和染色体的平行关系（生命观念、科学思维）。

4. 通过对摩尔根经典实验的分析，能够运用遗传图解解释实验现象，再次归纳并概括出假说—演绎的推理方法，并用该方法进一步分析其他遗传现象（科学思维、科学探究）。

5. 通过探究基因在染色体上位置的实例讲解，总结出分析问题和实验设计的思路，综合运用至少三种方法判断基因的位置（科学思维、科学探究）。

（二）单元学习任务单

任务一：减数分裂有关内容的复习

1. 减数分裂相关的重要概念

请写出你认为最重要的10个有关减数分裂的名词，并将它们绘成一张概念图。

2. 减数分裂图像分析

请绘制出 $2n=4$ 的初级卵母细胞后期的图像。

3. 减数分裂过程中基因和染色体的关系（略）

任务二：摩尔根经典实验分析

请用遗传图解解释以白眼（用字母B-b表示相关基因）雄果蝇为亲本的杂交实验过程中，F_2红眼∶白眼=3∶1，且白眼全部为雄性的实验现象。

任务三：探究基因在染色体上的位置

1. 请利用遗传系谱图表示：（1）常染色体显性遗传病；（2）常染色体隐性遗传病；（3）伴 X 染色体隐性遗传病。

2. 科学兴趣小组偶然发现一只雄性果蝇突变体，其突变性状是由一条染色体上的某个基因突变产生的（假设突变性状和野生性状由一对等位基因控制）。请设计实验判断突变基因的显隐性及其位置。若该突变基因位于常染色体上，如何研究该基因位于哪条染色体上？请至少写出三种思路。

案例分析：

2-1-1　单元学习目标的确立和表述

这是高三第 2 轮专题复习课，属于单元学习范畴，本专题至少需要 2 课时完成，第 1 课时复习减数分裂和摩尔根的经典实验，第 2（和第 3）课时探究基因在染色体上的位置，综合性较强，难度较大。本单元的学习目标共有五个，涉及生命观念、科学思维、科学探究等素养。

本案例的学习目标主要针对学习能力较强、生物基础知识比较扎实的学生。教师设计了三个学习任务，通过任务驱动展开复习，单元内容较少，学习目标比较具体并可以检测。例如，要求学生回忆减数分裂的重要名词，写出 10 个重要名词并绘成概念图。完成这个学习目标，则为后面复习减数分裂图像分析等内容打下基础，该目标可以通过学习任务单的完成情况来检测。

任务三是复习的重点和难点，教师在分析具体实例的过程中，培养学生科学思维和科学探究素养，学生通过具体的实例分析达成学习目标。学习目标是设计学习任务单的前提和基础，学习任务单是完成学习目标的有效方式之一，两者配合使用可以达到事半功倍的效果。

（案例提供：王金海，北京大学附属中学）

二、确立课时学习目标

课时学习目标是指每个课时具体的学习目标。教师在确立课时学习目标时要参考课程目标和单元学习目标，将单元学习目标分解为多个具体的课时学习目标，确立课时学习目标与确立单元学习目标的过程类似，但要更加具体，要与学习内容和学习任务紧密结合，更加贴近学生学习。

1. 根据课程标准要求确立课时学习目标

课程标准明确了内容要求，其中的一般概念是课堂学生学习内容的重要依据，课程标准不仅给出了一般概念的内容，而且结合行为动词给出了学习内容要达到的目标水平，教师可以据此确立课时学习目标。课程标准还给出了教学提示，实际上也是学习提示，提示教师在相关概念的教学中，开展相应的实验和实践活动，促进学生学科核心素养的提升，在确立学习目标时，尤其是确立科学探究和科学思维方面的目标时可以重点参考。学业要求从学科核心素养的四个维度出发，分析学生学习内容和能力要达到的水平，是确立学习目标的重要依据。

2. 根据教学内容确立课时学习目标

如何通过课堂教学完成课程标准规定内容的学习？教师的教学设计不同，设计的具体学习任务也不同，要根据具体实施情况确立课时学习目标。

3. 根据学生的学习状况确立个性化的课时学习目标

学生个性化的学习目标要具有一定的挑战性，以增加学生的学习动力和学习乐趣。如果要求学生自主学习，教师可以提供学习目标的模板，让学生确立适合自己的学习目标，并通过坚持不懈的努力去实现。

【案例 3】

“生态工程”教学设计

本案例以人教版教科书选择性必修 2《生物与环境》中第 4 章第 3 节“生态工程”的教学设计为例，展示如何确立课时学习目标，并通过教学实施来实现学习目标。

（一）确立学习目标

本节内容对应的课程标准要求是：举例说明根据生态学原理、采用系统工程的方法和技术，达到资源多层次和循环利用的目的，使特定区域中的人和自然环境均受益。依据课程标准和核心素养的要求，结合教学设计，为学生确立的学习目标如下。

1. 通过对教材中“问题讨论”的分析，归纳生态工程的基本概念，关注生态工程建设（科学思维）。

2. 通过对奥林匹克森林公园（以下简称奥森）相关文献资料和教材资料的解读和分析，概述生态工程建设应遵循自生、循环、协调和整体四个基本原理（生命观念、科学思维）。

3. 通过对我国古代人民的生态工程分析，感悟中华民族的智慧；通过对奥森等我国近年来生态工程的分析，感悟“绿水青山就是金山银山”的科学内涵（社会责任）。

（二）教学实施

这里节选的是针对以下学习任务的教学片段。

资料：由于奥森水域面积小且封闭、易污染、缺少完整食物链，水体容易发生富营养化，产生水华。为了评估奥森主湖的水体生态系统现状，提出水质净化的有效措施，研究人员借用模型软件对公园水体生态系统进行模拟研究。

设计思路：设置空白对照组（模型 1：自然水域，无人工净水系统）和实验组（模型 2：使用人工净水系统，进水口增加人工湿地），其他变量一致。模拟期限设定为 5 年（即 5 个植物生长期）。

相关数据：本研究中，以高等植物每年的长势作为判断生态系统稳定性高低和人工净水措施可持续性的指标。实验选择三种代表植物，通过观察这些植物的生物量变化建立模拟曲线。实验结果如图 2-1-3 和图 2-1-4 所示。

教师引导学生分析模型 1 和模型 2，小组讨论并回答问题 1 和问题 2。

问题 1：模型 2 在进水口增加了人工湿地，对入水进行一定的净化。与模型 1 相

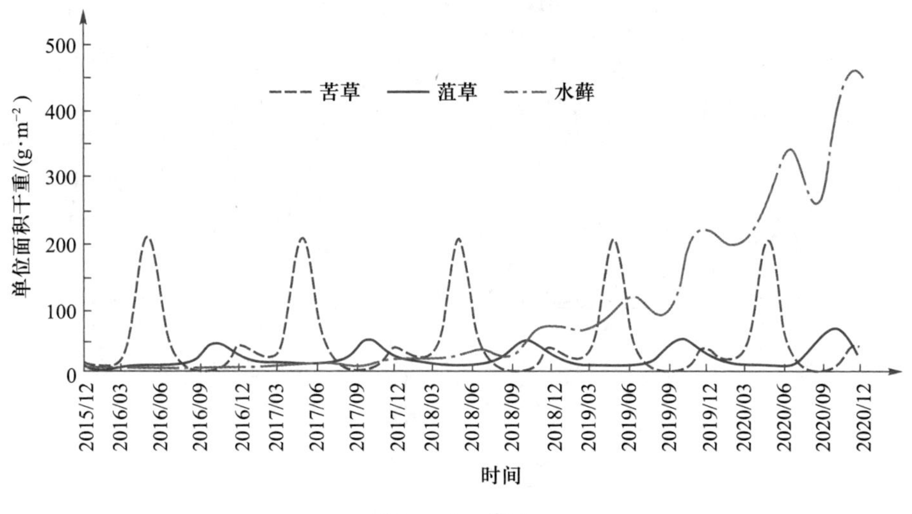

图 2-1-3　模型 1

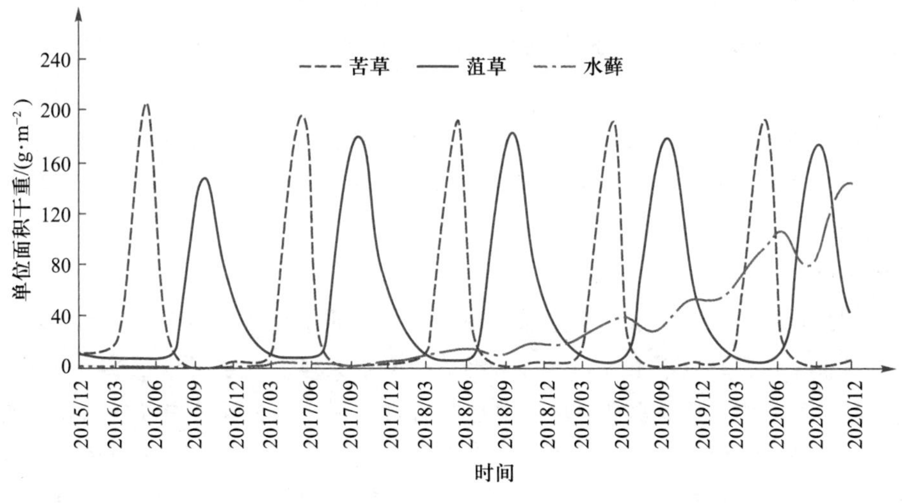

图 2-1-4　模型 2

比，模型 2 中三种植物的长势是否有变化？请你推测哪个模型的生态系统稳定性更高。

问题 2：自然进化形成的生态系统稳定性高，请利用生态学知识提出提高模型 1 稳定性的新措施。

设计意图：通过资料分析，理解自生原理；提升学生的数据分析能力和逻辑推理能力，发展学生的科学思维；使学生体会构建模型的科学研究方法。

教师对学生的回答进行评价，并给出实际方案：在模型 1 中加入底栖动物田螺，建立模型 3。田螺可以摄食有机碎屑、浮游生物、苔藓类植物等，也是鲤鱼的食物之一。实验结果如图 2-1-5 所示。

教师引导学生分析模型 3，小组讨论并回答问题 3 和问题 4。

问题 3：模型 3 和模型 2 相比，哪种净水方式可持续性更高？

问题 4：加入田螺后生态系统稳定性有何变化？分析这种变化的原因。

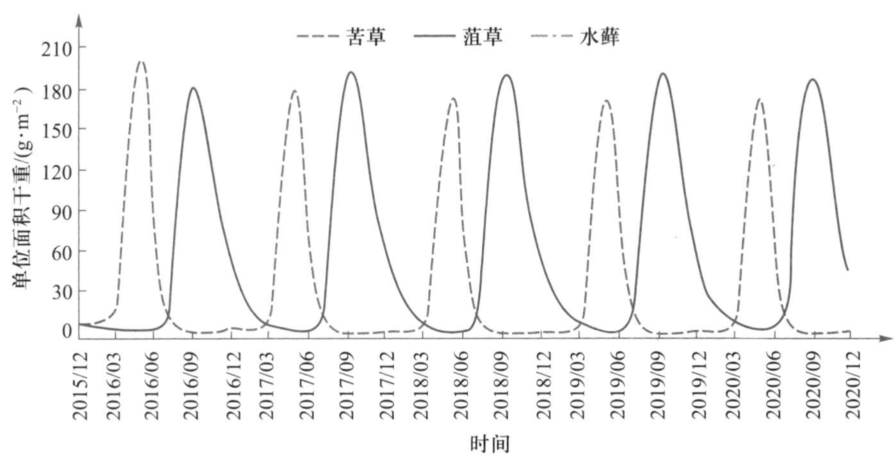

图 2-1-5 模型 3

总结：当生态系统中物种配置合理时，可以通过自我调节和更新达到相对稳定状态，这就是生态系统的自生。自生是生态工程遵循中最重要的原理。

阅读教材“自生”部分，简单解释应用太阳能为动力，驱动水质循环，进行生态修复，改善水质。

学生阅读教材，明确自生的概念，理解自生原理在生态工程中的核心意义。

教师引导学生从稳态与平衡观的角度讨论并理解自生原理，提高利用已学知识解决实际问题的能力。

案例分析：

本案例通过对奥森部分水域生态系统的研究，引导学生用具体案例进行学习，落实生物学学科核心素养的四个维度。学习目标的确立很具体，教学实施过程始终围绕着具体案例布置学习任务、开展学习活动。学生查阅相关论文，选择其中经典的模型进行分析、讨论，有助于他们深入学习生态工程的原理，较好地达成学习目标。例如，学生通过三个相互关联的模型研究，总结出生态工程中最重要的原理“自生原理”，同时落实生命观念中的“稳态与平衡观”。像这样将学习目标、学习活动（任务）、生物学学科核心素养紧密结合起来的教学设计，符合学生的认知规律，更有利于学习目标的实现。

（案例提供：冀静、夏一凡，北京大学附属中学）

三、表述学习目标

学习目标通常包括内容标准和表现标准两个方面，内容标准规定了学生具体学习的内容，表现标准规定了学生学习内容应达到的水平。学习目标的准确表述非常重要，马杰提出，一个完整的学习目标应包括行为、条件和标准三个基本要素。

（1）行为（behavior），说明学习者通过学习以后能做什么。

（2）条件（condition），说明学习者表现学习行为时所处的环境、条件等因素。

（3）标准（degree），指出合格行为的最低标准。

该理论模型被称为“三部曲方法”，随后，科尼克和古斯塔夫森在“三部曲方法”的基础上又增加了一个要素，即“受众”（audience），提出了 ABCD 模型，如表 2-1-1 所示。

表 2-1-1　ABCD 模型的具体描述

ABCD 模型的组成部分	具体描述
受众（A）	主体（受众或学习对象）应该是学生（一般可以省略），解决“是谁做”的问题
行为（B）	学习内容要用行为动词表述，即“做什么，怎么做”，描述你期望学生能做到什么。即使所需要的是属于动脑思考的比较隐性的行为，也应当是一个容易判断、显而易见的行为描述。如果你不能看到、听到、触到，就不能判断学生是否掌握了应学的东西
条件（C）	需要的条件，即“在什么条件下做”，描述学习后的行为在什么情况下发生
标准（D）	预设水平，即“做到什么程度，做多少”，描述该行为要完成到什么程度，达到哪个水平

之后，格朗伦德提出表述学习目标的通用方法模型。① 他认为，有些学习行为非常复杂，无法准确地表述相应的学习目标；并且学习目标表述得越具体，就越有可能限制授课教师的创造力，阻碍新授课方法的出现。通用方法包含两个部分：一是将目标用行为动词和一个结果表述出来；二是如果需要就列举相应的行为来清楚地界定学习目标。通用方法模型如表 2-1-2 所示。

表 2-1-2　通用方法模型的具体说明

通用方法的组成部分	具体说明
行为（B）	与三部曲方法和 ABCD 模型中的行为元素一样，该行为应当可以被观察或衡量
澄清/界定（C）	如果该目标可能被误读，就需要用行动案例进行澄清/界定

马杰的“三部曲方法”是表述学习目标的常用模型，但当我们要强调具体的学习受众时，ABCD 模型的优势就体现出来了。例如，利用“三部曲方法”表述学习目标：利用显微镜观察洋葱外表皮细胞质壁分离的过程，准确绘制视野中质壁分离的某个细胞图像，标出细胞壁和原生质层的位置。这里省略了主体“高中学生”，行为（B）的具体内容是“观察质壁分离的过程”，条件（C）是“利用显微镜”，预设标准（D）是“准确绘制视野中质壁分离的某个细胞图像，标出细胞壁和原生质层的位置”。但是，这个学习目标对高考不选考生物的学生要求太高，如果要强调这个学习目标只是针对高考选考生物学的学生，那么增加受众（A）“高考选考生物学的学生”就可以了。

格朗伦德的通用方法模型表述的学习目标简洁、容易掌握，并且对教师的限制很

① 格朗伦德 E，布鲁克哈特 M. 设计与编写教学目标：第 8 版［M］. 盛群力，郑淑贞，冯丽婷，译. 北京：中国轻工业出版社，2017.

少，课程标准中课程内容的学习目标就是采用这种方法表述的。例如，“1. 2. 3 阐明遗传信息主要储存在细胞核中”，这里的“阐明”就是行为动词，“遗传信息主要储存在细胞核中”就是学习内容。

1. 行为动词的使用

传统的学习目标常用了解、理解、掌握、培养等词语进行表述，这些词语含义广，不同的人理解差异性较大，而且不好评价，现在不建议使用。实验版课程标准从知识、技能、情感态度与价值观这三个维度确立学习目标时，给出了不同水平下可以选择使用的行为动词，如表 2-1-3 所示。

表 2-1-3　不同水平下的行为动词

	各水平的要求	内容标准中使用的行为动词
知识性目标动词	了解水平：再认或回忆知识；识别、辨认事实或证据；举出例子；描述对象的基本特征等	描述，简述，识别，列出，列举，说出，举例说出，指出，辨别，写出，排列
	理解水平：把握内在逻辑联系；与已有知识建立联系；进行解释、推断、区分、扩展；提供证据；收集、整理信息等	说明，举例说明，概述，评述，区别，解释，选出，收集，处理，阐明，示范，比较，描绘，查找
	应用水平：在新的情境中使用抽象的概念、原则；进行总结、推广；建立不同情境下的合理联系等	分析，得出，设计，拟定，应用，评价，撰写，利用，总结，研究
技能性目标动词	模仿水平：在原型示范和具体指导下完成操作	尝试，模仿
	独立操作水平：独立完成操作；进行调整与改进；与已有技能建立联系等	运用，使用，制作，操作，进行，测定
情感性目标动词	经历（感受）水平：从事相关活动，建立感性认识	体验，参加，参与，交流，讨论，探讨，参观，观察
	反应（认同）水平：在经历基础上表达感受、态度和价值判断；作出相应反应等	关注，认同，拒绝，选择，辩护
	领悟（内化）水平：具有稳定态度、一致行为和个性化的价值观念等	确立，形成，养成，决定

采用上述行为动词来描述学生可形成的、可观察的、可测量的具体行为，更加适合表述单元学习目标和课时学习目标。在新版课程标准中利用率较高的知识性目标的行为动词有概述、阐明、举例说明、描述、说明、举例说出等。

2. 条件的表述

条件是指制约学习行为、影响学习结果产生的特定前提，是学生完成规定学习行为时所处的情境。① 条件一般分四类：一是辅助手段，如“利用显微镜观察”；二是时

① 普赖斯 M，纳尔逊 L. 有效教学设计：帮助每个学生都获得成功：第 4 版［M］. 李文岩，刘佳琪，梁陶英，等译. 北京：中国人民大学出版社，2016.

间限制，如“在3分钟内”；三是情境限制，如“在小组合作学习中”；四是信息提示，如“利用给出的实验材料和用具”。在表述时，有时条件被省略了，有时两种或两种以上的条件同时出现。

3. 标准的表述

标准是行为完成质量的最低指标，是对行为标准作出具体描述，使学习目标具有可测性。标准一般可以从速度、数量、准确性和质量等方面来表述，如“在3分钟内利用显微镜找到有丝分裂分裂期的图像，至少包括一个分裂后期的细胞”。需要强调的是，在学习目标中，有些条件和标准很难区别，如“3分钟内”即可以作为时间条件，也可以作为速度标准，在表述学习目标时不要过于纠结，只要能够将行为表述清楚即可。

【案例4】

课时学习目标的确立和表述

本案例以人教版教科书必修2《遗传与进化》中“生物的变异与人类遗传病”的复习课为例，介绍如何确立和表述课时学习目标。

1. 通过比较基因突变和基因重组的概念，至少总结出四个方面的区别。

2. 分析基因重组两种情况的细胞学基础，阐明基因重组的本质，熟练运用模式图进行表示。

3. 利用概念图，概述染色体变异的概念和分类，解释不同染色体变异的模式图。

4. 尝试通过对所调查人群中某种遗传病的关键问题分析，概述取样调查法，撰写一份简单的调查报告。

5. 举例说明碱基对的增添引起的基因突变，得出基因突变引起的密码子的改变，通过查阅密码子表，写出氨基酸种类的变化，进一步感悟基因决定性状。

6. 阐明单倍体和染色体组的关系，简述三倍体无子西瓜的培育过程，关注染色体组的数目。

7. 通过对北京市学业水平合格性考试真题的分析，总结每道题的知识点、解题思路和规律。

案例分析：

2-1-2　课时学习目标的确立和表述

本学习目标采用了马杰的“三部曲方法”表述，省略了学习主体“学生”。在表述行为时，选择了恰当的行为动词，如比较、总结、分析、阐明、运用、利用、概述、解释、撰写、举例说明、得出、写出、感悟和简述等。表述条件时，一般用到“通过”这个词，如目标1、4、7中都有相应的表述。标准的表述具体，以便检测，如“总结出四个方面的区别”“撰写一份简单的调查报告”“总结每道题的知识点”等。

该学习目标是针对北京市普通高中学生的一节复习课的学习目标，学习目标条目较多，但整体难度不大，可以通过一节课实现。学习目标的确立以课程标准为依据，参考了北京市学业水平合格性考试试题等资料。在表述学习目标时，考虑了行为、条件和标准三个因素，尤其是行为因素。

（案例提供：王金海，北京大学附属中学）

【研修作业】

1. 依据课程标准和教学内容，选择某一单元学习内容，确立并表述单元学习目标。
2. 结合教学内容和学生实际情况，确立并表述课时学习目标。

2-2 如何设计情境化、活动化、结构化的单元学习活动？

新版课程标准指出，生物学课程高度关注学生学习过程中的实践经历，强调学生学习的过程是主动参与的过程，让学生积极参与动手和动脑的活动。如何设计学生积极主动参与的动手动脑活动？让学习活动情境化、活动化和结构化就能够实现这样的目的。通过这个关键问题的分析和解决，希望教师能够：

- 认识学习活动情境化、活动化和结构化的含义。
- 探索在教学过程中设计情境化、活动化和结构化的单元学习活动。

教学关键问题分析

单元学习活动的情境化、活动化和结构化是当前深度学习、单元学习背景下的要求，能够很好地完成课程标准要求，达成核心素养培养的目标。下面我们来了解学习活动情境化、活动化和结构化的含义。

一、学习活动

从广义上讲，活动是指为了达到某种目的而采取的行动，因此学习活动可以理解为为了达到学习目的而采取的行动。学习的主体是学生。学生在课上或者课下采取的以提升知识或者能力水平为目的的行为都可以算作学习活动，包括但不限于听讲、阅读、练习、观察、图画、设计、操作、实践等。[①] 教师需要设计的学习活动主要是学生在课堂上进行的活动。

二、情境化学习

20 世纪 80 年代以来，人们对当时的学校教育脱离实际、知识惰性化等状况有所不满和反思，学习的情境理论逐渐发展起来，并受到人们的关注。学习的情境理论关注物理的和社会的场景与个体的交互作用，认为学习不可能脱离具体的情境而产生，情境是整个学习中的重要而有意义的组成部分，情境不同，所产生的学习也不同。[②] 学习的情境理论将个体、社会以及环境等置于统一的整体中进行考虑，对学习进行重新界定，它已成为一种重要的学习理论。情境化学习需要教师给学生提供真实、逼真的场

① 潘洪建．关于活动学习几个问题的探讨［J］．课程・教材・教法，2009，29（4）：10-15.

② 姚梅林．从认知到情境：学习范式的变革［J］．教育研究，2003（2）：60-64.

景，也就是需要教师创建与真实的社会情境、生活情境、科学研究活动相一致的场景，还原知识应用的本来面目。在这些场景中，学生能获得参与实践的机会，可以与知识和经验互动，从而形成实践能力。

新版课程标准重视学生的情境化学习，指出要“使课程内容情境化，促进学科核心素养的落实”。人教版新教材中大部分章节的开头都提供了学习情境。例如，普通高中生物学教科书必修 1《分子与细胞》第 1 章第 1 节“细胞是生命活动的基本单位”便给出了大熊猫和冷箭竹的情境，将抽象的细胞学说与之相关联，不仅能引起学生的兴趣，也能促进学生对内容的理解和掌握。

三、活动化学习

人们把众多学习活动形式分为两大类：一类是学生主要通过教师传授的方式学习已有知识，即接受学习；另一类是学生在教师的指导下从活动中进行学习，即活动学习。前者较为传统，表现为教师讲授，学生聆听、理解，被动接受；而后者则在近些年较为流行，主要表现为学生在教师的指导下，通过观察、设计、操作等实践、体验活动，达成学习知识、提升能力的目的。活动学习是一种主动的学习，不但能够使学生更深刻灵活地掌握知识，对于发展学生的实践能力、创新能力和丰富学生的个性也有重要意义。活动化学习具有情境性、自主性、问题驱动性等特点。

新版课程标准更加注重活动化学习，高度关注学生学习过程中的实践经历，强调学生学习的过程是主动参与的过程，让学生积极参与动手和动脑的活动，通过探究性学习活动或完成工程学任务，加深对生物学概念的理解，提升应用知识的能力，培养创新精神，进而能用科学的观点、知识、思路和方法，探讨或解决现实生活中的某些问题。这就要求教师在实践活动中强化相关理论知识，激发学生的学习热情，开发学生的创造能力。

四、结构化学习

结构化学习区别于零散的、碎片化的学习，强调知识或者学习活动之间的结构和联系。通过结构化学习，学生能在学习过程中形成清晰的知识结构，掌握知识之间的联系，更准确深入地掌握相关内容。要想实现结构化学习，教师必须先行整理提炼学习内容的结构，然后对内容进行结构化编排，再呈现给学生。

结构化学习能为人们认识事物和建构知识提供一个整体的认知框架或结构。结构化学习通常需要设置统一的情境，这样才能将多个知识点和多个活动形成统一的整体，体现学习的结构化。

五、单元学习

单元学习是以单元为单位进行的学习，有别于传统教学中以课时为单位的学习。一个教学单元应该有多大，并没有严格的规定，但一般不少于 2 课时，可以是课本上的一章，也可以是课本上的一节，还可以是教师根据教学内容重新整合的一个专题。相比于传统教学的课时学习，单元学习有其独特的优势。例如，传统教学的课时学习容易使知识碎片化，而单元学习更有助于学生系统地掌握生物学知识，更有助于发展学生学科核心素养。

单元学习并不是简单课时的累加，而是要求这几个课时之间有紧密的联系和清晰的结构，具有结构化的特点。结构化的单元学习从整体角度将知识有机地联系起来，发挥联系和结构的力量，能帮助学生从本质上逐步领悟知识背后蕴含的科学思想和方法。

真正的单元学习一般还具有情境化和活动化特点，也是一种深度学习。在单元学习活动中，教师通过整合与重构单元学习内容，创设真实的问题情境，引导学生积极主动地进行深度探究活动，有效地调动学生旧知识与新知识的联结，促进学生在学习和理解新单元知识的同时，结合已有的知识和经验，完成新知识与已有知识经验的双向建构，从而在巩固原有知识的同时加深对新单元知识的学习与理解，进一步探索知识的本质、意义与价值。

单元教学能促进学生的持久记忆、深度理解和广泛迁移，具有非常重要的价值。

教学关键问题解决

一、确定生物学的学习单元

单元学习活动的设计需要紧紧围绕单元学习的内容，那么如何确定学习单元呢？一般来讲有两种方式，第一种是根据教材章节结构确定一个学习单元。例如，生物学教材中有的章内容不多，能够在 5 课时以内完成，这就可以直接当成一个单元，如人教版教科书必修 1《遗分子与细胞》中的第 4 章“细胞的物质输入和输出”需要 3 课时，其内容联系得比较紧密，即可作为一个学习单元。有时候一节内容需要 3~4 课时来学习，这就可以直接把这一节内容作为一个学习单元。例如，必修 1 中第 5 章的“细胞呼吸的原理和应用”和“光合作用和能量转化”。第二种是根据主题对教材内容进行重新组合来确定一个学习单元。被重新组合的内容在本质上要有一定的内在逻辑联系，都跟同一个主题相关。例如，用“探究哺乳动物性别决定机制”这样一个主题可以将教材中的性别决定、染色体变异、人类遗传病等知识重组为一个学习单元。这种从不同于教材逻辑的角度来重组教材内容以构建学习单元的方式，能够挖掘知识之间更多的联系，有利于学生对相关知识的深入掌握。但这种重组可能会使剩下的内容较为零碎，如果是新授课则不容易处理，所以这种确定学习单元的方式更适用于复习课，尤其是高三复习。

二、确定单元学习目标

单元学习活动的设计是为了完成单元学习目标，因此教师在设计单元学习活动之前，还要确定单元学习目标。单元学习目标是指学生完成单元学习之后应该达到的学科核心素养发展水平，包括能灵活应用相应的知识、技能、策略，能理解科学的本质和思想方法，具备解决问题的综合能力，经历一定的困难后获得愉悦的心理感受，以及对学科的好奇和期待。确定单元学习目标需要依据四个方面，即课程标准要求、学习内容、学科核心素养、学情，与单课时学习目标确定过程类似。不同之处在于，单元学习更强调学习内容之间的内在联系、结构和整体性，同时更注重梳理和分析单元学习内容在学科核心素养方面的育人价值。

三、设计情境化、结构化和活动化的单元学习活动

确定学习目标之后，教师就可以对所学内容进行系统梳理，搭建学习框架，然后针对框架中的不同要点（即重难点）设计学习活动。单元学习活动应该具有情境化、结构化和活动化特征，那么如何设计这样的学习活动呢？这里提出以下几种策略。

1. 善用新教材提供的情境

例如，人教版教科书必修 1 第 1 章第 1 节一开始便给出了大熊猫和冷箭竹的图片情境。这一情境不仅可以用于本节内容的教学中，也可以应用到其他内容的教学中，以“大熊猫和冷箭竹”为情境对“种群”单元就可以进行单元学习活动设计。又如，必修 1 第 2 章第 3 节提供的动物细胞培养情境，可以用作“细胞的物质输入和输出”的单元学习情境。教材中每一节都设置了情境，可谓是一座丰富的情境“宝库”。

2. 寻找联系实际生活的情境

高中生物学课程的很多知识跟人体或者我们的日常生活密切相关，引入实际生活的情境，能让学生感到亲切，也更容易使学生进入学习状态，达到发展学科核心素养的目标。例如，人教版教科书选择性必修 1 中有关动物生命活动调节的内容就跟人体密切相关，可以把人体的运动作为情境，统领神经调节或者体液调节的单元学习；还可以把人体的疾病过程作为情境，统领免疫调节的单元学习。

3. 善用生物科学史情境

生物科学史是科学家探究、发现生物学知识的过程。新版课程标准指出“学习

生物科学史能使学生沿着科学家探索生物世界的道路，理解科学的本质和科学研究的思路和方法，学习科学家献身科学的精神，这对提高学生的生物学学科核心素养是很有意义的”。还建议“教师应充分利用这些科学史来开展教学”。因此可以说，生物科学史素材是培养科学思维、科学探究和社会责任等生物学学科核心素养的良好载体。

利用生物科学史创设情境来开展教学，容易引起学生的求知欲，科学探究过程循序渐进，符合学生的认识特点，这也使得生物科学史情境能够帮助学生取得良好的学习效果。

那么，从哪里能找到生物科学史素材来创设情境呢？一是从高中生物学教材中找，教材中对很多知识的呈现就是结合了科学史的素材和情境。例如，在人教版必修 1 第 5 章的“酶”中就有专门的科学史介绍，必修 2“孟德尔定律”部分就是根据孟德尔研究的科学史编写的。二是从大学生物学教材中找，其中有许多可供参考的科学史材料，如有关细胞呼吸的科学史。三是从文献资料中找，如研究性别决定因素的科学史。由于原始研究文献很多是英文的，这对教师的英文水平有较高要求。

4. 将不同情境整合设计结构化学习活动

单元学习包含的内容较多，仅靠单一情境难以覆盖所有内容，这时就可以引入多个情境。为了避免学习内容碎片化，还需要根据学习内容之间的逻辑关系将多个情境的学习活动进行结构化设计，从而形成结构化、情境化的单元学习活动。例如，在植物生命活动调节的单元学习中，可以将某种植物作为单元学习情境，但由于植物激素研究是在不同植物上进行的，植物激素在生产实践中也是应用在不同植物上的，因此单一植物的情境难以统领所有单元学习活动，此时即可引入不同植物作为子学习活动的小情境，教师在教学时要注意各个子学习活动的衔接，避免碎片化或过于跳跃。

5. 灵活设计多种学生参与度高的活动化的学习活动

活动化的学习强调以学生为主体和学生深度参与，效果最好的是学生参与度高的需要动手或动脑的学习活动。这样的活动也有很多类型，如文献研读讨论、观察讨论、计算、操作模型、探究实验等。教师在进行设计时，可以根据单元内容灵活设计单元学习活动。例如，在学习“种群”单元的种群密度调查时，可以设计学生参与的课堂模拟调查活动；在学习有丝分裂或减数分裂时，可以进行模型模拟操作活动。

【案例】

“特异性免疫”单元学习活动设计

下面以人教版教科书必修 2 第 4 章第 2 节“特异性免疫”为例，展示如何设计情境化、活动化和结构化的单元学习活动。经过设计后，将本节内容作为一个学习单元，用 3 课时完成本节内容的学习。

第 1 课时

教学环节	主要师生活动
创设情境，导入教学	教师：新冠肺炎全世界流行，虽然有些人感染后会生病甚至危及生命，但是更大比例的感染者能够自愈甚至成为“无症状感染者”，这是为什么？ 学生思考并回答问题
免疫系统对病原体的识别	教师：免疫系统如何实现“特异性”呢？有科学家进行了一个实验（展示“威尔逊海绵实验”）。为什么同种细胞会重新聚成团，而不同种细胞会分开？这种机制最可能由细胞的哪种结构来实现？ 学生思考并回答问题。 教师：细胞膜表面有很多蛋白，其中几乎所有细胞膜表面都有 MHC 分子，它是一种特异的糖蛋白质分子，是自身细胞的身份标签，而新冠病毒等病原体不具有这种标签，免疫细胞可以通过识别 MHC，从而区分己方和敌方。新冠病毒具有其他的“身份标签”——抗原，免疫细胞也能对其进行特异性识别，从而实现针对特定病原体的“特异性免疫”。 学生聆听并思考
体液免疫	教师：血清中存在抗体，主要是血清中游离的抗体引起的免疫反应，称为体液免疫。抗体是如何产生的呢？ 体液免疫过程的研究历史如下：1890 年，德国学者埃尔利希提出原始的体液免疫学说，认为血清中存在的抗菌物质在抗感染免疫中起决定作用。埃尔利希荣获了 1908 年诺贝尔生理学或医学奖。1948 年，瑞典免疫和病毒学家法格雷乌斯证明抗体是抗原刺激后，由淋巴细胞转化成浆（效应 B）细胞产生的。1967 年，生物学家克拉曼和米切尔等证实抗体产生需要 T、B 细胞协同作用。1970 年，澳大利亚生物学家米勒证实 T 细胞虽不产生抗体，但能协助 B 细胞产生抗体。综合上述研究结果，分析体液免疫过程还与什么细胞有关，推测这些细胞之间是如何相互作用的。 学生思考，推理并回答问题。 教师：20 世纪 70 年代乌纳努埃等证明巨噬细胞在抗体形成中具有重要作用。1983 年，哈斯金斯等证实 T 细胞表面存在识别 MHC 抗原的受体分子，并分离出这种表面受体分子；有科学家还发现 B 细胞表面也有直接抗原识别的受体。综合上述研究结果，分析体液免疫过程还与什么细胞有关，推测这些细胞之间是如何相互作用的。 学生思考，推理并回答问题。 教师：综合上述研究结果，提出一种体液免疫过程的假说，并绘制流程图。 学生思考，绘制假说流程图。 教师展示体液免疫动画，总结体液免疫过程。 学生绘制体液免疫流程图。 教师：在体液免疫中抗体的作用有哪些？体液免疫主要消灭哪里的病原体？能够消灭所有侵入体内的病原体吗？ 学生思考并回答问题
课时小结	教师总结本课时主要内容。 学生聆听并思考

第 2 课时

教学环节	主要师生活动
创设情境，导入教学	教师：上节课我们学习了体液免疫，体液免疫能够消灭哪里的病毒？不能消灭什么地方的病毒？ 学生思考并回答问题
细胞免疫	教师：1883 年，梅契尼科夫提出原始的细胞免疫学说，认为吞噬细胞是执行抗感染免疫作用的细胞。他因为首先提出细胞免疫学说而荣获 1908 年诺贝尔生理学或医学奖。1942 年，蔡斯和兰德施泰纳用致敏豚鼠血清给正常动物注射后做结核菌素免疫实验，没有出现免疫反应；当转输淋巴细胞后，结核菌素反应出现阳性。由此证实了此免疫反应是由淋巴细胞引起。此后，科学家将细胞免疫的概念改为由淋巴细胞引起的特异性免疫，这是现代的细胞免疫概念。上述两个结果说明现代概念的细胞免疫是由何种细胞引起的？ 学生思考并回答问题。 教师：1974 年，辛克纳吉和杜赫提证实小鼠 T 细胞杀伤被病毒感染的靶细胞，不仅需要特异性识别抗原种类，而且需要识别 MHC 分子，这种现象也称为 MHC 限制性。辛克纳吉和杜赫提因此荣获 1996 年诺贝尔生理学或医学奖。教师介绍 MHC 限制性机理。 学生聆听并思考。 教师：1980 年，莱因茨和斯基洛斯曼根据分化标志和功能将 T 细胞分为辅助性 T 细胞和细胞毒性 T 细胞两个亚群。此外，研究发现被抗原呈递细胞激活的辅助性 T 细胞所释放的细胞因子可以促进细胞毒性 T 细胞增殖，进而分化为具有效应功能的细胞毒性细胞，发挥免疫作用。上述研究结果说明细胞免疫过程涉及哪些细胞？ 学生思考并回答问题。 教师展示细胞免疫动画，总结细胞免疫过程。 学生绘制细胞免疫流程图。 教师介绍细胞毒性 T 细胞能识别并裂解被同样病原体感染的靶细胞或癌细胞等。 学生聆听并思考
体液免疫和细胞免疫的关系	教师结合体液免疫和细胞免疫，讨论以下问题：有人说，辅助性 T 细胞在免疫调节过程中起着关键作用。你认同这一观点吗？请说出你的理由。 学生思考并回答问题。 教师：体液免疫和细胞免疫在基本过程上的联系体现在哪里？ 学生思考并回答问题。 教师综合体液免疫和细胞免疫的过程，绘制完整的特异性免疫流程图。 学生思考、补充、完善特异性免疫流程图。 教师：体液免疫和细胞免疫是否可以相互替代？ 学生思考、推理并回答问题。 教师：用流程图总结初次接触新冠病毒时机体体液免疫和细胞免疫的过程，若新冠病毒再次侵入机体，免疫系统会作出怎样的反应？这种反应与哪些免疫细胞相关？ 学生聆听并思考
课时小结	教师总结本课时主要内容。 学生聆听并思考

第 3 课时

教学环节	主要师生活动
创设情境，导入教学	教师：上节课我们已经掌握了细胞免疫和体液免疫的过程，并将两者之间的关系进行了分析。两种免疫过程密切联系，相互配合，共同杀伤胞内和胞外的病原体。但是，上节课还留下了一个问题，如果相同的抗原再次侵入机体，免疫系统会作出怎样的反应？这种反应与哪些免疫细胞相关？我们通过一个实例来分析这些问题。 学生聆听并思考
二次免疫	教师：在某哺乳动物体内注射 m 抗原和 n 抗原后，机体内产生的抗体水平的变化情况如图所示（略，参看人教版教科书选择性必修 1 第 75 页拓展应用第 1 题图）。请思考第一个问题：第一次和第二次注射 m 抗原后，抗体浓度分别多久之后达到最高峰？峰值抗体浓度有什么差别？ 学生思考并回答问题。 教师：第二个问题——为什么第 0 天注射 m 抗原对第 28 天注射 n 抗原产生抗 n 抗体没有明显的促进作用？ 学生思考并回答问题。 教师：第三个问题——结合特异性免疫的过程分析，二次免疫应答机理是什么？尝试写出其发生过程。 学生思考，推测二次免疫过程，回答问题。 教师：第四个问题——为什么二次免疫更快、更强？ 学生分析思考并回答问题。 教师：新型冠状病毒性肺炎（简称新冠肺炎）全球大流行对世界人民的生产和生活都造成了非常严重的影响，引起新冠肺炎的病原体是一种新型冠状病毒（简称新冠病毒）。我们对新冠病毒的结构和功能了解得很有限，各国科学家都在紧锣密鼓地对其进行详细研究，开发有效的预防和治疗方法。请结合所学的免疫学知识解释，为什么新冠肺炎出现了全球大流行，如何预防新冠肺炎？ 学生思考并回答问题
神经、体液和免疫系统之间的联系	教师：我们已经学习了高等动物机体维持稳态的三种调节机制。接下来，我们比较一下神经、体液和免疫调节方式，看看它们在主要参与细胞、传递信息的分子种类和作用途径三个方面有哪些区别和联系。 学生思考，并将比较的结果记录在表格中。 教师：我们在第 3 章第 3 节学习过“神经调节和体液调节的关系”，并通过几个实例探讨了神经系统和内分泌系统的关系。请同学们回忆一下，在那节课中，教材提出过哪两个实例说明神经调节和体液调节具有密切关系？在实例中，是什么系统调控什么系统？两个系统之间是如何联系的？ 学生思考并回答问题。 教师：神经系统能对内分泌系统进行调控，而内分泌系统也会对神经系统产生一定的影响。甲状腺激素可以提高神经系统的兴奋性。 学生聆听并思考。 教师：经研究发现如图 2-2-1 所示的调节过程，说明神经系统、内分泌系统与免疫系统具有何种关系？

续表

<table>
<tr><th>教学环节</th><th>主要师生活动</th></tr>
<tr><td>神经、体液和免疫系统之间的联系</td><td>

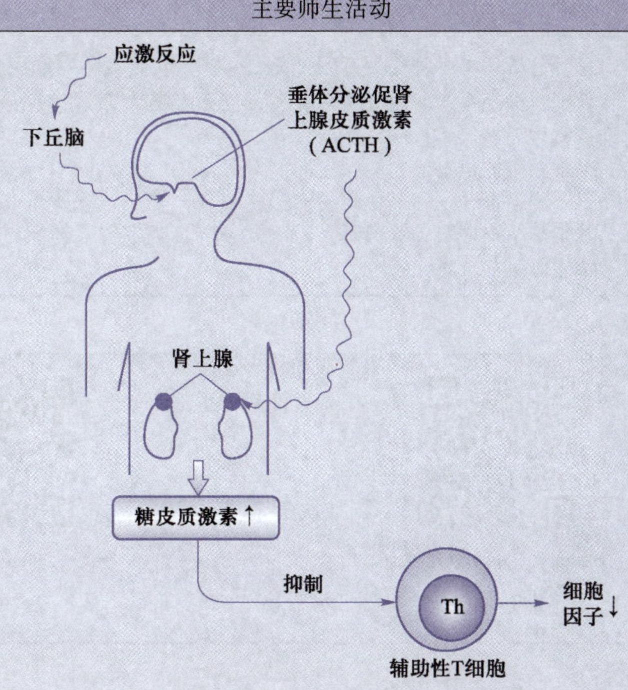

图 2-2-1　神经和体液调节对免疫调节的影响

学生读图，分析思考并回答问题。

教师：此外，很多科学家还对神经递质和细胞因子的作用进行了深入研究，研究结果如表 2-2-1 所示。请同学们根据表中数据，将三个系统相互作用示意图补充完整（图 2-2-2）。

表 2-2-1　信号分子对免疫系统、神经系统和内分泌系统的影响

<table>
<tr><td>乙酰胆碱</td><td>促进淋巴细胞和巨噬细胞增殖</td></tr>
<tr><td>白细胞介素和肿瘤坏死因子</td><td>作用于下丘脑神经细胞</td></tr>
<tr><td>干扰素</td><td>抑制内分泌系统功能</td></tr>
</table>

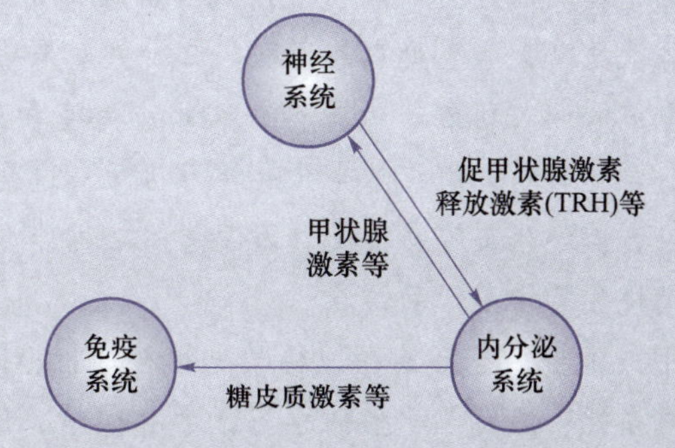

图 2-2-2　神经系统、内分泌系统与免疫系统相互作用示意图

</td></tr>
</table>

续表

教学环节	主要师生活动
神经、体液和免疫系统之间的联系	学生分析思考，补充关系图（略，参见人教版教科书选择性必修1第74页图4-8）。 教师：神经系统、内分泌系统和免疫系统三者通过信息分子相互沟通，相辅相成，维持机体稳态。 学生聆听并思考
课时小结	教师总结本课时主要内容。 学生聆听并思考

2-2-1　特异性免疫
（第1课时）

2-2-2　特异性免疫
（第2课时）

案例分析：

本单元内容主要包括“免疫系统对病原体的识别”“体液免疫”“细胞免疫”“体液免疫和细胞免疫的协调配合”四部分内容，实际上正好是人体对抗病原体的特异性免疫过程。本单元学习活动设计选用新冠肺炎为贯穿整个单元的学习情境，既可以统领全单元的学习内容，又贴近学生的生活，还容易引起学生的关注。以新冠肺炎作为单元学习活动情境，在本单元学习活动的不同部分多次穿插出现，促使学生更深入地在该情境中进行学习。

然而单一的情境还不能支撑本单元所有内容的学习，因此教师在设计具体的学习活动时，需要设置多个活动情境。在以上案例中，教师还引入多个科学史情境，设置了多个情境化学习活动，而且这些学习活动并不是简单堆砌，它们具有一定的内在逻辑关系。整体上的学习安排是按照先体液免疫，后细胞免疫，再二次免疫，以及体液、神经、免疫配合的逻辑顺序进行的。由于新冠病毒在体内大部分是从内环境侵入细胞的，因此先介绍体液免疫，学生更容易理解。二次免疫是按照发生时间紧随其后来讲，最后整合成三大系统的调节机制。教师在介绍体液免疫和细胞免疫的过程时，按照科学发现顺序整合科学史材料，组织学生开展学习活动，这是人类认知免疫系统的顺序，符合人的认知特点，使学生更容易接受。因而总体来说，本单元的学习活动环环相扣，形成了结构化、情境化的学习活动群。

学习活动从形式来看，包括绘图、科学史材料分析、问题探讨汇报，以及试题的实例分析等，形式多样，激发了学生的学习活力和热情，促使学生深度参与，学生的手和脑都被充分调动起来，为取得良好的学习效果起到了重要作用。

总体来说，本单元学习活动的设计具备情境化、活动化和结构化特点，落实了课程标准要求，不仅有利于学生掌握相关知识和技能，还有利于学生学科核心素养的发展。

（案例提供：蔡磊，中国人民大学附属中学）

【研修作业】

1. 结合自身教学经验，谈一谈在日常教学中还有哪些方法和策略可以用来进行情境化、活动化和结构化的单元学习活动设计。

2. 尝试根据本文所述的方法和案例，自行设计一个情境化、活动化和结构化的单元学习活动。

2-3 如何构建单元学习任务群？

构建单元学习任务群，能够使单元学习更加结构化，使学生深度参与，达到良好的学习效果，有助于发展学生的学科核心素养。通过这个关键问题的分析和解决，希望教师能够：

- 认识单元学习任务群的含义和作用。
- 探索在教学过程中构建单元学习任务群的途径。

教学关键问题分析

一、任务式学习

任务可以指从事有目的的活动，而学习任务可以有两种理解方式，一种是将学习本身作为一项任务来完成，另一种是在学习过程中要完成的任务，即在完成任务的过程中达到学习的目的。本文探讨的主要是后者，也可以称为任务驱动式学习，从教师的角度又可以称为任务驱动式教学。

任务驱动教学法以建构主义学习理论为指导，并随着建构主义的兴起和发展而被用到各学科的教学中。建构主义理论强调学习者在学习过程中对知识的主动建构，认为知识是个体在与周围环境相互作用的过程中逐步建构的，从而使自身的认识结构得到发展。① 任务驱动教学法强调以任务为核心的生生互动、师生交流，即个体在原有信息和经验的基础上，与周围的新信息交互作用，所以它符合建构主义学习理论。

任务驱动教学法在实践过程中是以学生已有的认知（即学情）为基础，以完成任务为驱动力和线索，通过学生对材料和资源的处理与应用，实现自主探究与合作学习相结合，最终在完成任务的同时达到知识和能力的提升。可以说，任务驱动教学法遵循了以任务为核心、以教师为主导、以学生为主体的基本原则，是一种高效的学习体系。

由于任务是贯穿和驱动学习的核心因素，因此在任务式学习的设计过程中，创设学习任务是整个设计的核心。

学习任务可以根据融合的知识特点分为封闭型任务和开放型任务两种。② 封闭型任务针对的是基本知识、核心内容，有确定的答案和一致的标准、内容，而开放型任务更多的是侧重问题解决过程，其答案和结果往往不是唯一的，问题解决途径也不是唯

① 赵云慧．高中生生物模型思维能力培养的实践研究［D］．长沙：湖南师范大学，2019.

② 宋丽丽．任务驱动教学法在中学生物学教学中的应用［J］．中学生物教学，2019（11）：22-25.

一的，所以更具有开放性。在具体操作上，学习任务有多种形式，如填空、填表、问答等简单形式，以及画概念图、设计实验、发现探究、推理探究、实验探究等复杂任务，教师可以根据不同的目的来选用。简单形式更多的是对知识本身的理解，而复杂任务尤其是探究型任务则可以承载发展学生学科核心素养的目的。

考虑到学生学情及任务难度，复杂任务一般需要学生分小组进行，这样有助于提升小组协作能力。在学生执行学习任务的过程中，教师要提供适当的材料，并适时给予引导和建议，以确保学生在规定时间内能够完成任务并得到素养的发展。

为了让学习任务发挥更好的效果，教师应为学习任务创设特定的学习情境，让学生在学习情境中完成学习任务。真实的学习情境能够有效吸引学生的注意力，引发学生的好奇心，增强学生的学习动机，也能够让学生更加专注地完成学习任务。

任务驱动式学习过程是学生在教师引导下深度参与的探索式学习过程，不仅能达到良好的学习效果，有助于学生学科核心素养的发展，也能使学生获得完成任务的成就感，激发学生的学习热情，还能在团队合作中培养学生的合作意识。

二、单元学习任务群

任务群即多个任务组成的一组任务，《普通高中语文课程标准（2017 年版 2020 年修订）》对“学习任务群”有明确的要求：从祖国语文的特点和高中生学习语文的规律出发，以语文学科核心素养为纲，以学生的语文实践为主线，设计“语文学习任务群”。“语文学习任务群”以任务为导向，以学习项目为载体，整合学习情境、学习内容、学习方法和学习资源，引导学生在运用语言的过程中提升语文素养。若干学习项目组成学习任务群。

近年来，单元学习的教学理念逐渐深入人心，在推广生物学单元教学理念的过程中，有人提出了“单元学习任务群”的概念，与语文学科提出的“学习任务群”有类似的地方，比如都是以落实学科核心素养为目标，都是以学生执行学习任务为主体和导向，都需要对学习情境、学习内容、学习方法和学习资源进行有效整合等。单元教学任务群的基本理念是任务驱动式学习，以自主学习、合作学习和探究性学习为主要学习方式，但又有其独特的地方。生物学学科的单元学习任务群是一个单元总任务加若干子任务的形式。单元总任务统领整个单元的学习，一般围绕单元学习目标设计。单元总任务可以拆分、拆解为若干子任务，一个子任务统领一课时，而为了完成每个课时的子任务，又在各个子任务下设计了若干教学活动，这样就形成了一个结构化的“总任务—子任务—学习活动”的单元学习任务群（图 2-3-1）。

单元学习任务群除了具有结构化特点，通常还具有情境化特点。情境化的任务可以使学生沉浸其中，有利于激发学生完成任务的兴趣和动力，从而更好地达成学习目标，发展学生的生物学学科核心素养。在情境化的单元学习任务群中，单元任务与子任务通常是在同一情境下，而各种活动则很难用同一情境贯穿。

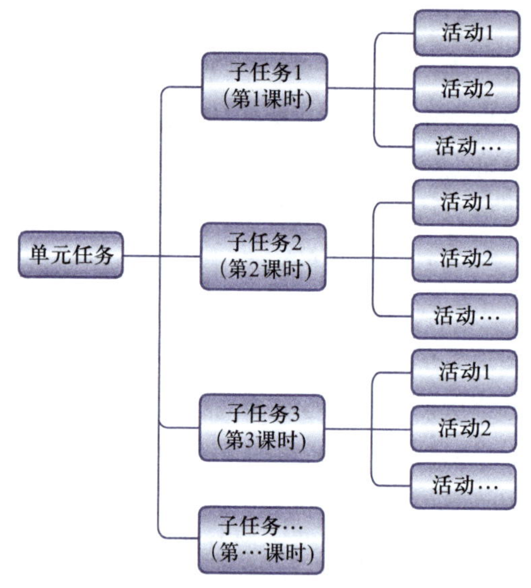

图 2-3-1　结构化的单元学习任务群

教学关键问题解决

一、确定单元教学目标

单元教学任务群的设计需要紧紧围绕单元教学目标，因此，教师需要先确定单元教学目标。单元教学目标的确定要根据课程标准的要求、学生的学习情况和需要、教学内容的分析等来确定。依据课程标准的要求对单元教学内容进行梳理和抽提，一方面要确定如何完成课程标准中的内容要求，另一方面要确定哪些内容适合作为发展学生学科核心素养的载体。单元教学目标一般按照学科核心素养的四个方面分别描述，指出通过本单元学习如何发展学生的学科核心素养以及达到什么水平。

二、设计单元学习任务群的核心任务

核心任务要能够统领整个单元的学习，通常需要进行概括。核心任务的设计可以分两步：第一，确定单元核心任务的对象，即主体；第二，根据任务对象设计单元核心任务，并以此统领整个单元。

1. 确定单元核心任务的对象

单元核心任务的对象可以根据单元主题来确定。例如，“种群”单元，可以将某个种群作为对象；“生态系统”单元，可以将一个具体的生态系统作为对象；“免疫调节”单元，可以将某种病原体入侵人体的过程作为对象。单元核心任务的具体对象最好是学生感兴趣的，或者是热点问题，这样能够更好地激发学生的求知欲和完成任务的动力，如“大熊猫的种群”“人体对抗新型冠状病毒的免疫过程”。在确定了具体对

象的同时，就完成了情境化的要求。

2. 根据任务对象设计单元核心任务

根据任务对象设计单元核心任务，需要先分析课程标准的要求和教材中涉及的单元学习的具体内容，包括本单元涉及任务对象的哪些方面，然后围绕这些方面设计核心任务，使核心任务能统领这些内容。例如，对“种群”单元进行内容分析后，会发现课程标准和教材中讲到了种群的特征、动态、影响因素等方面，此时就可以围绕大熊猫种群提出一个或一组与这些方面有关的问题或任务，如：大熊猫种群是否濒危，为什么？冷箭竹大规模开花为什么会对大熊猫种群造成危机？

三、设计课时任务

教师在设计课时任务前，要确定课时学习内容。课时内容的划分需要先对教学内容进行整体考量，再结合单元学习目标对着重发展的学科核心素养载体内容进行适当拓展。例如，人教版教科书选择性必修 2 中的“种群及其动态”这一单元有三节内容，分别为种群的数量特征、种群的数量变化和影响种群数量变化的因素。就知识本身而言，这三节内容分别上一课时即可，但若要发展学生生物学学科核心素养，则应开展相应的学习活动，需要更多课时。例如，第 1 节可以开展调查种群密度的模拟活动，发展学生的科学探究素养；第 2 节可以开展模拟种群数量动态变化的学习活动，发展学生的科学思维素养。教师可以将第 1 节和第 2 节的内容分别设计为 2 课时，第 3 节内容设计 1 课时。

明确每课时的学习内容后，就可以根据每课时的内容和学习目标、单元核心任务和单元目标来设计课时任务。课时任务是对单元核心任务的拆解，所以任务的对象一般情况下应该是一致的，或者说情境应该是一致的。课时任务还要统领本节课的主要学习内容，所以梳理本节课内容有助于提出任务。例如，“种群及其动态”第 1 节“种群的数量特征”，其学习内容包括种群密度调查方法和种群的其他数量特征，教师可以提出 2 课时的任务——“大熊猫的种群有哪些特征？根据什么特征来判定其是否濒危？”“如何调查大熊猫的种群密度？”——分别统领第 1 节中 2 课时的学习。

有时候，提出一个能够统领整个课时中所有学习内容的课时任务比较困难，此时可以通过课时任务下的活动设计将跟课时任务联系不大的学习内容与课时任务产生联系。例如，调查大熊猫的种群密度可能用不到样方法，那怎么将样方法融入课时学习呢？可以通过“大熊猫的食物冷箭竹种群密度怎么调查？”这样的问题或者活动将其挂靠在此课时任务之下。

学习任务的设计还应包括展示交流和评价环节。在展示交流环节，学生不但可以展示自己的成果，提升自我成就感，锻炼表达能力，还能在讨论中对自己完成任务的过程进行反思、修正和升华，达到自我完善的目的。评价环节主要是教师对学生完成任务的情况进行评价，除了客观评价任务完成情况之外，教师还应对学生在完成任务的过程中付出的努力加以肯定和鼓励。此环节能促进教师对学生完成任务的情况进行监督，加强学生完成任务的紧迫感和驱动力，同时使学生的成果得到公正的评价与肯定，有利于学生保持对任务式学习的兴趣和信心。此外，也可以加入学生自评和互评的环节，提高学生的参与度，激发学生更高的学习热情。

单元学习任务群是一个多任务有机结合的体系。教师在完成设计之后，还可以检查任务之间的关系和联系，进行适当的调整。

【案例 1】

“人为何生而不同?”单元学习任务群设计

本案例将人教版教科书必修 2 中第 4 章“基因的表达”作为一个单元，展示如何设计单元学习任务群。本单元学习共 4 课时，包括 5 个子任务，其中，子任务 1 和子任务 2 共用 1 课时，子任务 3 和子任务 4 共用 2 课时，子任务 5 用 1 课时。

单元核心任务：人为何生而不同?

素养目标系统	问题任务系统	学习活动系统	学习评价系统
1. 运用结构功能观、信息观、物质能量观分析基因控制性状的过程，说明各分子在此过程中的功能，构建中心法则模型，阐明遗传信息的流向 2. 基于地球上几乎所有生物都共用一套遗传密码的事实，阐明生物界的统一性，认同当今生物可能有共同的起源 3. 通过对相关科学史材料进行归纳、概括和推理分析，说明遗传信息控制性状的过程，认同科学是不断发展的 4. 通过了解基因与性状之间的复杂关系，认同生物学中因果关系的复杂性，学习对复杂事物进行多角度、多因素分析的思维模式 5. 通过科学史实验分析，发展作出假设、设计实验、预期结果、得出结论和交流探讨实验结果的科学探究能力 6. 通过分析表观遗传现象，认同健康生活习惯的养成，并宣传健康文明生活方式	子任务 1：展示交流生动实例，认识到基因上的遗传信息通过控制蛋白质合成来控制生物性状	活动 1：根据单双眼皮的形成、镰状细胞贫血等材料分析造成生物体性状存在差异的直接原因	通过对学生回答问题的表现，评价学生的交流表达能力
	子任务 2：科学史的模拟探究，领会遗传信息如何由 DNA 传递到 RNA，进而传递到蛋白质	活动 2：设计实验证明 RNA 在 DNA 控制合成蛋白质过程中的中间媒介作用	评价学生设计的实验方案所展示出的科学探究素养
	子任务 3：学习基因表达的分子机制	活动 3：小组汇报，描述转录和翻译的过程 活动 4：列表总结要点 活动 5：为转录和翻译的动画配音	1. 评价学生在汇报过程中的表现 2. 评价学生列表总结的条理性 3. 评价学生的配音情况
	子任务 4：分析资料，总结各种生物的遗传信息流动方向，即中心法则，分析每一环节的条件	活动 6：绘制中心法则图，并根据补充资料对中心法则进行补充完善	评价学生对中心法则补充的精确程度
	子任务 5：探究基因相同却性状不同的原因	活动 7：分析不同类型细胞中 DNA 和 mRNA 的检测结果，得出结论，认识细胞分化的实质是基因的选择性表达 活动 8：了解表观遗传现象，得出概念 活动 9：用实验小鼠（agouti）为材料，设计实验证明酒精是否能引起甲基化 活动 10：通过资料分析人类的生活习惯会引起表观遗传特征的改变，如孕期营养、生长期饮食等	1. 评价学生设计的实验方案 2. 评价学生在汇报过程中展现出的社会责任

案例分析：

本单元设计是典型的单元学习任务群统领下的单元学习设计。在单元核心任务的设计上，首先确定“人的表现型”作为贯穿整个单元的情境，再分析单元学习内容，包括基因是控制性状的方式、基因表达的影响因素等，然后据此提出“人为何生而不同？”的单元核心任务，人的表现型在多数情况下是由蛋白质直接或间接控制的，而蛋白质的合成又受到基因控制和环境影响，因而要想明白人与人之间的表现型为何不同，就要了解基因通过控制蛋白质合成控制生物性状，以及蛋白质的合成受到环境的影响等内容。这样一个核心任务就统领了整个单元的学习内容。

课本上本章内容共有两节，分别是“基因指导蛋白质的合成”和“基因表达与性状的关系”，而教师在单元学习任务下设置了5个子任务，由于有的任务比较小，不足以支撑1课时，因此此单元共安排了4课时。这与之前模型中提到的单元任务下每个子任务1课时的结构略有不同，是具体情况下的变通，但总体架构是一致的。这5个子任务的设计都是围绕单元核心任务的，相当于对单元核心任务的拆解，完成这5个子任务也就完成了单元核心任务。

在每个子任务之下，教师又设计了学习活动。在课堂上，学生可以通过完成这些学习活动来完成课时任务，同时，这些学习活动也是发展学生生物学学科核心素养及完成单元学习目标的具体抓手。课时内的学习活动紧扣单元主题任务，这样能够使学生学习起来思维不跳跃，思维过程更加顺畅。

本单元学习设计还特别重视评价环节，在每课时都有评价设计，教师通过评价判断学生是否达成课时学习任务和单元学习任务，以及核心素养发展的情况，此外通过评价还能激发学生的好胜心，促使学生更加全身心地投入学习。

（案例提供：闫新霞、杜军，中国人民大学附属中学）

【案例2】

“细胞呼吸”单元学习任务群设计

本案例将人教版教科书必修1第5章第4节“细胞呼吸”作为一个学习单元，展示了单元学习任务群的设计。本单元学习共3课时，可将核心任务细分为4个子任务。其中，子任务1用1课时，子任务2，子任务3和子任务4共用1课时。

单元核心任务：酵母菌是如何进行细胞呼吸的？其细胞呼吸在生产实践中有何应用？

学习目标	学习子任务	学习活动
1. 生命观念 能够运用结构与功能观，阐明酵母菌完成细胞呼吸的结构基础；能够运用物质与能量观分析细胞呼吸过程中的物质和能量变化 2. 科学思维 基于材料，运用归纳概括、演绎推理等思维方法，分析酵母菌细胞呼吸的方式、场所及过程	子任务1：探究酵母菌细胞呼吸的方式	1. 作出假设 2. 设计实验 3. 实施实验 4. 分析得出结论
	子任务2：酵母菌是如何进行有氧呼吸的？	1. 有氧呼吸场所分析 2. 有氧呼吸第一阶段分析 3. 有氧呼吸第二阶段分析 4. 有氧呼吸第三阶段分析

续表

学习目标	学习子任务	学习活动
3. 科学探究 通过设计、实施和分析“探究酵母菌呼吸方式”实验，提升学生的科学探究素养 4. 社会责任 关注影响细胞呼吸的因素及细胞呼吸在生产生活中的实践应用	子任务 3：酵母菌是如何进行无氧呼吸的？	1. 无氧呼吸过程分析 2. 有氧呼吸和无氧呼吸比较
	子任务 4：酵母菌的细胞呼吸在生产实践中有何应用？	1. 细胞呼吸影响因素分析 2. 细胞呼吸应用分析

2-3-1 细胞呼吸的原理和应用（第 1 课时）

2-3-2 细胞呼吸的原理和应用（第 2 课时）

案例分析：

本单元的教学内容选自教材中“细胞的能量和供应”一章，之所以没有选取整章内容，是因为这一章的内容太多，不适合作为一个单元。“细胞呼吸”这一节内容需要 3 课时，因而适合作为一个单元来设计。

本单元学习任务群是围绕“酵母菌的细胞呼吸”设置的，构成了统一的情境。酵母菌是人们生活中常用的微生物，为学生创设了一个熟悉情境，能够吸引学生更加专注于本单元的学习。

教材中“细胞呼吸”一节内容包括“细胞呼吸的方式”“有氧呼吸”“无氧呼吸”“细胞呼吸原理的应用”四个部分。单元核心任务为：酵母菌是如何进行细胞呼吸的？其细胞呼吸在生产实践中有何应用？酵母菌是既可以进行有氧呼吸又可以进行无氧呼吸的单细胞微生物，也是教材第一部分中探究酵母菌细胞呼吸的方式所用的微生物，因此核心任务的第一问“酵母菌是如何进行呼吸的？”可以统领本节第一、二、三部分内容，第二问“其细胞呼吸在生产实践中有何应用？”对应本节第四部分内容，可以说，单元核心任务很好地统领了整个单元的学习内容。

本单元学习设计的课时划分是按照课本中本节所对应的四部分内容划分的，而每一部分又分别设计了子任务来统领本部分的学习内容。从形式上看，子任务是对单元核心任务的拆解，完成所有子任务即完成了单元核心任务。在每一课时的子任务下，教师设计了若干学习活动，让学生通过学习活动达成子任务目标，同时又落实学习目标，发展学生的学科核心素养。

教师在设计学习活动时，应该尽量使用酵母菌为情境，但酵母菌产生酒精的无氧呼吸只是无氧呼吸的一种，在介绍另一种无氧呼吸方式时难免涉及其他生物。同样，在呼吸原理应用方面，还有在包扎伤口、人的运动和作物种植相关方面应用的知识，也难以统一到酵母菌这个单一情境中。这两部分可以考虑作为课后补充阅读材料，也可以设计到本单元的课时教学中，但如果选择后者，就需要在使用其他情境时加入适当的引入或者连接环节，增强教学的连贯性和整体性，这也有利于学生保持思路顺畅，避免因跳跃性强而使部分学生难以跟上节奏。

（案例提供：杜军，中国人民大学附属中学）

【研修作业】

1. 结合自身教学实践，谈一谈对单元学习任务群的理解。
2. 尝试利用同样的方法，设计一个单元学习任务群。

2-4 如何发挥生物学实验在单元学习中的作用？

这个关键问题基于生物学学科核心素养的要求，探索充分利用生物学实验教学策略，达到发展学生科学探究等素养的目的。通过对这个关键问题的分析和解决，希望教师能够：

- 理解生物学实验的内涵及其对发展学生学科核心素养的意义。
- 合理运用生物学实验教学实现单元学习目标。

教学关键问题分析

生物学集科学性、实验性、实践性于一体，是自然科学中的一门基础学科。实验是生物学的重要组成部分，是帮助学生将感性认识提升到理性思考的重要环节。但是，目前普通高中生物学实验教学并不理想，教师对实验教学的内涵理解不深，缺乏合理策略，不能将单元教学整体设计与指导学生实验教学有机结合；学生缺乏有效引导，没有充分认识实验的意义，仅仅为了得到结果、完成报告而做实验，没有真正体验实验探究的过程。

一、生物学实验教学的内涵

综合生物学学科性质和学生全面发展的要求，新版课程标准明确地将发展学生的生命观念、科学思维、科学探究和社会责任等学科核心素养作为课程宗旨。其中，科学探究是指能够发现现实世界中的生物学问题，针对特定的生物学现象，进行观察、提问、实验设计、方案实施以及对结果的交流能力。生物学实验是针对一定的研究对象，并根据研究目的，运用科学的方法主动控制、干预研究对象或控制条件，即创造一种典型环境或特殊条件，并在其中探索生命现象及其规律的实践活动。因此，实验教学是落实科学探究素养的重要途径。

符合课程标准要求的实验教学是指教师组织学生在生物学实验室和校园内外开展的教学活动，既可以是动手、观察类的实践活动，也可以是以解决问题为目的的探究活动。生物学实验教学可以引导学生基于学科概念和已有知识，有目的地进行新知识的学习，探索实践过程中的具体问题。实验教学要力图体现当代科学研究的真实情况，引导学生参与问题发现和问题解决的全过程，亲历“科学发展”，并在这个过程中将已学知识和实践收获相联系。实验教学是促成学生达成生物学学科核心素养的重要支撑。同时，生物学实验渗透了生命科学的工作范式，有助于学生在未来的科学探索中富有创新意识，从而进一步推动科学发展。

二、高中生物学课程标准的要求

分析生物学课堂教学中实验教学策略现状与新版课程标准要求之间的差距，是解决该关键问题的依据。

刘恩山认为，科学探究是科学家工作的方式，也是学生很好地学习科学概念、领悟科学本质的学习方法。① 科学探究的核心就是要求学生运用生物学实验的方法解决问题。新版课程标准中与生物学实验相关的内容如表 2-4-1 所示。

表 2-4-1　新版课程标准中与生物学实验相关的内容

课标中的位置	页码	与“生物学实验”相关的内容
二、学科核心素养与课程目标 （一）学科核心素养 3. 科学探究	5	科学探究是指能够发现现实世界中的生物学问题，针对特定的生物学现象，进行观察、提问、实验设计、方案实施以及对结果的交流与讨论的能力
四、课程内容 （一）必修模块 模块 1 分子与细胞 【教学提示】	14	在本模块的教学中，教师要组织好观察、实验等探究性学习活动，帮助学生…… 应开展下列教学活动：（1）通过模拟实验探究膜的透性；（2）观察植物细胞的质壁分离和复原；（3）探究酶催化的专一性、高效性及影响酶活性的因素；（4）提取和分离叶绿体色素；（5）探究不同环境因素对光合作用的影响；（6）探究酵母菌的呼吸方式；（7）制作和观察根尖细胞有丝分裂简易装片，或观察其永久装片
四、课程内容 （一）必修模块 模块 2 遗传与进化 【教学提示】	18	在本模块的教学中，教师应创造条件让学生参与调查、观察、实验和制作等活动，引导学生…… ……（4）模拟植物或动物性状分离的杂交实验；……
四、课程内容 （二）选择性必修课程 模块 1 稳态与调节 【教学提示】	22	应开展下列实验：（1）观看血液分层实验的视频，讨论血细胞与血浆的关系；……（3）探究植物生长调节剂对扦插枝条生根的作用；……
四、课程内容 （二）选择性必修课程 模块 2 生物与环境 【教学提示】	26	应开展下列实验：（1）探究培养液中某种酵母种群数量的动态变化；（2）研究土壤中动物类群的丰富度；……
四、课程内容 （二）选择性必修课程 模块 3 生物技术与工程 【教学提示】	30	在本模块的教学中，教师既要使用讲授演示的方式进行教学，更要为学生提供实验条件及必要的参考资料，指导其设计和进行实验
五、学业质量 （二）学业质量水平 3-3	53	能够针对特定情境提出可探究的生物学问题或生物工程需求，基于给定的条件，设计并实施探究实验方案或工程学实践方案，运用多种方法如实记录和分析实验结果；……

① 刘恩山．用科学探究的方式来教授生物学［J］．中学生物教学，2012（12）：69-71.

续表

课标中的位置	页码	与“生物学实验”相关的内容
六、实施建议 （一）教学与评价建议 1. 教学建议	59	1.4 加强和完善生物学实验教学 本课程标准所说的“实验教学”是指教师组织学生在生物学实验室和校园内外开展的教学活动，既可以是动手、观察类的实践活动，也可以是以问题解决为特点的探究活动。实验教学是生物学课程的特点，也是生物学教学的基本形式之一。课程内容中教学提示部分所列的教学活动有一部分就是实验教学。实验教学是促成学生达成生物学学科核心素养的重要支撑。 为更好地开展实验教学，建议教师注意以下几点。 （1）实验设计应该多样化。……应鼓励学生参与设计实验。 （2）在重视定性实验的同时，也应重视定量实验，让学生在量的变化中了解事物的本质。教师应给学生提供机会学习生物学研究中的测量方法，实事求是地记录、整理和分析实验数据，定量表述实验结果等。 （3）要注意实验安全教育……
六、实施建议 （四）地方和学校实施本课程的建议 4. 加强生物学实验室的建议	71—72	为着力培养学生的生物学学科核心素养，尤其是科学探究和生物学实践能力，应加强生物学实验教学和探究式教学，增加学生动手实践和体验的机会。……积极鼓励学生独立或以小组合作方式，针对问题设计实验，自主开展探究活动
附录 1 学科核心素养水平划分 素养 3：科学探究	75	水平一：基于给定的实验方案完成简单的实验，记录相关数据；能以书面的形式将实验结果记录下来。 水平三：……基于给定的条件，设计并实施探究实验方案或工程学实践方案；运用多种方法如实记录和分析实验结果；…… 水平四：……基于对相关资料的查阅，设计并实施恰当可行的方案；……

据上表可知，新版课程标准中与生物学实验紧密相关的内容主要指向核心素养中的科学探究，部分涉及科学思维和社会责任。新版课程标准在必修及选择性必修课程的课程目标、内容、活动组织和学业评价等方面都给出了具体建议，在地方和校本课程建设方面也强调了其重要性。

三、解决该关键问题的价值和意义

整体设计的单元教学将概念、理论及其他内容有机融合在一个教学主题中，引导学生逐步破题。在这个过程中，生物学实验对学生理解核心概念和达成单元目标具有积极作用。

首先，生物学实验能激发学生兴趣，发挥其主观能动性。人类与生俱来的好奇心可以引发强烈的求知和探索欲望，这是自然科学发展的动因，学生也具备探索自然的倾向。生物学实验将未知、新奇的现象或问题展示给学生，能引起他们浓厚的探究兴趣和强烈的求知欲，激发学生的学习动机，从而促进学生自发地观察和探询。

其次，生物学实验能促进学生形成生物学概念，提升生物学实践技能。生物学中部分抽象概念的形成是教学的难点。直观、科学的实验实践有助于学生基于已有知识开展实践验证，并进一步联想、拓展相关概念，很多学习难点就会迎刃而解。这是生物学概念形成的最佳途径。

最后，生物学实验能开发智力，促使学生将动脑和动手相结合，并了解科学探究的基本过程。生物学实验可以给予学生观察、动手和思考的机会，不断解决实验中出现的新问题。同时，在教师的引导下，生物学实验还可以给予学生相对独立的科学探究机会，使学生体验科学发现的历程。

总之，利用生物学实验教学策略，将其融入单元教学设计与实施中，有利于将科学本质与生物教学相结合，引导学生加深对科学概念的理解，真正体现了生物学的理科属性。

教学关键问题解决

一、定位生物学实验教学与单元学习之间的关系

基于核心素养的单元学习，要求教师依据课程标准，选择有利于核心素养形成的教学素材和策略，制定学习目标，设计学习活动，开展教学和评价。单元学习设计应考虑学生的认知规律和单元知识体系，设立明确的大主题和学习目标，并对单元的各个教学环节进行统筹规划。相比讲授，直观且客观的实验教学可以为学生提供亲历的机会，学生因拥有适度的主动权而成为学习主体，通过动脑和动手相结合获得的认识是深刻的，更符合学生的认识规律。教师应利用有效的生物学实验教学策略开展或辅助教学，构建核心概念和重要理论，充分发挥生物学实验在单元学习中的作用。

二、采用合理的生物学实验教学策略

区别于“讲授—演示”的教学，实验教学鼓励学生提出科学问题，并利用获取的知识，通过动脑和动手相结合的实践过程来解决问题。高中生物学必修课程选择了生物学中最基本的重要概念，所以，不同教学单元中具有不同特点的核心概念需要匹配合理的生物学实验教学策略。

1. 开展动手、动脑的观察类实验辅助概念形成

生物学理论从分子、细胞、个体等多个研究水平阐释生命现象，微观、抽象的

概念和理论，是高中生从未体验过的。根据皮亚杰的认知主义学习理论，学生在 15 岁之后进入形式运算阶段，其抽象思维能力有所发展，但需要正确引导。因此，单元学习中相对微观、抽象的概念和理论以课堂讲解为基础，再组织结果预见性强的实验教学，引导学生真正动手、动脑，通过对实验现象的观察和分析逐步验证已学过的基本原理和规律，完成核心概念的构建。此外，针对实验中预设外的结果，教师要引导学生主动分析，提出多种可能的猜想，通过充分讨论达成科学的共识。

【案例 1】

探究酶催化的高效性

下面以人教版教科书必修 1 第 5 章“细胞的能量供应和利用”单元教学过程中开展“探究酶催化的高效性”实验为例，展示如何开展预设的动手观察类实验，支持单元重要概念——酶的特性的教学。本单元共 4 节，本案例为第 1 节“降低化学反应活化能的酶”中的探究实验。

1. 选题背景

本节课是必修 1 第 5 章第 1 节“降低化学反应活化能的酶”，包括“酶的作用和本质”“酶的特性”两部分。新版课程标准的内容要求：说明绝大多数酶是一类能催化生化反应的蛋白质。分析单元教学和课时内容，酶的催化高效性及其机理是生物学的重要概念，是学生理解酶在生活中有广泛应用的基础。按照探究实验的一般程序，学生分组实验探究得出酶催化高效性，并结合无机催化剂原理推测酶催化的机理。这不仅可以提高学生设计和执行科学探究方案的能力，还有助于学生深刻理解核心概念。

2. 单元教学目标

（1）通过图文资料学习、酶活性相关实验探究等，说出酶是一类能催化生化反应的有机物（大多数为蛋白质），并举例说明多种环境因素可以影响酶的活性。

（2）通过阅读资料、观察 ATP 结构图等，认识到 ATP 是驱动细胞生命活动的直接能源物质。

（3）通过分析光合作用和叶绿体的科学史实验、观察图文等，阐述光合作用的基本过程，并通过实验提取、分离叶片中的光合色素，说出主要光合色素的性质、含量和特点。

（4）通过分析呼吸作用的实验、观察图文资料等，阐释生物通过细胞呼吸把储存在有机分子中的能量转化为生命活动可以利用的能量。

3. 课时教学目标

（1）从物质和能量角度感悟酶的催化高效性对细胞代谢有重要意义。

（2）结合阅读材料分析降低反应活化能的过程，提高学生的归纳与概括能力，通过对多组实验结果的讨论培养学生的批判性思维。

（3）通过完成“比较过氧化氢在不同条件下的分解”实验设计表格，明确控制变量和设计对照实验的科学方法。通过分组实验掌握实验操作规范。

（4）能够在教师的引导下搜集酶在生产生活中应用的相关资料。

4. 教学过程

<table>
<tr><th colspan="2">环节一：问题式导入</th></tr>
<tr><td>教师活动 1
【创设情境】酶在生产生活中的广泛应用
【提出问题】酶具有什么作用？
引出探究实验“比较过氧化氢在不同条件下的分解”</td><td>学生活动 1
观看图文，初识情境。
说出酶具有催化作用</td></tr>
<tr><td colspan="2">活动意图：关注酶在生产生活中的应用，强化通过实验得出结论</td></tr>
<tr><th colspan="2">环节二：实证——探究实验</th></tr>
<tr><td>教师活动 2
【实验设计】介绍探究实验“比较过氧化氢在不同条件下的分解”，提问：实验如何设计？
引导学生分析控制变量和设计对照实验的原则与方法。
【分组实验】巡场并及时指导学生。
【实验分析】引导学生在全班展示并分析实验结果，得出实验结论</td><td>学生活动 2
独立阅读，思考并补充 4 支试管的反应条件和实验结果检测方式，进行课堂讨论展示。
明确实验设计，重点是自变量、因变量、无关变量、对照组、实验组。
规范实验操作。
分组展示，实验组与对照组的比较说明什么，实验组之间的比较说明什么，得出酶催化具有高效性的特点</td></tr>
<tr><td colspan="2">活动意图：深入理解对照试验的思想，提高学生的实验设计能力；通过学生分组实验落实实验操作规范；引导学生观察提问，结果交流讨论，落实科学探究；引导学生认同生物学结论基于科学实证</td></tr>
<tr><th colspan="2">环节三：补充实证——进行深入机理分析</th></tr>
<tr><td>教师活动 3
【提出问题 1】酶为什么催化效率高？
引导学生从化合价变化思考 Fe^{3+} 的作用原理。
引导学生合理推测酶的作用原理。
【补充实证】不同条件下过氧化氢分解所需活化能的实验数据。
【提出问题 2】酶为什么能降低反应活化能？
引导学生结合 Fe^{3+} 的作用原理和酶的化学本质，思考酶降低化学反应活化能的原理。
【补充实证】提供科学家发现柠檬酸合酶催化的分子机理图</td><td>学生活动 3
阅读学案材料，回忆旧知识，建立化学反应和酶催化的联系，说出 Fe^{3+} 降低了反应活化能。
合理推测酶降低反应活化能更多。
比较实验数据得出结论：酶显著降低反应活化能。
尝试作出合理推测，并在全班分享展示，讨论补充。
从结构功能观角度分析酶与底物结合，理解酶降低化学反应活化能的原理</td></tr>
<tr><td colspan="2">活动意图说明
依据实验现象和补充的化学知识，合理推测酶催化高效性的原理，提高学生的科学思维；再次强化学生基于生物学事实和证据作出判断的思维方式；发展学生的结构功能观</td></tr>
<tr><th colspan="2">环节四：应用</th></tr>
<tr><td>教师活动 4
【回应导入】在生产生活中应用的酶的催化效率表。
引导学生利用物质能量观理解酶催化高效性对细胞代谢的意义</td><td>学生活动 4
在实证数据中概括归纳，提高科学思维，深化对酶催化高效性的认识。
理解酶催化高效性的意义，认识酶在生产生活中的广泛应用</td></tr>
<tr><td colspan="2">活动意图：从实证数据中概括归纳，提高科学思维；发展物质能量观；引导学生体会生物技术在生产生活中的积极作用，培养学生的社会责任感</td></tr>
</table>

5. 拓展学习设计

(1) 完成课堂补充材料（课堂学案）。

(2) 收集酶在生产生活中的应用案例，以海报或 PPT 形式在班级展示。

案例分析：

本课时的主要教学目标对应单元教学目标中“酶的概念及性质”的落实，其核心环节是“比较过氧化氢在不同条件下的分解”实验，教师引导学生进行完整的实验设计、操作和结果分析，通过真实的结果让学生理解酶催化高效性的含义。此外，对于微观理论，即酶催化高效性的分子机理部分，教师进一步引导学生从化合价变化思考Fe^{3+}的作用原理，运用已有的化学知识进行分析，建立多学科之间的联系，并依据Fe^{3+}的作用原理合理推测酶的作用原理，提高科学思维素养。这种基于生物学实验设计的课时，学生可以通过直观观察、结果及实证分析，对教学目标中的酶催化特性和微观机理有直观、深入的认识。

（案例提供：付娆，中国人民大学附属中学）

2. 开展以解决现实问题为驱动的探究类实践

生物学知识体系源自对现实问题的探索，又用于解决现实问题。解决与生活贴近的问题是理解和实践生物学知识最好的途径。虽然课本中的知识情境也是贴近生活的，但是这些情境相对简单，且与实际情况有一定差别。在进行单元教学设计时，教师应围绕与现实生活关联较大的核心概念设计一个现实问题；学生基于已有知识，对现实问题进行分析，提出合理假设，然后进行实验设计并实施探究，主动对实验过程中出现的新问题和预设的现象进行分析，并通过与同学、教师的讨论分析，最终解决现实问题。基于“实践—认识—再实践—再认识”的认知过程，学生主动分析、解决现实问题，不仅可以掌握科学探究的一般过程，而且可以更深刻、直观地理解单元核心概念。

【案例 2】

探究影响酶活性的因素

下面以人教版教科书必修 1 第 5 章“细胞的能量供应和利用”为例，展示如何开展以解决现实问题为驱动的探究类实践教学。本单元共 4 节，设计 6 课时完成，案例为第 1 节“降低化学反应活化能的酶”中的探究实验。

1. 选题背景

“降低化学反应活化能的酶”是在深入认识酶的化学本质与催化机理后，进一步讨论影响酶活性的各种因素，以便学生对“发生在细胞乃至机体内的所有生化反应在温和条件下能够高效有序进行”建立整体认识，并初步形成机体稳态与平衡调节的生命观。由于学生普遍缺乏实践经验，所以在新课学习时，教师应围绕学生学科核心素养的发展，以社会生产中的实际问题为背景，组织学生开展动手实践，探究影响酶活性的因素，培养学生的科学思维与科学探究素养。

2. 单元教学目标

（1）通过学习图文资料，进行酶活性相关实验探究等，说出酶是一类能催化生化反应的有机物（大多数为蛋白质），并举例说明多种环境因素可以影响酶的活性。

（2）通过阅读资料、观察 ATP 结构图等，认识到 ATP 是驱动细胞生命活动的直接能源物质。

（3）通过分析光合作用和叶绿体的科学史实验、观察图文资源等，阐述光合作用的基本过程，即植物细胞的叶绿体从太阳光中捕获能量，并在二氧化碳和水转变为糖与氧气的过程中，转化并储存为糖分子中的化学能；通过实验提取、分离叶片中的光合色素，说出主要光合色素的性质、含量和特点。

（4）通过分析呼吸作用的实验、观察图文资料等，阐释生物通过细胞呼吸将储存在有机分子中的能量转化为生命活动可以利用的能量。

3. 课时教学目标

（1）举例说明环境因素如何通过影响酶的空间结构来影响酶的活性。

（2）通过实验探究说明酶活性受温度、pH 及离子等环境因素的影响。

（3）尝试进行实验设计，评价实验实施的科学性，说明结果与结论的一致性；选取恰当的图像呈现实验数据，尝试构建环境因素引起酶活性变化的数学模型。基于证据推理，归纳不同环境因素对酶活性的影响。

（4）关注酶活性影响因素与生产生活实践的紧密联系。

4. 教学过程

环节一：创设情境，导入新课	
教师活动 1 【概念回顾】什么是酶? 【图片展示】展示生物酶牙膏广告图后，根据刷牙时所需水温为 30℃引入课题。 【提出问题】很多因素都会影响酶活性，我们需要通过实验进行探究	学生活动 1 说出酶的概念。 说出牙膏在 30℃时酶的活性最强
活动意图：关注酶与日常生活的联系，初步体会环境因素对酶活性的影响	
环节二：探究温度对酶活性的影响	
教师活动 2 【提问】探究温度对唾液淀粉酶活性的影响，大家在设计实验时要考虑哪些问题? （各组间处理的差别、酶活性检测指标。） 播放学生利用生活中常见材料进行实验的视频，引导学生评价并分析。 引导学生评价实验设计与实施过程中的优点及可能存在的不严谨之处；以点线图呈现实验数据，引导学生分析。 【视频 1】以反应时间法检测不同温度下的酶活性。 【视频 2】以比色法检测不同温度下的酶活性。 展示在实验室条件下所做的实验。 用光电比色法测定淀粉标准曲线；测定不同温度对唾液淀粉酶活性的影响。 【分析】结合酶的催化机理，引导学生思考温度影响酶活性的机理	学生活动 2 思考并说出定性实验方案。 学生观看视频；复述、分析、评价实验方案；描述实验结果，得出实验结论。 比较两个实验设计的原理以及操作差异。 分析两个实验结果不一致的可能原因。 体验定量研究方法；说出温度对淀粉酶活性的影响。 说明温度影响酶活性的机理
活动意图： 1. 在定性实验的基础上探讨定量实验，培养科学探究能力，发展科学思维。 2. 学习应用比色法进行物质定量分析，说明控制变量的重要性。 3. 体验科学定量实验的魅力，落实结构与功能观	

环节三：离子对酶活性的影响	
教师活动 3 【提问】 1. 还有哪些因素能够通过改变酶的空间结构来影响酶活性？ 2. 引导学生思考离子对酶可能也存在影响。 【结构展示】淀粉酶活性位点在 Cl^- 的作用下所发生的空间结构改变。 提问 1：Cl^- 对活性位点有何影响？ 提问 2：Cl^- 对唾液淀粉酶有何作用？ 请学生设计实验验证。 【数据展示】展示教师做实验得到的数据	学生活动 3 思考可能的因素（如 pH、离子等）。 观察结构模拟图。 提出一个关于 Cl^- 功能的假设。 设计实验验证假设。 描述实验结果，归纳实验结论
活动意图：通过设计实验，锻炼科学探究能力，培养严谨的科学思维，强化结构与功能观	
环节四：pH 对酶活性的影响	
教师活动 4 【任务】引导学生根据教材所提供的信息设计实验，探究 pH 对酶活性的影响	学生活动 4 根据人教版高中生物教科书必修 1 第 85 页提供的实验材料，设计定性与定量实验
活动意图：评价与反馈	
环节五：课堂小结	
教师活动 5 【总结】影响酶活性的环境因素。 【实例分析】引导学生关注生产生活的相关问题	学生活动 5 1. 说明环境因素通过改变酶的空间结构影响酶活性。 2. 说出在生产生活中应用酶时需要提供的适宜条件。 3. 体会科学精神
活动意图：课堂小结；落实社会责任，整体提升学生的学科核心素养	

5. 拓展学习设计

设计合理的实验方案，探究 pH 对酶活性的影响。

2-4-1 探究影响酶活性的因素（教学片段 1）

2-4-2 探究影响酶活性的因素（教学片段 2）

2-4-3 探究影响酶活性的因素（教学片段 3）

案例分析：

本课时的主要教学目标对应单元教学目标中“酶的概念及性质”的落实，其核心环节是“探究影响酶活性的因素的实验”。与传统讲授相比，本节课基于学生自学和教师引导，学生利用家庭生活中可用的材料用具，独立设计实验方案、开展实验并进行数据分析，结合实验视频、PPT 等形式进行分析和结果展示。对实验中发现的问题，学生主动寻找答案，或与同学、教师讨论，进而作出合理解释。学生在课外亲身经历实验设计和实施、意外问题的发现和解决，对“环境因素影响酶的活性”有了更直观、深刻、个性化的认识。同时，在教材中的定性实验的基础上，引入定量实验探究，提升了学生实验探究的思维水平，有助于学生形成良好的科学思维和实事求是的科学态度。

（案例提供：苏昊然，中国人民大学附属中学）

上述两种策略都是基于学科概念和核心素养提出的，教师在教学过程中需要重视学生所有合理的假设性回答和提问，同时提供更多的资料，引导学生进行实验探究。这才是以学生为主体的成功实验教学策略。

【研修作业】

1. 结合自身教学实践，与同事交流自己已经实施过的生物学实验教学策略，总结其优点和可改进之处，以及在未来的单元学习中如何继续加强实验教学。

2. 在单元学习中采用合理的生物学实验策略，对学生的生物学学科核心素养发展有哪些价值和意义？

2-5 如何将课外实践活动融入单元教学设计？

这个关键问题是基于新版课程标准的基本理念“教学过程重实践”的实践性问题。提出这个关键问题旨在促进生物学课外实践活动的开展，使其服务于单元教学设计和实施，实现发展学生科学探究和社会责任素养的目的。通过对这个关键问题的分析和解决，希望教师能够：

- 理解课外实践活动的价值和意义。
- 开展丰富的课外实践活动，服务单元教学。

教学关键问题分析

生物学是一门探究生命现象和规律的自然学科，生物的结构、功能、进化等都与外界环境有着千丝万缕的联系。生物学理论是科学家艰辛探索的成果，是从实践中产生的，为解决实践问题服务的。高中生物学在初中生物学的基础上，进一步从基本科学原理、实践技术等方面介绍生物学知识，让学生感悟生命奥秘和学科魅力。因此，在单元教学中，核心概念和教学目标需要通过有效的途径来落实，其中课堂教学主要是由教师引导的学习环节，而课外实践活动则是提升学生能力的另一种重要途径。

一、课外实践活动的内涵和特点

生物课外活动即是与生物有关的课外活动：它主要指教师在了解学生的需求及兴趣以后，在提高学生学习能力、动手操作能力的基础之上，结合本地区、本校区所特有的资源或者结合教材的基础上，由教师所要求的或是由学生自主进行探索的一系列活动。[①] 课外实践活动与课堂教学是互补的，课外实践活动是对课堂教学的拓展延伸和补充完善。课外实践活动可以由学生自主进行探究、实施，也可以由教师带领学生完成，其常见形式包括兴趣小组（社团活动）、课后探究、参观学习、野外探究等。不同地域有其独特的自然资源，教师可以结合所在地区和校园特有的资源开展课外实践活动。

为践行“教学过程重实践”的基本理念，生物学课外实践活动应具备自主性、开放性、实践性等特点。实践活动以小组形式开展，感兴趣的学生具有较强的主观意愿推动活动开展，团队协作可以极大地提高活动效率。此外，与生活紧密相关的生物学知识，可以延展出与生活、健康、生态等紧密相关的开放性实践课题。

---

① 张颖．高中生物课外活动的实践研究［D］．徐州：江苏师范大学，2018.

二、高中生物学课程标准的要求

分析课外实践活动与单元教学目标的契合程度，以及两者与高中生物学课程标准要求之间的差距，是解决该关键问题的依据。

人类的认识需要经历“实践—认识—再实践—再认识”的循环过程，因此实践环节是高中生物学教学的重要环节之一。新版课程标准中与“课外实践活动”相关的内容如表 2-5-1 所示。

表 2-5-1　新版课程标准中与“课外实践活动”相关的内容

课标中的位置	页码	与“课外实践活动”相关的内容
一、课程性质与基本理念 （二）基本理念 3. 教学过程重实践	2	本课程高度关注学生学习过程中的实践经历，强调学生学习的过程是主动参与的过程，让学生积极参与动手和动脑的活动，通过探究性学习活动或完成工程学任务，加深对生物学概念的理解，提升应用知识的能力，培养创新精神，进而能用科学的观点、知识、思路和方法，探讨或解决现实生活中的某些问题
二、学科核心素养与课程目标 （一）学科核心素养 3. 科学探究	5	学生应在探究过程中，逐步增强对自然现象的好奇心和求知欲，掌握科学探究的基本思路和方法，提高实践能力
二、学科核心素养与课程目标 （一）学科核心素养 4. 社会责任	5	结合本地资源开展科学实践，尝试解决现实生活问题；树立和践行“绿水青山就是金山银山”的理念，形成生态意识，参与环境保护实践
二、学科核心素养与课程目标 （二）课程目标	6	掌握科学探究的思路和方法，形成合作精神，善于从实践的层面探讨或尝试解决现实生活问题；具有开展生物学实践活动的意愿和社会责任感……
四、课程内容 （一）必修模块	11	为了让学生更好地理解与掌握教学内容，教学中要高度重视学生的实践环节，力求为学生提供更多的动手实践机会
四、课程内容 （二）选择性必修模块 模块 2 生物与环境 【学业要求】	26	完成本模块学习后，学生应该能够： ● 运用数学模型表征种群数量变化的规律，分析和解释影响这一变化规律的因素，并应用于相关实践活动中（生命观念、科学思维、社会责任）； ● 使用图示等方式表征和说明生态系统中物质循环、能量流动和信息传递的过程和特征，并对相关的生态学实践应用作出合理的分析和判断（生命观念、科学思维、社会责任）
六、实施建议 （一）教学与评价建议 1. 教学建议	57	1.2 组织以探究为特点的主动学习是落实生物学学科核心素养的关键 生物学教学不仅是教师讲解和演示的过程，也是师生交流、共同发展的互动过程。教师应该提供更多的机会让学生亲自参与和实践，重视信息化环境下的学习
	59	1.4 加强和完善生物学实验教学 本课程标准所说的“实验教学”是指教师组织学生在生物学实验室和校园内外开展的教学活动，既可以是动手、观察类的实践活动，也可以是以问题解决为特点的探究活动

课标中的位置	页码	与“课外实践活动”相关的内容
六、实施建议 （一）教学与评价建议 1. 教学建议	62	评价主要包括以下内容。 …… （4）学生的社会责任意识。学生是否具有关注社会重要议题的意识和社会责任感，以及开展生物学实践活动的意愿和能力等
附录 1 学科核心素养水平划分 素养 4：社会责任	74	水平三：参与社区生物多样性保护以及环保活动的宣传和实践，积极参与绿色家庭、绿色学校、绿色社区等行动；具有通过科学实践解决生活中问题的意识和想法。 水平四：能通过科学实践，尝试解决现实生活中的生物学问题

据表 2-5-1 可知，新版课程标准中与“课外实践活动”相关的内容主要指向科学探究和社会责任素养；同时，在必修及选择性必修课程的教学要求、教学提示等方面都给出了具体建议，并在核心素养水平划分中反复提及。此外，选修课程也有多处谈及教学应以培养学生实践能力为宗旨，并建议开展与课程相关的实践活动。

三、解决该教学关键问题的价值和意义

以核心素养为导向的单元教学设计，是学科核心素养、核心内容和学生认知的有机结合，需要将学习目标、课堂教学和评价、学习活动等环节紧密联系。而新版课程标准强调“教学过程重实践”的基本理念，正是强调实践活动对发展学生学科核心素养和帮助学生理解核心概念的重要性。

首先，课外实践活动要发挥学生的主观能动性，突出单元教学中学生的主体地位。兴趣是学习的主要动力来源，相比枯燥的课内教学，与生活相关的现实问题对学生更具吸引力。课外实践活动中，问题解决涉及概念的理解、对问题解决思路的合理变通、对突发问题的灵活应变等，学生会主动思考、克服困难，充分体现了学生在教学活动中的主体地位。

其次，课外实践活动要建立课内知识与生活实际的衔接，延展和补充课堂教学。生物学中一些概括性强、较为抽象的概念，学生理解起来有一定难度，如生态系统稳定性等。基于课堂教学，课外实践活动“生态缸的制作”给学生提供了一个亲身体验“生态系统运行”的机会，有助于学生认识到生态系统中各成分协调的重要性。

最后，课外实践活动要促进单元核心概念落实，提高学生的实践能力。生物学是一门实践学科，以“注重实践”为教学理念，而实践能力本身是需要练习来提升的。在落实单元核心概念时，教师提出实践问题引导学生动手、动脑进行自主探究。在这个过程中，学生对概念的认知逐步深入，实践能力在“思考—实践—再思考—再实践”的过程中不断提升。

教学关键问题解决

一、符合单元教学的课外实践活动实施原则

教育在培养学生的创造力方面具有两重性，既可以促进学生创造力的发展，又可能阻碍其创造力的培养。区别于传统教师讲授、学生被动接受的方式，课外实践活动是学生亲身经历的过程，更是其展示个性、发挥潜能的平台。因此，在单元教学中开展课外实践活动需要遵循一定的原则。

1. 基于教学目标，结合课堂教学

课外实践活动是单元教学的有机组成部分，是在单元教学目标下开展的活动，是课堂教学的重要补充和延伸。因此，课外实践活动一定是根据单元核心概念设计的，需要学生在课外动手完成的实践活动。通过课外实践活动和课堂教学的结合，学生对单元核心概念的理解会更加直观、深刻，也符合“教学过程重实践”的基本理念。

2. 准确定位学生学习和教师指导之间的关系

学生是学习的主体，需要主动参与学习活动。教师要辅助学生学习，发挥指导作用，在核心概念理解和关键问题解决的过程中帮助学生主动建构概念。课外实践活动设计要基于学生的兴趣点，调动学生的主观能动性，而教师则要给予学生适当的活动指导。

3. 注重科学性和开放性

求实的科学态度是重要的科研品格。课外实践活动设计要经过充分论证，确保活动过程、结果分析的科学性，以给予学生正确的科学价值观导向。同时，实验结果不要完全预设，而要具备一定的开放性，这样可以给予学生一定的自主探索空间，引导学生自我发现和探索，从而形成良好的科学素养。

4. 注重因地制宜和因时制宜

我国自然资源丰富，不同地域具备独特的地理和生物资源。课外实践活动的开展可以结合当地地域特色和本校区的实际情况，同时充分考虑开展活动的时间、季节、地域环境等条件。

二、单元教学设计中课外实践活动的实施策略

单元教学设计以落实核心素养和核心概念为教学目标，教师应该积极转变教学方式，针对不同单元的教学目标，开展探究式实践、项目式实践等多种形式的课外实践活动，在实施过程中可以灵活采用多种活动策略。

1. 基于核心概念的课外简单延伸

新版课程标准针对课程核心概念的落实提出了很多探究性活动内容，教师可以结合某一个知识点对相应的探究活动进行设计，或者让学生根据教材某一节的知识结合自己的兴趣开展活动。这样的课外实践活动强调内容与教材知识的紧密联系，辅助学生理解。例如在“种群”单元教学中，开展“调查草地中某种双子叶植物的种群密度”的课外实践活动。

2. 基于核心概念设置开放性、探究性课题

在课外实践活动中，学生处于主体地位，是学习的主人，教师主要发挥引导或辅助作用。教师要分析单元教学目标，寻找核心概念中与生活实践联系比较紧密的知识点，结合实际情况设置合理的课外实践课题，或者基于课本预设的活动，改进活动目标，使其更具开放性和探究性，从而使学生摆脱对教师和课本的依赖，主动挖掘新的学习材料和资源，完成知识学习，达成活动目标，将课外实践活动构建为现实问题与课内知识的桥梁。

【案例 1】

调查种群密度

下面是在人教版教科书选择性必修 2 第 1 章“种群”单元教学过程中开展的“调查种群密度”课外实践活动。学生自学、理解基本概念，并针对实际样地情况开展调查活动，支持单元教学目标关于调查种群密度的学习内容。本单元共 3 节，本案例为第 1 节“种群的数量特征”中的课外实践活动。

1. 选题背景

种群密度调查活动是高中生物学课程中为数不多的实地调查活动。种群密度是研究种群特征的重要方向，利用样方法和标记重捕法调查种群密度是本节的教学重难点之一。种群密度和调查方法是与生活实际联系很密切的内容，教师要针对不同情况随机应变，创设生活情境下的实践活动，使学生在应用中理解和落实核心概念和理论。

2. 单元教学目标

（1）通过阅读资料、观察图示等，列举种群的数量特征及其关系，即种群密度、出生率和死亡率、迁入率和迁出率、年龄结构、性别比例等。

（2）说出调查种群密度的方法，并运用样方法等调查某地典型植物的种群密度。

（3）通过实例作图、计算等，绘制两种种群数量变化的图像，并建立数学模型来解释不同条件下的数量变动模型。

（4）通过阅读课本、查阅课外资料，举例说明阳光、温度和水等非生物因素，以及不同物种之间的相互作用对生物种群特征的影响。

（5）通过回忆生活见闻、观察图文资料等，阐述群落具有垂直结构和水平结构等特征，并列举出影响群落结构形成的因素。

(6) 通过阅读火山爆发后的环境变化、弃耕农田的变迁等资料，描述该过程中一个群落替代另一个群落的过程，同时列举初生演替和次生演替两种类型的异同。

(7) 通过阅读课本和课外资料，列举不同群落中的生物与其周围环境，观察和分析两者的关系，得到生物具有与环境相适应的形态结构、生理特征和分布特点。

3. 课时教学目标

(1) 通过预习了解种群有哪些重要特征，说出种群密度是研究种群的重要指标。

(2) 阅读课本、查阅课外参考资料，说出可以使用样方法调查植物的种群密度。

(3) 以小组为单位设计调查某地、某种植物的种群密度的方案，开展调查活动，完成调查报告，并在课堂上分享小组调查活动的情况等，最后通过讨论对各小组的方案进行恰当评价。

(4) 通过某些调查结果分析，列举出人类活动对植物生长的影响，认识到人与自然是共存和相互影响的关系。

4. 教学过程

<table>
<tr><th colspan="2">课前环节：调查一种植物的种群密度</th></tr>
<tr><td>教师活动
发布课外实践活动任务：本次实践是对“教材探究实践：调查草地中某种双子叶植物的种群密度”的拓展与延伸。
1. 以小组为单位学习实验指导手册。（介绍调查原理，学生自学几种种群密度调查的常见方法）
2. 以小组为单位提出一个科学问题，并以此确定调查对象，明确调查活动的意义。
3. 以小组为单位讨论、设计调查方案，完成预调查之后，完善调查方案。
4. 以小组为单位进行正式调查，统计分析调查结果，完成调查报告。
5. 小组以 PPT 或海报形式汇报展示调查结果，课内进行组间讨论，完成总结与反思。
［师生讨论调查结果］在学生完成调查活动后，与学生讨论其结果，分析并形成最终汇报内容（PPT 或海报）</td><td>学生活动
组成课外探究小组，以小组为单位完成如下任务：
1. 阅读、讨论课本中的种群数量特征——种群密度及其调查方法等内容，明确其基本含义。
2. 调查某地某种植物的种群密度：小组选择一个合适地点、一种典型的植物（建议草本），选择合适的调查方法、设计合理的调查方案，并实施调查活动，获得这种植物的种群密度。
3. 针对小组调查所得的种群密度结果，提出新问题。（注：可以是影响因素、分布特点等）

完成调查活动后，与教师讨论，形成最终汇报内容（PPT 或海报）</td></tr>
<tr><td colspan="2">活动意图：学生预习种群特征、调查种群密度的方法等相关知识，并将其作为实践原理。通过团队合作，运用科学合理的方法调查种群密度，了解不同调查方法的区别</td></tr>
<tr><th colspan="2">环节一：导入</th></tr>
<tr><td>教师活动 1
【创设情境】借助生命系统层次介绍种群，通过人口普查资料引出种群特征——种群密度</td><td>学生活动 1
学生回顾，明确种群概念、种群密度的概念</td></tr>
<tr><td colspan="2">活动意图：导入新课，介绍章节核心概念——种群</td></tr>
</table>

环节二：分享种群密度调查结果	
教师活动 2 组织学生分组介绍小组调查结果	学生活动 2 各小组分别展示本组课外实践活动结果： 1. 展示紫竹院公园车前草种群密度调查结果。 2. 展示巴沟山水园某稻田附地菜种群密度调查结果。 3. 展示校园中几种常见乔木种群密度调查结果。 4. 展示人类活动对车轴草种群分布的影响
活动意图：学生展示调查结果，通过讨论、评价，检验种群密度及调查方法的认知程度，并认识到人类活动对植物种群特征的影响	
环节三：介绍种群密度调查方法	
教师活动 3 基于学生调查活动分享，介绍调查种群密度的常用方法——样方法、标志重捕法。	学生活动 3 基于预习、聆听其他组同学和教师的讲授，完善对调查种群密度的方法——样方法、标志重捕法的认识
活动意图：建立核心概念，学习种群密度的两种调查方法	
环节四：总结	
教师活动 4 【补充介绍】基于学生利用鸟窝数量估计奥林匹克森林公园喜鹊数量的实践活动，介绍其他调查种群密度的方法。 【职业体验】介绍科研人员的野外工作	学生活动 4 学生进一步了解其他调查种群密度的方法。 对科研人员的野外工作有初步认识
活动意图：了解其他调查种群密度的方法，对科研人员的野外工作有初步认识	

2-5-1 调查种群密度（教学片段 1）

2-5-2 调查种群密度（教学片段 2）

案例分析：

本课时教学目标对应单元教学目标中的“说出调查种群密度的方法，并运用样方法等调查某地典型植物的种群密度”，基于课本实践活动“调查草地中某种双子叶植物的种群密度”，开展更具开放性的调查实践活动，充分调动学生积极性，促进学生主动预习、思考和掌握概念，并对自己感兴趣的调查对象开展活动。此外，多变的调查环境和对象，使得调查方法多变，加深了学生对样方法等调查方法本质的理解，还给学生提供了探索新方法的空间，极大地提升了学生的实践能力。通过此课外实践活动，单元教学中关于调查种群密度的重难点能被学生较为轻松地理解，教学目标也得以落实。

（案例提供：苏昊然，中国人民大学附属中学）

3. 基于互联网与学科结合的课外实践活动

21世纪以来，科学技术的发展十分迅猛，生物学课程内容一直紧跟科技前沿、紧跟时代潮流。课堂教学应该向学生展示最新的科技成果，让学生对现代化生物技术有更进一步的认识，课外活动也应该紧跟时代的步伐。利用互联网、数字化实验室等手段，可以开展微观的或学生无法参与的，但是本身具有吸引力和广阔应用前景的课外实践活动。教师可以基于单元教学目标中的某个核心概念，设计学生在课外可以实施的实践活动，并通过录像、网络互传等形式分享实验过程、开展讨论分析，在活动开展和总结过程中逐步落实单元教学目标。

【案例 2】

果酒的制作

下面是在人教版教科书选择性必修3第1章“发酵工程”单元教学过程中开展的“果酒的制作”课外实践活动。利用互联网，围绕单元教学目标设计并实施课外实践活动，促进学生加深对传统发酵原理的认识。本单元共3节，本案例为第1节“传统发酵技术的应用”中的课外实践活动。

1. 选题背景

科学探究包括确定实验目的、设计实验装置、控制变量等环节，这些都是在课堂上通过教师讲授的方式不容易被学生接受和理解的。新版课程标准将“教学过程重实践”作为基本理念，将科学探究作为学科核心素养之一。学生基于对酿制果酒的初步认识，通过课外实践活动进行科学探究，解决具体问题，并借助云平台进行交流和讨论，不断改进、完善并最终形成相对合理的方案，从而实现科学探究素养的发展。

2. 单元教学目标

（1）通过阅读资料、观察流程图，阐述运用传统发酵技术制作果酒、果醋等食品的方法，并在课后动手制作几种发酵产品。

（2）对比传统发酵和现代发酵的异同，了解现代发酵工程的基本流程，阐明如何利用特定微生物、现代工程技术来生产人类所需要的产品。

（3）通过资料的搜集与分享，以及教师讲授的相应实例，举例说明发酵工程在医药、食品以及其他工农业生产上的实例和应用价值。

3. 课时教学目标

（1）通过阅读课本资料、观看图文等，阐述酿酒的原理，并举例说明影响葡萄酒发酵的因素。

（2）选择一个影响酿酒的因素作为自变量，设计可行的实验方案和实验装置，并完成实验；然后通过讨论，明确影响酿酒的因素，对实验方案和实验装置进行恰当的评价和改进，提高学生的动手实践和科学探究能力。

（3）通过查阅资料、动手酿酒，感受中国古代传统酿酒工艺和文化的魅力。

4. 教学过程

课前：实验设计与实施	
教师活动 发布课外实践活动任务：回顾果酒制作的基本原理，并列举可能影响发酵过程的因素。尝试设计一个实验，探究该因素是如何影响果酒发酵的。 活动要求： 1. 以小组为单位设计和实验实施，组长负责统筹。 2. 录制实验装置、实验过程的视频，并上传至指定网盘。 3. 各小组分别观看其他小组实验设计、装置和过程的视频，并与自己的实验方案做对比，提出疑问，对其他方案进行评价（优点、改进建议等）	学生活动 组成课外探究小组，以小组为单位完成如下任务： 1. 复习果酒制作、细胞呼吸（无氧呼吸）相关内容，明确影响发酵过程的因素有温度、酵母菌量等。 2. 选择一个影响发酵的因素，小组讨论并设计实验方案（确定自变量、因变量，及实验装置、实验记录表等），实施实验并录制实验过程视频，上传至指定网盘。 3. 小组成员分别观看其他小组实验设计、装置和过程的视频，提出疑问并进行组内讨论，对其他小组的方案进行评价（优点、改进建议等）
活动意图：基于果酒制作、无氧呼吸的课内知识，设计并实施科学探究实验，研究温度等因素对发酵产生的影响，落实、拓展课内理论，提升科学探究能力	
环节一：导入	
教师活动 1 【创设情境】运用古诗创设情境，引入本节课的教学内容	学生活动 1 通过古诗中有关酒的描述，在脑中形成画面
活动意图：通过酒的引入，引起学生对中国传统文化的兴趣	
环节二：回顾酿酒原理	
教师活动 2 【回顾概念】通过问题串带领学生复习制作果酒的原理，并播放录制酿酒原理的微课	学生活动 2 思考并回答问题，复习和理解制作果酒的原理
活动意图：复习制作果酒的原理	
环节三：设计酿酒装置	
教师活动 3 【指导操作】引导学生观看和评价云空间中的酿酒装置；指导学生设计并画出自己的酿酒装置	学生活动 3 观看云空间中的酿酒装置，比较不同小组的酿酒装置，然后自行设计并画出酿酒装置
活动意图：观看并自行设计酿酒装置	
环节四：讨论实验过程	
教师活动 4 【讨论与完善】引导学生观看云空间中的酿酒视频，小组内讨论两个实验问题。上传同学的作业，现场展示并点评观看视频和讨论后的答案	学生活动 4 观看视频，总结实验目的、自变量、因变量和无关变量。写出自己的答案，在小组讨论后对答案进行修改。全班进行点评，进一步修订答案
活动意图：明确实验目的、自变量、因变量和无关变量，讨论如何操作才能防止杂菌污染	
环节五：酒精度测定与小组展示	
教师活动 5 提出问题：如何测定酒精度？ 引发学生思考，引导小组展示酒精度的测定方法和结果	学生活动 5 思考怎样测定酒精度，然后查阅资料，回答问题。 观看并聆听班级其他同学的小组汇报
活动意图：通过小组讨论和展示，学习测定酒精度的方法	

案例分析：

本课时的主要教学目标对应单元教学目标中的“阐述运用传统发酵技术制作果酒、果醋等食品的方法，并在课后动手制作几种发酵产品”。教师基于课内概念，组织学生开展课外实践活动，以学生为活动主体，自主选题、设计、实施课外实践活动。教师通过实践活动落实课内概念，同时将其深化为一个自主探究过程，提升了学生的科学探究能力。此外，充分利用互联网平台展示小组实验过程，组织学生观察、思考、评价，在讨论中加深对概念的认知。在后续课堂教学中，教师应充分调动学生积极参与讨论、主动发表意见，将每个实验方案的优点、待改进之处均讨论清晰，逐步实现课时教学目标和单元教学目标。

（案例提供：马磊，中国人民大学附属中学）

【研修作业】

1. 结合自身教学实践，与同事分享自己曾经组织过的课外实践活动，分析其对单元教学的作用和意义，以及可改进之处。

2. 选择本学期将要授课的单元或章节，设计一个与单元教学相匹配的课外实践活动。

2-6 如何通过学习活动发展学生的科学探究素养？

科学探究是一种科学实践活动，学生的科学探究应是一种与科学家所从事的科学研究相似的实践活动，学生科学探究素养的提升需要在学习中积极参与科学探究活动。这个关键问题的提出旨在引导教师通过设置恰当的活动，培养和发展学生的科学探究素养。通过这个关键问题的分析和解决，希望教师能够：

- 理解科学探究素养的内涵。
- 拓宽发展学生科学探究素养的实施路径。

教学关键问题分析

一、如何理解科学探究素养

科学探究素养包括科学探究能力、对科学探究的认知和相关的情感意识三个方面的要素。在这些要素中，科学探究能力旨在用于提出和解决科学问题，对培养从事科学研究的科技创新人才是十分重要且必要的。而普通公众所需要的科学探究素养更多的是对科学探究的认知，以及严谨求实、批判质疑、交流合作、实践创新等情意品质。①

科学探究活动既不是单纯的科学方法和技能的训练，也不是简单划一地按照固定程序进行操作的实验，而是包括认知、社会交往、身体动作等身心活动的鲜活实践。

科学探究素养的提升需要学生在生物学课程的学习中积极参与科学探究活动。教师在指导学生探究活动时，不能将目标仅锁定在对探究技能的掌握上，而要在培养学生探究能力的同时，增进学生对科学探究的理解，使学生乐于探究、善于合作，包容不同观点，不迷信、不盲从，勇于提出自己的见解。

当前的社会背景和教育现实是，我国公民的科学探究素养总体不高，且有相当一部分教育工作者还不能很好地基于证据和逻辑进行论证。②

二、新版课程标准的要求

新版课程标准明确提出了要通过探究活动培养学生的实践能力。其基本理念之一是“教学过程重实践”，即让学生积极参与动手和动脑的活动，通过探究性学习或完成

---

① 赵占良．对生物学学科核心素养的理解（三）：科学探究与实践［J］．中学生物教学，2020（5）：4-7.

② 谭永平．再论科学的本质与中学生物教学［J］．中学生物教学，2017（13）：8-10.

工程学任务，加深对生物学概念的理解，提升应用知识的能力，培养创新精神，进而能用科学的观点、知识、思路和方法，探讨或解决现实生活中的某些问题。

实践的内容包括科学探究和工程学实践两个方面。探讨或解决现实生活中的某些问题则揭示了实践的实质和意义。前者指向寻求对自然现象的认识和解释，解决“是什么”和“为什么”的问题；后者指向设计和制造自然界没有的产品，解决“怎么做”的问题。新版课程标准中与“科学探究”相关的内容如表 2-6-1 所示。

表 2-6-1　新版课程标准中与“科学探究”相关的内容

课标中的位置	页码	与“科学探究”相关的内容
一、课程性质与基本理念 （二）基本理念 1. 核心素养为宗旨	2	着眼于学生适应未来社会发展和个人生活的需要，从生命观念、科学思维、科学探究和社会责任等方面发展学生的学科核心素养，充分体现本课程的学科特点和育人价值，是本课程的设计宗旨和实施中的基本要求
二、学科核心素养与课程目标 （一）学科核心素养	4	学科核心素养是学科育人价值的集中体现，是学生通过学科学习而逐步形成的正确价值观、必备品格和关键能力。生物学学科核心素养包括生命观念、科学思维、科学探究和社会责任
二、学科核心素养与课程目标 （一）学科核心素养 3. 科学探究	5	“科学探究”是指能够发现现实世界中的生物学问题，针对特定的生物学现象，进行观察、提问、实验设计、方案实施以及对结果的交流与讨论的能力。学生应在探究过程中，逐步增强对自然现象的好奇心和求知欲，掌握科学探究的基本思路和方法，提高实践能力；在探究中，乐于并善于团队合作，勇于创新
二、学科核心素养与课程目标 （二）课程目标	6	学生通过本课程的学习……掌握科学探究的思路和方法，形成合作精神，善于从实践的层面探讨或尝试解决现实生活问题……
三、课程结构 （一）设计依据 2. 以发展学生生物学学科核心素养为宗旨，构建课程内容	7	基于学生在“生命观念”“科学思维”“科学探究”和“社会责任”等方面应有的表现，精选必修、选择性必修和选修的课程内容，设计各模块的教学目标及学业要求，以全面落实生物学课程的育人功能
四、课程内容 （一）必修课程 模块 1 分子与细胞 【学业要求】	15	观察多种多样的细胞，说明这些细胞具有多种形态和功能，但同时又都具有相似的基本结构（生命观念、科学探究）； 观察处于细胞周期不同阶段的细胞，结合有丝分裂模型，描述细胞增殖的主要特征，并举例说明细胞的分化、衰老、死亡等生命现象（生命观念、科学探究、社会责任）
四、课程内容 （一）必修课程 模块 2 遗传与进化 【学业要求】	18	基于证据，论证可遗传的变异来自基因重组、基因突变和染色体变异（科学思维、科学探究）； 运用统计与概率的相关知识，解释并预测种群内某一遗传性状的分布及变化（科学思维、科学探究）
四、课程内容 （二）选择性必修课程 模块 1 稳态与调节 【学业要求】	23	基于植物激素在生产生活中应用的相关资料，结合植物激素和其他因素对植物生命活动的调节，分析并尝试提出生产实践方案（科学探究、社会责任）

续表

课标中的位置	页码	与“科学探究”相关的内容
四、课程内容 （二）选择性必修课程 模块 2 生物与环境 【学业要求】	27	从生态系统具备有限自我调节能力的视角，预测和论证某一因素对生态系统的干扰可能引发的多种潜在变化（生命观念、科学探究、社会责任）； 分析或探讨人类活动对自然生态系统动态平衡的影响及人工生态系统带来的经济、生态和社会效益，并尝试提出人与环境和谐共处的合理化建议（生命观念、科学探究、社会责任）
四、课程内容 （二）选择性必修课程 模块 3 生物技术与工程 【学业要求】	31	针对人类生产或生活的某一需求，在发酵工程、细胞工程和基因工程中选取恰当的技术和方法，尝试提出初步的工程学构想，进行简单的设计和制作（生命观念、科学探究）
四、课程内容 （三）选修课程 现实生活应用 7. “地方特色动植物研究” 模块开设建议	37	教学应以培养学生实践能力为宗旨……通过实践探究，培养学生了解动植物资源开发的相关技能，掌握科学探究的基本过程和方法……
五、学业质量 （一）学业质量内涵	51	学业质量是学生在完成本学科课程学习后的学业成就表现。……高中生物学学业质量标准是依据生物学学科核心素养中的生命观念、科学思维、科学探究和社会责任的四个维度及其划分的水平，结合必修课程和选择性必修课程的重要概念、方法等对学生学习相应的课程后所表现出的核心素养水平的描述
六、实施建议 （一）教学与评价建议 1. 教学建议	56	1. 1 高度关注生物学学科核心素养的达成 培养学生生物学学科核心素养是本课程的价值追求，也是课程预期的教学目标。核心素养所涵盖的生命观念、科学思维、科学探究、社会责任四个方面的基本要求……
	57	1. 2 组织以探究为特点的主动学习是落实生物学学科核心素养的关键 以探究为特点的教学不仅会直接影响核心素养中“科学思维”“科学探究”的落实，也会间接影响另外两个核心素养的达成。因此，生物学教学不仅是教师讲解和演示的过程，也是师生交流、共同发展的互动过程。教师应该提供更多的机会让学生亲自参与和实践，重视信息化环境下的学习。这种有目的、有步骤的学生自主学习活动主要包括对生物及其相关事物进行观察、描述、提出问题、查找信息、提出假设、验证假设、思维判断、作出解释，并能与他人合作和交流等。在此过程中，培养学生的创新精神和实践能力。 在引导和组织学生进行上述探究性学习时应注意以下事项。探究性学习不是全部的教学活动。教师应结合具体的教学内容，采用多种不同的教学策略和方法，达到教学目标。(1) 需要为探究性学习创设情境。例如，提供相关的图文信息资料、数据，或呈现生物的标本、模型、生活环境的图片或影像资料，或从学生的生活经验、经历中提出探究性的问题，或从社会关注的与生物学有关的热点问题切入。(2) 应该鼓励学生自己观察、思考、提问，并在提出假设的基础上进行探究活动方案的设计和实施。在小组合作探究时，教师应兼顾不同发展水平的学生，成员间要分工明确并适时调整，使每一成员都有机会担任不同的角色。(3) 注意探究性学习活动的课内、外结合。教师应有计划地安排好需要用一定时间才能完成的课外活动，包括必要的调查、访问、参观、资料收集整理以及观察记录等。(4) 重视探究性学习报告的完成和交流。教师应培养学生通过文字描述、数字表格、示意图、曲线图等方式完成报告，组织交流探究的过程和结果，并进行适当的评价。(5) 充分利用信息技术提高课堂教学效率。信息技术的快速发展为生物学课堂提供了诸如图片、视频、模拟实验等丰富多样的教学资源。充分利用以“互联网+”为代表的教育技术可在一定程度上减少主动学习活动对实验耗材及相关场地条件的依赖。教师应充分利用这一技术优势，开展多种形式的主动学习活动，提高教学效果

续表

课标中的位置	页码	与“科学探究”相关的内容
六、实施建议 （一）教学与评价建议 2. 评价建议	62	2.2 评价内容 （3）学生科学探究的能力。学生是否具备了观察能力、发现问题的能力、设计和实施探究方案以及探究结果的分析、交流等能力
（四）教科书编写建议 2. 教科书内容的选择	66	（5）重视科学探究活动的设计。科学探究活动对于培养学生创新思维和实践能力具有不可替代的作用，教科书编写应着力研究、精心设计，使探究活动真正起到激发思维、培养能力的作用。科学探究活动的设计和安排应当以探究能力的培养为重要线索，应当在设计教科书知识体系的同时，设计较完整的探究能力体系，将两者进行整合，使之形成有机的整体。就某一具体教学内容来说，究竟设计为哪一种类型的活动，要视内容特点、学生基础和学校条件而定
（四）地方和学校实施本课程的建议 4. 加强生物学实验室的建设	71	为着力培养学生的生物学学科核心素养，尤其是科学探究和生物学实践能力，应加强生物学实验教学和探究式教学，增加学生动手实践和体验的机会。地方和学校应按照课程的要求，加强生物学实验室和学生实践活动基地的建设
附录 1 学科核心素养水平划分 素养 3：科学探究	75	水平四：能够恰当选用并熟练运用工具展开观察；针对日常生活的真实情境提出清晰的、有价值的、可探究的生命科学问题或可达成的工程学需求；基于对相关资料的查阅，设计并实施恰当可行的方案；运用多种方法如实记录，并创造性地运用数学方法分析实验结果；能够在团队中起组织和引领作用，运用科学术语精确阐明实验结果，并展开交流

教学关键问题解决

杜威在《我们怎样思维》一书中指出：思维最主要的一个功能就是在新情境中解答问题、排除疑虑，整个思维的过程其实就是梳理、分析和解决问题的过程，即人的思维始于疑问。创设适宜的学习情境有助于发展学生的核心素养。好的生物学学习情境应具有真实、理蕴、适宜、情深、意远等特点。利用生活经验、针对前科学概念、利用科学史、利用科技新进展等都可以创设合适的学习情境。①

发展学生科学探究素养，还需要引导学生尊重事实和讲究证据，形成崇尚严谨务实的求知态度。在一定的情境之下，科学设计实验方案，通过增加或减少某种处理方法来设置实验组，如采用阳性和阴性对照，或采用相互对照，利用恰当的方法检测数据，以定性、半定量或定量的方式如实记录实验结果，并作为证据精确呈现出来。

科学探究不等价于实验操作，教师应避免将提升科学探究素养等同于掌握流程化的操作，应注重探究中的思维训练，从证据到结论进行严谨的逻辑推理，综合提升学生的科学探究能力。科学认识活动中的科学思维，通过定性实验、结构分析实验等，揭示科学研究对象的性质、结构和功能；通过析因实验、判决实验、回溯推理，揭示事物间的因果联系，并由此说明原因；运用归纳与演绎、分析与综合、比较与类比、

① 谭永平．试论中学生物学教材和教学中的情境创设［J］．中学生物教学，2019（11）：8-10.

收敛思维与发散思维等，揭示事物演化发展的规律性。[①] 然后展开讨论和交流，在沟通中优化实验方案，进一步论证结果与结论的一致性，交流所发现的新问题。

总体说来，基于有意义的情境、通过实验搜集可靠的证据、以严密的逻辑论证结论、展开充分的交流讨论，是发展学生科学探究素养的着力点。具体可以从以下几个方面展开。

一、用好教科书中的基础实验

人教版教科书中设置的“探究·实践”活动，主要用于提升学生的科学探究素养，大体可分为验证性实验和探究性实验两类。两者都有实验操作指导和思考讨论题，注重引导学生在实践中建构概念、提升能力，培养社会责任感。

教科书中的探究性实验兼顾了学生的素养进阶发展。教师在教学过程中引导学生完成探究过程时，要依据学情有所侧重。例如，“探究植物细胞的吸水和失水”，注重引导学生基于真实情境、提出有价值的问题，并结合所学知识作出合理假设；“探究过氧化氢在不同条件下的分解速率”，注重引导学生进行变量分析，学会设置空白对照组与实验组，通过比较组间的结果差异，论证自变量与因变量的关系；“探究影响酶活性的条件”，特别注重引导学生自主、合作完成探究活动的各个过程；“探究酵母细胞呼吸的方式”未设置对照组，需要学生对比两个实验组的结果，推断结论；“观察根尖分生区组织细胞的有丝分裂”，要求学生以绘图、计数等形式如实记录所观察的结果；“建立减数分裂中染色体变化的模型”，要求引导学生借助橡皮泥、扭扭棒等材料进行模拟操作，建构减数分裂的过程模型；“探究抗生素对细菌的选择作用”，要求学生除了通过动手实验建构生物进化的概念模型之外，更重要的是应用所建构的模型，解释或解决生活中诸如滥用抗生素等实际问题。

验证性实验更侧重对已有概念进行检验或应用，有助于培养学生的逻辑推理能力、归纳与概括能力等，但较难全方位提升学生的科学探究素养。在教学中，教师可以创设与学生体验相近的鲜活情境，将部分验证性实验转化成探究性实验。例如，在完成“绿叶中色素的提取和分离”实验时，让学生结合身边的现象提出一些相关的科学问题，然后作出假设并开展探究实验，如“探究黄叶中的色素种类及含量”“探究紫甘蓝叶片中的色素种类及含量”等。“制作 DNA 双螺旋结构模型”是典型的验证性实验，安排在完成 DNA 结构学习之后，可以巩固、检验学生的学习效果。如果在讲授 DNA 结构之前开展该实验，学生就需要综合分析、比对前人的实验数据，作出假设、推理并动手验证，合作完成模型建构，在探究过程中重走科学家科研之路，既能提升探究能力，又能体悟科学精神。

二、开发与还原经典科学史实验

生物科学史是科学家探索生命世界的精彩历程，人类认识的发展、科学思维的光

① 刘国建. 论理论思维与科学思维［J］. 自然辩证法研究，2006（8）：104-108.

辉、科学探究的价值、服务和造福人类的高尚情怀等都蕴含其中。

教科书在正文、“生物科学史话”和“思考·讨论”等多处呈现了科学史案例，要求学生研究给定资料，并结合数据结果推断结论。教师从培养学生的科学探究素养角度考虑，有助于提升学生对科学探究的认知和相关的情感认识，但难以全面提升学生的科学探究能力。经典科学史的很多重大研究，要么对设备要求高、要么耗时长，在中学课堂中难以实现，但也有一些研究可以采用类比实验、模拟实验、技术革新或只展示关键环节等方式重现，让学生能够亲身参与，并在观察、实验、调查、制作等活动中加深体验和感悟。

例如，在“对生物膜成分的探索”“对生物膜结构的探索”“人类对通道蛋白的探索历程”等教学中，可以结合资料，以气泡膜为实验材料开展生物膜类比实验。气泡的主要成分与磷脂分子类似，结构与囊泡类似。在光下向气泡膜上吹气，我们可以观察到光斑的运动，可用于模拟流动性、荧光淬灭实验、荧光蛋白标记的人鼠细胞融合实验。气泡还可用于模拟细胞的变形、缢裂、囊泡形成、胞吐过程、细胞融合、水通道蛋白控制水出入细胞等过程。从化学成分、形态、结构、流动性、过膜过程等方面考虑，将气泡膜与生物膜类比具有科学性，在教学中具有实用性。[①] 学生在童年时几乎都玩过气泡，进行与学生生活体验密切相关的实验，有利于将学生引入探究情境。

又如，在神经调节的起始课，可剥离蛙的坐骨神经，利用传感器和生物信号采集系统，开展有关生物电的探究实验；在遗传规律的起始课，可以提前购置豌豆或玉米杂交实验的子代种子，从统计数据引入。

【案例 1】

行走的磷脂分子——生物膜的成分、结构与功能探索（节选）

1. 学习内容分析

有关生物膜的内容分布在教科书的多个章节，有利于学生循序渐进地学习知识和从不同角度阐述生物现象，但也无形中造成了知识割裂，成为教学内容处理的一个难点。生物膜的成分、结构、功能知识之间有着自身的逻辑关联。

2. 学生情况分析

学生无法用肉眼或者借助光学显微镜直观地观察生物膜，会形成一定认知障碍。学生有一些直观的生活体验，如童年时玩的泡泡。

3. 教学目标确立

（1）完成生物膜类比实验，结合科学史资料分析，自主建构生物膜的“流动镶嵌模型”。

（2）参与动手和动脑活动，通过观察现象、提出问题、合理设计并开展实验、合理推理结论，提升科学探究能力。

---

① 侯峰，张艳霞，于君雅．在高中生物学教学中开展生物膜科学类比实验的探索［J］．生物学通报，2016，51（7）：17-20.

(3) 通过分析磷脂分子与生物膜结构和功能的关联，认同生命的物质性以及结构与功能的统一性。

4. 教学准备

(1) 实验用品准备

实验用具（2人1组）：托盘、镊子每组各1个，长吸管、短吸管（长5 cm）每组各2根，卫生纸若干，胶头滴管每组3根，玻璃球每组4个。

试剂：泡泡液、低浓度酒精（10%）、清水、植物油，每组1份。

(2) 课堂教学准备

学案每人1份、PPT（含图片、视频、动画等）、流动镶嵌模型。

5. 教学流程

"生物膜"单元教学流程如图2-6-1所示。

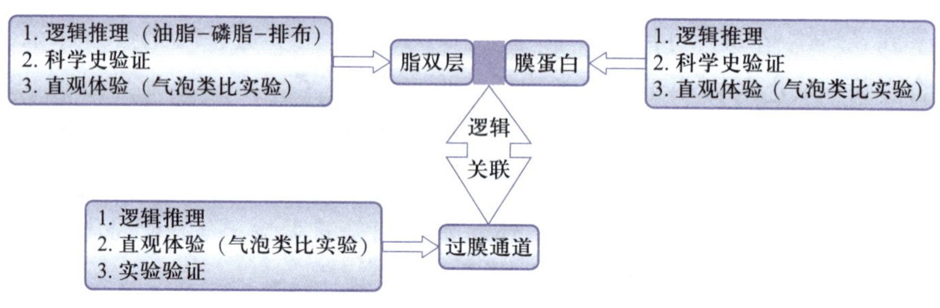

图2-6-1 "生物膜"单元教学流程

6. 教学过程

教学环节与素养目标（一）	1. 探索构成生物膜的物质（逻辑推理） 2. 探索生物膜的结构（逻辑推理） 3. 探索生物膜的结构（科学史验证） 4. 探索生物膜的结构（直观体验）		
教学内容	教师活动	学生活动	教学意图
类比实验：膜的流动性及流动性的意义	制作一两个气泡，并指出生物膜是水与水之间的脂质膜，泡泡是气与气之间的油水混合物膜，两者在结构上具有高度相似性（图2-6-2），以泡泡模拟细胞或囊泡，以泡泡膜模拟细胞膜或囊泡膜具有一定的科学性。 指导学生动手操作并观察实验现象。 【视频】【图片】展示与流动性密切相关的几种生命活动。 将学生动手实验的过程与相应的生命活动过程作比较，以直观动作和具体形象的方式引导学生直观体验生物膜的流动性，例如，气泡变形与白细胞穿过血管壁的过程，气泡切割与动物细胞缢裂（图2-6-3），气泡合并与细胞融合（图2-6-4），泡中泡与细胞核移植技术等	【实验】生物膜流动性类比实验 1. 观察泡泡表面色彩带的运动 2. 改变泡泡形状 3. 将一个泡泡切分为两个 4. 将两个泡泡合并为一个 5. 在大泡泡内放置一个小泡泡 6. 向泡泡内吹气使其膨胀 7. 将泡泡胀裂 小组合作，完成实验过程并观察实验现象，观看视频或图片，分析类似过程对生命活动的影响，形成直观认识	遵循中学生的思维发展规律，将学习所需的思维水平由抽象逻辑思维水平拓宽至具体形象思维水平，并通过气泡类比实验进一步拓宽至直观动作思维水平

续表

教学环节与素养目标（二）	1. 再探生物膜的成分及结构（逻辑推理） 2. 再探生物膜的成分及结构（科学史验证） 3. 阶段小结——流动镶嵌模型 4. 探索生物膜的功能（逻辑推理） 5. 探索生物膜的功能（直观体验）		
教学内容	教师活动	学生活动	教学意图
类比实验：物质过膜	以泡泡膜类比生物膜，以插在气泡膜上的短吸管类比通道蛋白，以玻璃球模拟大分子。 引导学生观察实验过程，联系前一环节推理形成结论，并进一步总结和体验物质过膜方式及其对物质过膜的影响。 展示磷脂分子尾部摆动示意图（图 2-6-8） 磷脂分子尾部摆动给水分子跨膜以可乘之机	【实验】物质过膜类比实验 1. 用胶头滴管将水滴加在气泡的边缘或顶部，观察水分子进入气泡的情况（图 2-6-5） 2. 使用现有器具制作一个帮助水分子快速进入细胞的通道（图 2-6-6） 3. 将玻璃球放进气泡中央，并保持气泡完整（图 2-6-7） 通过实验，观察、分析并直观体验。 1. 观察水滴在气泡边缘时大部分被弹出的情形，体会水滴跨气泡膜的难度；观察水滴在气泡顶部形成的无斑区，体会胞饮过程 2. 将粗细不同的吸管插在膜上充当水通道，感受协助扩散过程。进一步想象，若吸管内能装上水泵，则可以在一定范围内控制物质跨膜的速度与方向，体会主动运输过程 3. 体会在玻璃球表面涂泡泡液前后玻璃球跨膜的难度；感受胞吞的过程	1. 拓宽学生思维发展水平，以直观动作思维水平的实验诠释、验证抽象逻辑思维水平的推理结论，更有利于学生理解和掌握 2. 有利于学生认同生命的物质性以及结构与功能的统一性
教学环节与素养目标（三）	探索生物膜的功能——实验验证（略）		
课堂小结			

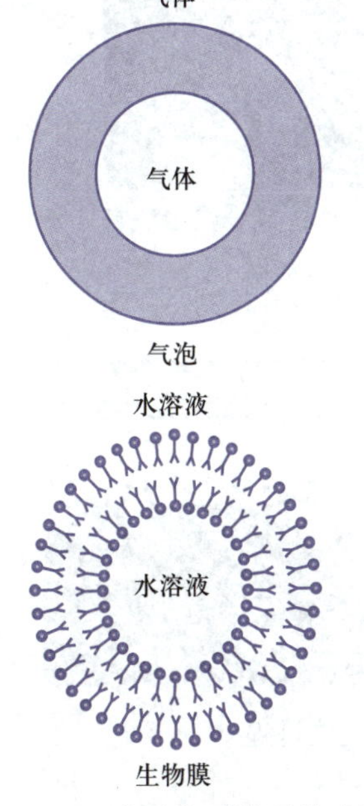

图 2-6-2　气泡与囊泡结构比较

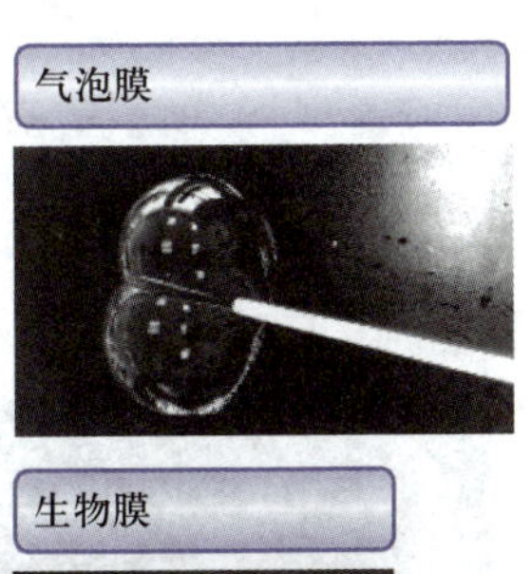

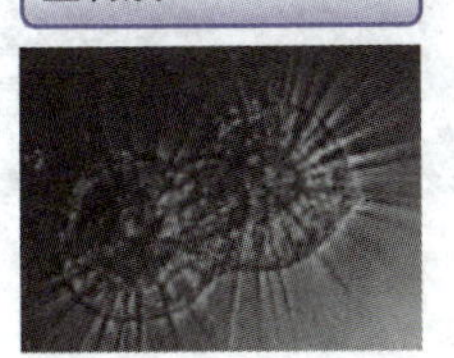

图 2-6-3　模拟缢裂过程

气泡膜

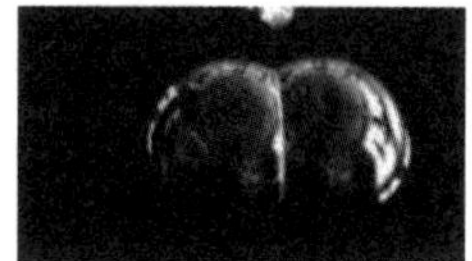

加酒精诱导

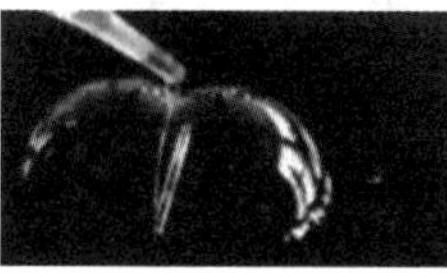

加水诱导

生物膜

- 细胞融合（PEG诱导）
- 细胞融合（振动、电激离心）
- 胞吐
- 囊泡与细胞器的合并
- 溶酶体的对内消化

图 2-6-4　模拟细胞融合

气泡膜

生物膜

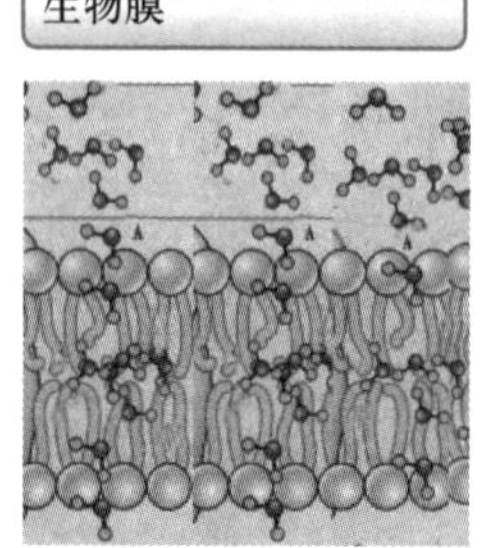

图 2-6-5　模拟水分子跨过脂双层

气泡膜

生物膜

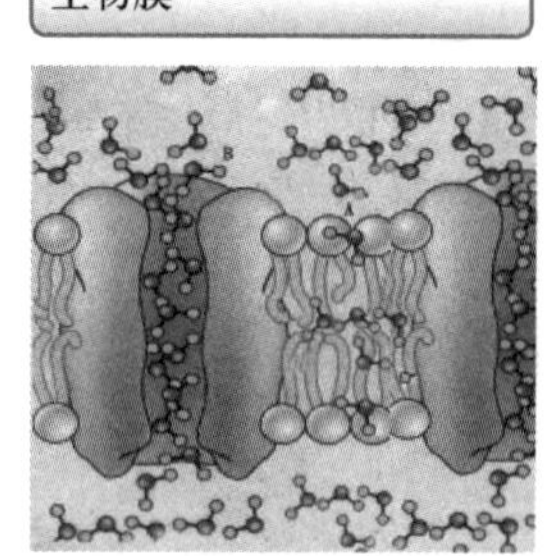

图 2-6-6　模拟水通道蛋白作用

气泡膜

- 表面涂满泡泡液的玻璃球

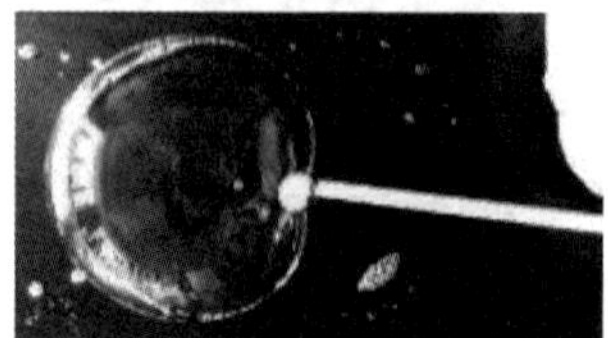

生物膜

- 胞吞

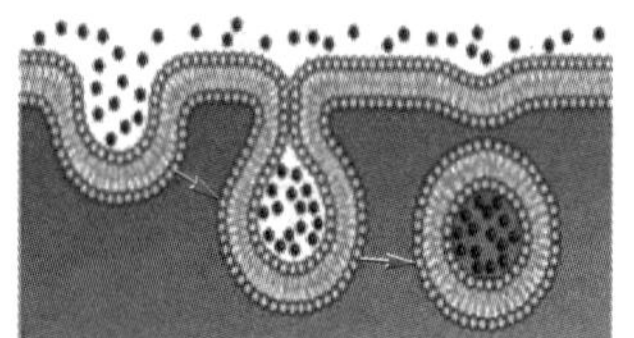

图 2-6-7　模拟胞吞、胞吐过程

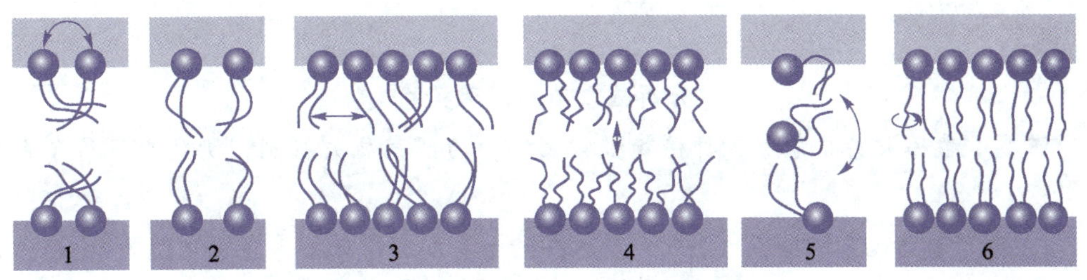

图 2-6-8　磷脂分子尾部摆动示意图

2-6-1　生物膜流动性类比气泡实验集锦 1

2-6-2　生物膜流动性类比气泡实验集锦 2

案例分析：

相对于常规课堂，本案例最大的亮点是气泡类比实验。教师通过动手实验，将原有的局限于抽象逻辑思维和具体形象思维水平的教学活动，又向下拓宽至直观动作思维水平，并且互为补充，符合中学生思维发展规律，同时使以间接经验为主的知识有了直接经验的来源和根基。在教学过程中，教师引导学生对知识进行概括，适当运用变式思维、同类比较、异类比较等方法，提升学生的科学思维品质；以物理结构类比生命结构，更有利于学生认同生命的物质性以及结构和功能的统一性，进而帮助学生树立辩证唯物主义世界观；细胞生物学研究也进入分子水平，教师在教学中组织观察、实验等探究性学习活动，有助于帮助学生增加感性认识，克服认识微观结构的困难；结合生物个体水平的知识、化学和物理知识以及学生的生活经验，有助于突破学习难点。

（案例提供：侯峰，北京市育英学校）

三、分析经典试题中的实验案例

根据国务院颁布的《关于深化考试招生制度改革的实施意见》，教育主管部门提出了“一核四层四翼”的高考评价体系，“一核”即高考评价体系，“四层”为必备知识、关键能力、学科素养、核心价值，“四翼”为基础性、综合性、应用性、创新性。

按照高考评价体系的精神命制的实验探究类高考题、模拟题，情境新、贴近生产生活实际，一道试题往往可以通过一个完整的科学探究过程，解决一个或一类问题。在教学中，教师引导学生获取图形、表格、文字等内容中的关键信息，跟随命题思路，从科学探究的角度全面分析题目，可以较快速地提高学生的探究能力、认知和情感。

根据学生素养发展状况，结合教学需要，教师有针对性地选编、改编或创编一部分高质量的试题，有助于促进学生补齐短板，提升学生的科学探究素养水平。

【案例 2】

分析试题中的探究实验

试题 番茄果实发育受多种植物激素影响，为研究相关机制，研究者进行了系列实验。

① 研究者发现未授粉及授粉 8 天后番茄的子房发育情况差异显著（图 2-6-9）。番茄授粉后，发育的种子所产生的生长素能________子房发育为果实。

② 研究者同时检测了授粉与未授粉番茄雌蕊产生乙烯的速率。图 2-6-10 结果为________。结合图 2-6-9 和图 2-6-10 的结果，推测乙烯对子房发育具有________作用。

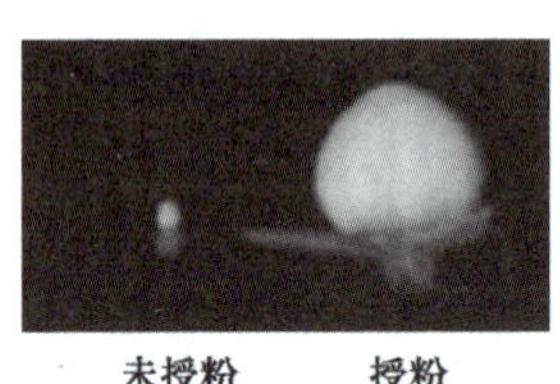

图 2-6-9 授粉后 8 天

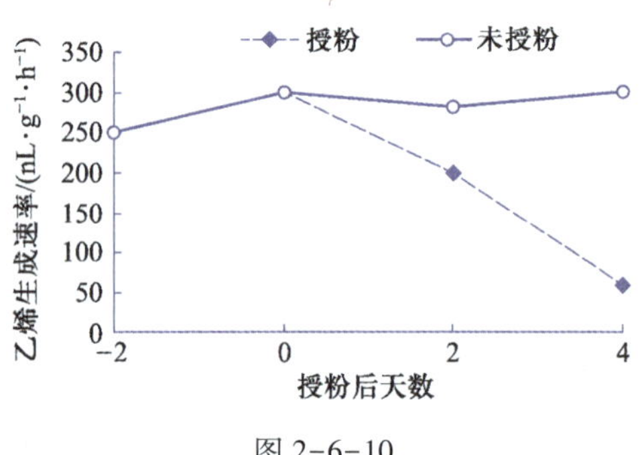

图 2-6-10

【典型错误】

（1）不会用准确的语言描述数据，写不出“基本不变”“无明显变化”“显著下降”，而是写先降后升、缓慢上升、下降到 0 等。

（2）逻辑分析不深入，无法从检测指标“乙烯生成速率”准确推断因变量是“乙烯生成（合成）速率”，不少学生写成“乙烯含量”等。

（3）忽略对照实验中实验组设置的“加法”“减法”原则，只描述了授粉情况、没有写未授粉情况，没有体现出组间结果的比较，如“授粉后乙烯生成速率显著降低”。

【试题分析】

命题背景：植物生命活动调节。

① 分析题目给定的文字和图像信息，将实验方案整理如表 2-6-2 所示。

表 2-6-2

组别	操作	自变量	检测指标	因变量	结果
未授粉组	无	授粉→双受精→形成发育中的种子→产生生长素	8 天后的果实体积	果实发育	小
授粉组	授粉				显著大

本实验的结果为：8 天后，授粉组的番茄果实体积显著大于未授粉组。

进一步分析，可得出实验结论：番茄授粉后，发育的种子所产生的生长素能促进子房发育为果实。

② 结合题目文字及图表信息，将实验方案整理如表 2-6-3 所示。

表 2-6-3

组别	操作	自变量	检测指标	因变量	结果
未授粉组	无	授粉→双受精→形成发育中的种子→产生生长素	乙烯生成速率	同左	如图 2-6-9 中的实线
授粉组	授粉				如图 2-6-9 中的虚线

实验结果可表述为：0~4 天，未授粉的番茄雌蕊乙烯生成速率基本不变；授粉情况下，随着授粉天数的增加，乙烯生成速率逐渐下降；或者，授粉后各时段番茄雌蕊的乙烯生成速率均低于未授粉组。

通过进一步分析，可得出实验结论：番茄授粉后，发育的种子所产生的生长素能抑制番茄雌蕊产生乙烯。

进行进一步的科学推测："生长素通过抑制番茄雌蕊产生乙烯、降低乙烯含量，促进子房发育为果实。""乙烯抑制子房发育为果实"。

案例分析：

本题主要考查学生解读信息的能力，要求学生准确获取、加工、内化题目信息后作答，在此基础上考查学生的复杂推理能力，由简单关系推理出几个变量之间可能的逻辑关系。

将问题类型适度归类，分专项进行训练，如实验变量专项分析、实验方案设计训练、实验结果分析与讨论等，也是发展学生学科核心素养的有效路径之一。

四、协助学生开展微课题研究

源自学生生活的真实情境问题更能激发他们的探究欲望。教师在教学中应鼓励学生动脑、动眼、动手、动口，针对有兴趣、有价值的课题开展探究实验，获得第一手实践经验，从而培养学生的实践能力、科学思维和创新精神。

微课题研究还有助于将优秀学生推向科技创新活动，为培养青少年科技创新人才奠定基础，使学生在基础教育阶段体验科研过程，激发科学兴趣，树立科学志向。

【案例 3】

探究抗体的作用——羊血凝集实验

1. 活动内容分析

在活动中，渗透实验的基本理论和方法（梯度稀释）、实验技术（离心），在科学探究中逐步渗透科学思维。

2. 学情分析

学生爱动手、爱探究，通过实验体验有助于巩固、积淀所学习的体液免疫过程。学生在必修 1 中学习了离心、梯度稀释等相关技术方法的理论，通过实验操作可以进一步体会和理解这些技术方法的实际应用。

3. 活动目标

（1）通过阅读药品说明书、查找资料，了解抗凝血等陌生概念的含义，养成严谨的生活态度。

（2）通过实验活动，熟练掌握离心、梯度稀释、水浴等基本实验方法和技术，能对实验现象进行分析讨论、得出结论，讨论提出实验改进建议。

（3）结合实验结果和所学知识，写出保障疫苗安全的措施，解决生产生活中的真问题。

（4）在交流、沟通、分享中提升合作能力。

4. 活动设计

<table>
<tr><th colspan="2">环节一：从疫苗问题引入</th></tr>
<tr><td>教师活动 1
从疫苗问题引入，让学生思考疫苗从生产到接种要经过哪些环节，这些环节出现的哪些问题容易导致疫苗失效或者带来危险。
我们可以通过什么方式模拟疫苗因运输不当、储存温度不合适而导致失活？
由于疫苗研发成本很高，我们需要用有限的疫苗拯救更多的人，因此研究疫苗的最佳浓度至关重要。那么我们如何才能得到最佳疫苗浓度呢？</td><td>学生活动 1
在思考过程中提出疫苗在生产时的浓度、运输储存的温度等都可能影响疫苗中抗原、抗体等大分子的活性和作用效果。
预设答案：高温灭活、常温放置、不同温度处理等。
进行抗体的梯度稀释</td></tr>
<tr><td colspan="2">活动意图：从与生活密切相关的疫苗直入主题，引导学生思考可以通过改变哪些条件模拟“不安全”疫苗的可能来源，并简单设计和实施实验</td></tr>
<tr><th colspan="2">环节二：羊血细胞预处理</th></tr>
<tr><td>教师活动 2
由输血问题引出抗血清内含抗体，可以促进具有相应抗原的红细胞凝集，为实验材料羊血细胞和抗血清的使用做铺垫。
引导学生观察羊血（抗凝血）的说明书，熟悉血液成分和抗凝剂的作用，明晰利用离心作用分离红细胞的原理，并使用生理盐水对羊血细胞进行三次清洗的预处理</td><td>学生活动 2
学会看说明书，回顾血液成分、血细胞抗原所在位置和离心技术，熟悉实验流程，并动手操作</td></tr>
<tr><td colspan="2">活动意图：引导学生学习看试剂说明书，查资料领会陌生概念；学习细胞清洗、离心等基本操作</td></tr>
<tr><th colspan="2">环节三：免疫血清的预处理</th></tr>
<tr><td>教师活动 3
1. 讲解抗血清的梯度稀释方法
血清梯度稀释如图所示。
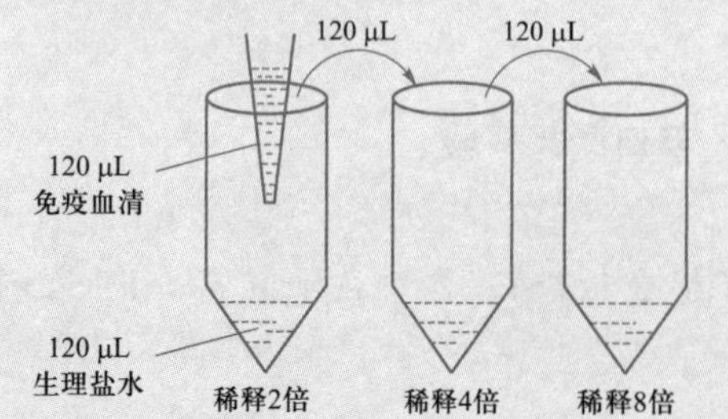

2. 简单讲解抗血清的加热处理方法
将血清进行 5 分钟高温灭活处理后再将其放置于冰上</td><td>学生活动 3
体会梯度稀释和移液器吹吸混匀的方法，并熟悉在冰上进行相应的操作。
进行抗血清加热处理</td></tr>
<tr><td colspan="2">活动意图：学生练习梯度稀释抗体的技术，操作过程均保持低温条件</td></tr>
</table>

续表

<table>
<tr><th colspan="2">环节四：抗血清凝集血细胞实验及结果观察</th></tr>
<tr><td>教师活动 4
引导学生按照操作顺序规范地进行抗血清凝集血细胞实验。
1. 梯度稀释的抗体凝集抗原实验
生理盐水　抗A血清　1/2抗A　1/4抗A　1/8抗A　1/16抗A
生理盐水　抗B血清　1/2抗B　1/4抗B　1/8抗B　1/16抗B
2. 不同温度处理的抗原抗体凝集实验
4℃　25℃ 24h　25℃ 48h　25℃一周以上
95℃　37℃ 24h　37℃ 48h　37℃ 一周以上
注：每组做抗 A 血清或抗 B 血清的一种
3. 观察抗体作用的特点
在血细胞中分别加入生理盐水、抗 A 血清、抗 B 血清和蒸馏水，混匀后，和白瓷板上的实验经过相同时间之后进行离心，通过观察红色在试管中的位置（通过血红蛋白是上清还是沉淀判断红细胞结构是否完好），验证抗体主要作用于胞外抗原，一般不会导致红细胞破裂</td><td>学生活动 4
按照操作顺序加入抗血清并充分混匀，然后静置，观察实验结果并拍照

进行抗血清凝集后离心操作，观察实验结果</td></tr>
<tr><td colspan="2">活动意图：通过实验操作和直观的实验结果，让学生体会抗体浓度及保存和运输方式对抗体活性的影响，便于学生得出结论</td></tr>
</table>

5. 作业与拓展学习设计

以下作业任选一题：

(1) 以体液免疫或免疫相关的前沿为主题，设计一份宣传 PPT，回家给父母讲解，优秀小报在年级展出（让更多人认识免疫的意义和价值）。

(2) 以“如果我是一位科学研究者（医生、医护人员、生物药剂公司研究人员、家长、学生等）”为主题，谈谈对新型冠状病毒疫苗研发的看法。

案例分析：

近年来疫苗问题、新型冠状病毒疫苗等热点议题频繁出现。本案例结合时事热点，从与生活密切相关的疫苗直入主题，引导学生思考可以通过改变哪些条件来模拟“不安全”疫苗的可能来源，并简单设计和实施实验。教师指导学生按照既定方案进行实验操作，以现场学习的方法直观记录实验结果，让学生体会抗体浓度及保存和运输方式对抗体活性的影响，便于学生得出结论。这一活动情境真实，学生探究欲望强；实验方法新，提升了学生的现场学习能力；实验过程简洁、结果直观，实验结论有助于解决现实问题。本案例既提升了学生的科学探究素养，又培养了学生的社会责任感。

（案例提供：邓晓丽，北京市育英学校）

在学生科学探究素养提升到一定程度后，教师可以结合学习进度，酌情增加一些科技论文阅读，还可以组织学生到研究院所体验科研过程，促使学生尝试从真正研究者的角度看问题。

【研修作业】

1. 结合自身的专业背景和教学实践，设计一项完整的科学探究实验活动。

2. 选择一篇近三年发表的科研论文，提取其中的内容，尝试命制一道用于全面考查学生科学探究素养的试题。

2-7 如何发展学生的创新能力？

这个关键问题是课程标准基本理念之“核心素养为宗旨”的实践性问题。提出这个关键问题旨在引导教师运用多种教学策略和方法，实现发展学生创新能力的目的。通过对这个关键问题的分析和解决，希望教师能够：

- 明确创新能力的概念以及培养创新能力的价值和意义。
- 掌握培养创新能力的教学策略和方法。

教学关键问题分析

什么是创新能力？不同学者对创新能力的概念有不同认识，且在不同领域其含义也有差异。一般认为，创新能力是个体在解决问题的过程中产生出具有新颖性和恰当性产品的能力。新颖性又可以被理解为独特性，恰当性又可以被理解为有用性或有价值性，而产品则泛指一切有形的或无形的成果，如方法、观点、作品等。①

英国科学家霍伊尔指出：今日不重视创造性思维的国家，明日将为沦为落后国家而羞愧。基础教育阶段对学生创新能力的培养不足，会导致学生在未来的大学乃至社会生产生活中缺乏创新意识和创新能力，将阻碍我国科技、经济和社会的发展。所以，近些年来，我国相继出台了一系列教育改革文件，强调学生创新精神和创新能力的培养。

教师教学行为表现、课堂教学组织现状与课程标准要求之间的差距，是确定该关键问题的主要依据。提高学生的创新能力也是新版课程标准重点阐述的培养目标之一。在新版课程标准中与创新精神或创新能力培养相关的内容如表 2-7-1 所示。

表 2-7-1 新版课程标准中与创新精神或创新能力培养相关的内容

课标中的位置	页码	与创新精神或创新能力培养相关的内容
前言 二、修订的主要内容和变化 （二）关于学科课程标准	5	……充实丰富培养学生社会责任感、创新精神、实践能力相关内容
一、课程性质与基本理念 （一）课程性质	2	……形成积极的科学态度，发展终身学习及创新实践能力
一、课程性质与基本理念 （二）基本理念	2	……提升应用知识的能力，培养创新精神，进而能用科学的观点、知识、思路和方法……
二、学科核心素养与课程目标 （一）学科核心素养 3. 科学探究	5	……在探究中，乐于并善于团队合作，勇于创新

① 姜丽华．学生创新能力培养与教师文化构建［M］．北京：中央编译出版社，2016：13.

续表

课标中的位置	页码	与创新精神或创新能力培养相关的内容
四、课程内容 （三）选修课程 学业发展基础 7.“校园动植物分类”模块开设建议	50	校园动植物分类课程以提高学生的实践能力和创新能力为核心，重视培养学生的科学思维能力、探究能力、创新精神及自主学习能力
六、实施建议 （一）教学与评价建议 1. 教学建议 1.2 组织以探究为特点的主动学习是落实生物学学科核心素养的关键	57	在此过程中，培养学生的创新精神和实践能力
六、实施建议 （三）教材编写建议 1. 教材编写的基本原则	64	有利于学生建立科学的自然观，养成科学态度和科学精神，发展创新精神和实践能力
六、实施建议 （三）教材编写建议 2. 教材内容的选择	66	科学探究活动对于培养学生创新思维和实践能力具有不可替代的作用…… ……发展学生的爱好和特长，培养学生的创新精神和实践能力
六、实施建议 （三）教材编写建议 3. 教材内容的组织和呈现方式	67	灵活解决问题，也能够培养学生不断探索、勇于创新的科学精神，实事求是的科学态度

新版课程标准对培养创新能力的相关描述主要包括：鼓励学生勇于创新，形成创新的精神和意识；通过科学探究活动等实践活动培养学生的创新思维。创新精神是创新活动的动力，创新思维是创新活动的核心和灵魂，所以创新能力的培养，从根本上就是支持和鼓励学生创新的精神和意识，训练和培养学生的创新思维。① 发展学生的创新能力，就要在上述两个方面进行研究和改进。

教学关键问题解决

根据新版课程标准的提示，创新能力培养需要通过科学探究等实践活动来落实。所以教师在教学过程中选择适当的实践活动，并对活动任务和问题进行合理设计，是实现学生创新能力培养目标的重要前提。

创新包括不同层次，基础层次的创新是个体创新，例如某学生通过独立思考解决了某个问题，而这种思维活动是这个学生从未用过的，这就是一种个体水平的创新。较高层次的创新是群体创新，例如某学生应用某学生群体从未用过的思维和方法解决了某问题，但是这种方法在人类社会中并不是全新的。而最高层次的创新是社会创新，就是提出人类社会从未有过的新方法来解决问题。在中学阶段，主要培养学生前两个层次的创新能力，并为最高阶的创新能力培养奠定基础。②

① 康晓玲．创新思维与创新能力［M］．北京：电子工业出版社，2015.

② 参见：姜丽华．学生创新能力培养与教师文化构建［M］．北京：中央编译出版社，2016：13.

1. 通过解决新情境中的单一问题培养创新能力

通过引入较为单一和简单的问题，引导学生结合所学知识和信息进行充分思考，将原有的方法和技术应用于新问题的解决过程中。在这样的教学活动中，学生通过切身体验可以激发创新精神，并运用创新思维解决具体问题。这种方法适用于基础层次的创新能力培养。

【案例 1】

DNA 的复制

下面以人教版教科书必修 2 第 3 章“基因的本质”中第 3 节“DNA 的复制”的教学设计为例，展示如何通过解决新情境中的简单问题来培养学生的创新能力。本节内容设计 1 课时。

1. 教学目标

（1）运用假说—演绎法探究 DNA 复制方式，概述 DNA 以半保留方式复制。

（2）通过对 DNA 半保留复制过程和特点的分析，理解 DNA 的准确复制是遗传信息稳定传递的基础。

（3）基于对 DNA 结构和 DNA 半保留复制机制的理解，进一步发展结构与功能相适应的生命观念。

（4）通过对证明 DNA 半保留实验的分析，进一步提升学生的科学探究和科学思维素养，使学生感悟物理和化学方法对生物学研究的重要性。

2. 教学重难点

（1）重点：运用假说—演绎法探究 DNA 复制方式；DNA 复制的条件、过程和特点。

（2）难点：运用假说—演绎法探究 DNA 复制方式；DNA 复制的过程。

3. 教学导航图（图 2-7-1）

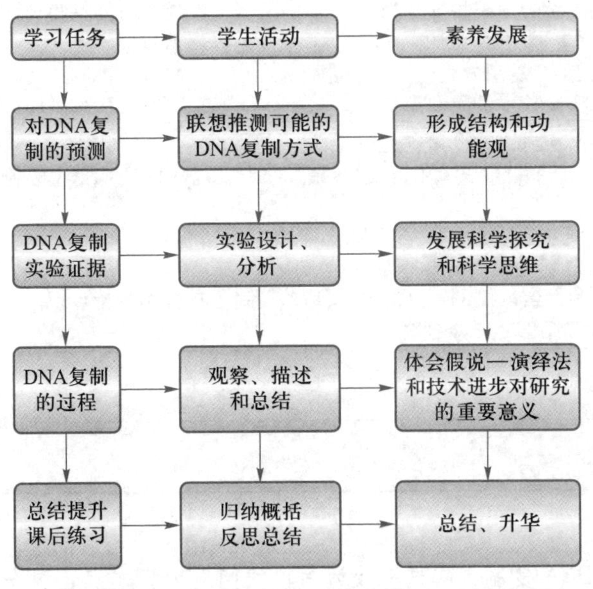

图 2-7-1 “DNA 的复制”教学导航图

4. 教学环节

教学环节	主要教学活动	设计意图
引入新课	回顾遗传学发展历史，从孟德尔到沃森和克里克。 1. 在噬菌体侵染细菌实验中，部分子代噬菌体也具有放射性，说明什么？ 学生回答：说明亲代的 DNA 传递给子代噬菌体。 2. 亲代 DNA 如何传递给子代？这就是本节课我们要探讨的问题	复习回顾，提出新问题，引发学习兴趣
新知学习	一、对 DNA 复制的推测 1. 引入沃森和克里克论文部分内容。提问：碱基互补配对原则暗示 DNA 的复制机制可能是怎样的？ 2. 除了半保留复制方式之外，DNA 复制方式还可能有哪些？ 3. 上述不同的 DNA 复制方式，从理论上分析，最有可能是哪种方式？为什么？	引导学生从 DNA 的结构特点思考 DNA 复制方式，进一步发展结构和功能相统一的生命观念
	二、DNA 半保留复制的实验证据 （一）实验设计 1. 设计实验探究 DNA 的复制方式，首先需要确定实验目的是什么。 2. 确定实验的自变量、因变量是什么。 3. 如何控制自变量？ 4. 采用什么方法才能检测 DNA 分子单链的组合形式？ 5. 介绍稳定同位素标记和密度梯度离心技术原理。 （二）实验分析与总结 1. 介绍实验操作步骤，展示对照组和第 0 代离心结果。双链都为 ^{14}N 的 DNA 分子密度较小，在离心管上部，称为轻带；而双链都为 ^{15}N 的 DNA 分子密度较大，在离心管底部，称为重带。 2. 根据不同的 DNA 复制方式预测转移到 ^{14}N 培养基上的大肠杆菌 DNA 复制 1 次之后，离心的结果会怎样？ 3. 与预期结果相比，大肠杆菌 DNA 复制 1 次后的实验结果能说明什么？ 4. 根据不同的 DNA 复制方式预测大肠杆菌 DNA 转移到 ^{14}N 培养基上复制 2 次后，离心的结果会是怎么样？ 5. 与预期结果相比，复制 2 次后的实验结果能说明什么？ 6. 复制 1 次的结果排除了全保留复制方式，复制 2 次的结果进一步排除了分散复制方式，所以 DNA 复制方式为半保留复制。 7. 总结 DNA 复制方式的探究思路。 8. 总结实验技术的重要意义	通过实验设计和分析，发展学生的科学探究和科学思维素养。 引导学生进一步体验假说—演绎法的重要价值。 强调假说—演绎法的意义，以及物理和化学技术对生物学研究的重要意义
	三、DNA 复制的过程和意义 1. 展示 DNA 复制的动画和图片资料，请同学们描述 DNA 复制的过程。 2. DNA 复制发生在什么场所和时期？ 3. DNA 复制过程需要哪些条件？ 4. 除了半保留复制的特点之外，DNA 复制还具有哪些特点？ 5. DNA 复制的意义是什么？	解释本节课开始提出的问题
小结提升	通过知识结构图展示本课小结	通过总结，构建知识结构框架
课后作业	书后习题	巩固提升，加深思考

案例分析：

本案例以探究 DNA 复制方式这一较为简单的问题为出发点，引发学生思考并创造性地运用假说—演绎法和新的技术手段，分析推理得出 DNA 以半保留方式复制。

在引入新课的环节中，教师提出“亲代 DNA 如何传递给子代?”这一待研究的问题。然后结合 DNA 分子结构的特点，引导学生结合结构功能观的生命观念，创造性地提出 DNA 以半保留方式复制的假说。接下来，通过问题“除了半保留复制方式之外，DNA 复制方式还可能有哪些?”引导学生运用发散思维、联想思维等创新思维方法提出全保留、分散复制等复制方式的假说。

在新知学习的实验设计阶段，教师通过引导，引发学生运用科学思维，创造性地将同位素标记技术和密度梯度离心技术应用于探究 DNA 复制方式的实验中。

在新知学习的实验分析与总结阶段，教师总结了 DNA 复制方式的探究思路以及物理和化学技术对生物学研究的重要意义，使学生感悟到创新思维在解决新情境问题中的重要价值和意义，提升学生的创新精神和意识。

在本课时的教学设计中，教师通过引导学生逐步深入思考和解决问题，很好地将创新精神养成和创新思维训练融入实验中，有效培养了学生的创新精神，提高了学生的创新思维能力。

（案例提供：蔡磊，中国人民大学附属中学）

2. 通过解决新情境中的复杂问题培养创新能力

解决新情境中的单一问题可以有效提升学生低阶层次的创新能力，但是高阶层次的创新能力往往需要在解决较为复杂的问题中形成，需要在低阶创新的基础上将其整合，由量变转为质变，实现真正的社会性创新。因此，如何基于复杂的问题培养学生的创新能力是接下来要探讨的内容。在下面的教学案例中，以“探究大熊猫种群数量下降的奥秘”为主题，让学生在复杂情境中解决真实问题，培养学生的创新能力。

【案例 2】

探究大熊猫种群数量下降的奥秘

下面以人教版教科书选择性必修 2 第 1 章“种群及其动态”的单元教学设计为例，展示如何通过在复杂情境中解决真实问题来培养学生的创新能力。本单元教学设计包含 5 课时。

1. 单元学习目标

（1）在探讨种群与其他生命系统之间的关系、环境容纳量的存在与变化过程中，形成系统观、稳态平衡观等生命观念，并用于阐释种群数量的变化规律。(生命观念)

（2）在探讨种群动态的过程中，运用演绎推理、数学建模的科学思维，探讨种群的数量特征之间的关系和种群数量的变化规律。(科学思维)

（3）针对种群数量变化的现象提出问题，选择材料和用具，设计方案，通过模拟调查、实验研究、资料分析等方法寻找证据，分析调查种群密度的技术要点，获取酵母菌种群增长的数据，探究影响大熊猫种群数量变化的因素等。(科学探究)

（4）主动关注生态环境保护问题，能用种群数量变化规律解释濒危动物保护、渔业捕捞、有害动物防治的政策制定依据，形成人与自然和谐共处的基本观念。(社会责任)

2. 单元教学导航图（图 2-7-2）

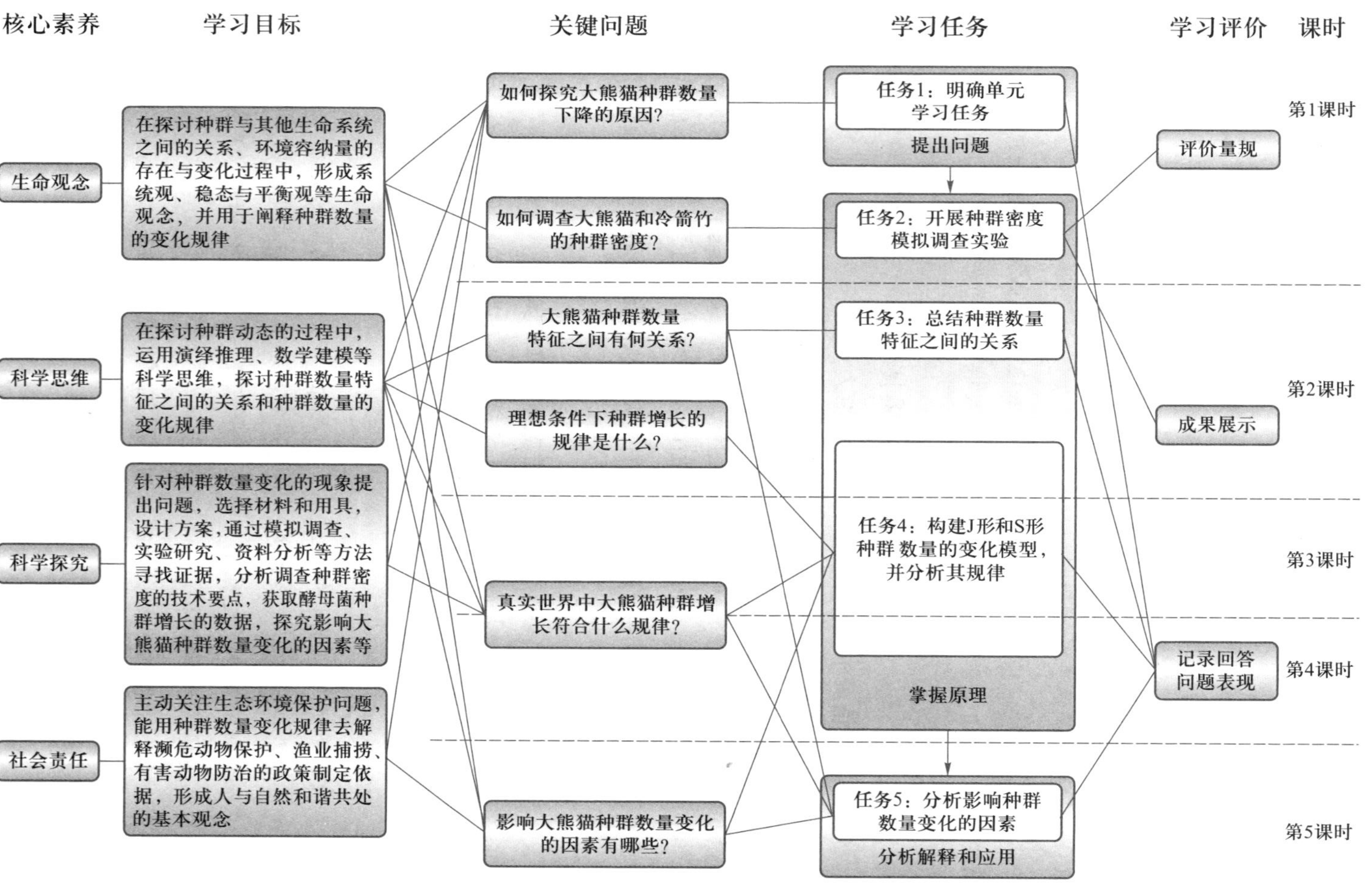

图 2-7-2 “探究大熊猫种群数量下降的奥秘”单元教学导航图

3. 单元教学环节（节选）

第 1 课时

任务	教学过程	设计意图
任务 1：明确单元学习任务	活动 1-1　种群概念辨析	通过分析种群的概念，使学生发展生命观念，并联系回顾之前所学知识，为后面学习进行铺垫
	活动 1-2　提出大熊猫种群数量下降原因的假设 教师提供资料，提出问题：大熊猫种群数量下降的同时，冷箭竹开花。大熊猫种群数量是因为冷箭竹开花而减少的吗？你的观点是什么？为什么？	明确单元问题，提出假设，为后面单元教学奠定基础
任务 2：开展种群密度模拟调查实验	活动 2-1　学习种群密度调查方法，设计模拟实验 教师：在探究大熊猫种群数量下降原因的步骤中，第一步就是验证大熊猫和冷箭竹种群数量变化的相关性。引导学生思考如下问题：如何验证上述相关性？	通过问题引导，提升学生的统计学思维能力，使学生掌握种群密度调查方法的基本原理，为种群密度调查活动奠定基础
	活动 2-2　种群密度调查模拟实验	通过种群密度调查模拟实验活动，提升学生的实验探究能力，生成种群密度调查方案的注意事项
	活动 2-3　大熊猫种群密度调查方法 教师：……经过调查，在相同时期，大熊猫种群密度和冷箭竹数量确实都发生了下降，大熊猫种群数量下降的原因是什么呢？与冷箭竹开花有何关系？	结合资料进行分析，提升学生的推理和演绎能力（科学思维），引导学生了解大熊猫种群密度调查方法

第 2 课时

任务	教学过程	设计意图
任务 3：总结种群数量特征之间的关系	活动 3-1　总结种群数量特征之间的关系 教师：结合种群数量特征，分析大熊猫种群数量下降的原因可能有哪些？	通过资料分析总结出种群数量特征及其关系，既提升学生的科学思维能力，又引导学生从系统观的角度认识种群数量特征
任务 4：构建 J 形和 S 形种群数量的变化模型，并分析其构建规律	活动 4-1　构建种群的 J 形增长模型	通过 J 形增长模型的构建和分析过程，提升学生的建模能力

第 3 课时

任务	教学过程	设计意图
任务 4：构建 J 形和 S 形种群数量的变化模型，并分析其构建规律	活动 4-2　探究培养液中酵母种群数量的变化	提升学生的科学探究能力，为构建 S 形增长模型提供数据支撑

第 4 课时

任务	教学过程	设计意图
任务 4：构建 J 形和 S 形种群数量的变化模型，并分析其构建规律	活动 4-3　构建种群的 S 形增长模型	结合实验数据，构建 S 形增长模型，提升学生的建模能力
	活动 4-4　分析大熊猫种群数量变化的规律 教师：结合种群数量的增长方式，分析引起大熊猫种群数量下降的原因可能有哪些？	通过查阅相关资料，分析大熊猫种群数量的增长模型，提升学生的科学思维能力

第 5 课时

任务	教学过程	设计意图
任务 5：分析影响种群数量变化的因素	活动 5-1　分析非生物因素和生物因素对种群数量变化的影响	通过资料分析影响种群数量变化的因素，提升学生的科学思维能力
	活动 5-2　分析影响大熊猫种群数量变化的因素 1. 引导学生回忆本单元所学的种群的数量特征、种群增长规律的原理和影响种群数量变化的因素，并布置课后任务——归纳本单元的知识框架。 学生：回忆相关知识，归纳种群单元的知识体系。课后总结本单元知识体系，并绘制知识框架图。 2. 引导学生思考并回答：通过综合分析，解释大熊猫种群数量下降的原因，并针对上述原因，提出保护大熊猫的合理措施。 学生：开放性地从不同角度提出可能的原因，并提出合理的保护措施	结合资料，分析影响大熊猫种群数量变化的因素，提升学生的科学思维能力
	活动 5-3　归纳总结种群数量特征及其变化规律在实践方面的意义	通过推理分析，提出种群数量特征及其变化规律的应用，落实社会责任素养的发展

案例分析：

本案例是以“探究大熊猫种群数量下降的奥秘”为主题的单元教学设计。在单元开始，教师就提出真实的情境：20 世纪 80 年代初，邛崃山系的冷箭竹开始大面积开花，而后发现有部分大熊猫死亡。然后提出问题引发学生思考：可能是什么原因导致了大熊猫死亡？可以提出哪些假设？在回答上述问题时，学生可以结合自身经验进行思考，创造性地提出合理假设，并进行解释。此外，在第 1 课时结尾，教师展示了大熊猫死亡数量的真实数据，然后提问：这一事实能否证明“冷箭竹开花后枯死，大熊猫缺乏食物，导致大量死亡”的假设完全正确？在回答这个问题时，学生需要寻找事实与之前提出的“大熊猫死亡是由于冷箭竹开花导致食物缺乏”这一假说之间的对应关系，认识到其中的逻辑漏洞是不能确定冷箭竹开花是影响大熊猫数量变化的唯一因素，进而提出更为全面、更具创新性的假设，以及想要验证这些假设需要搜集的证据。本单元第 5 课时的主要目标就是在掌握了种群的数量特征、种群增长方式及其规律，以及影响种群数量变化的因素等多方面知识后，让学生综合性、创造性地提出大熊猫种群数量下降的更为全面、合理的假设。通过与前面 4 课时的联系，在学生解决综合性的、逐层深入的复杂问题的过程中，进一步培养和提升学生的创新思维能力。

可以发现，在逐步深入地探究大熊猫死亡和冷箭竹开花之间的关系的过程中，学生需要逐步深入地提出解释问题的假设以及验证假设的方案，这本身就是培养创新思维的具体体现。在逐步深入的探究过程中，学生的创新思维能力得到了锻炼和培养。

（案例提供：蔡磊，中国人民大学附属中学）

3. 通过实验活动培养创新能力

开展实验活动是培养创新能力的重要途径之一。以往的教学实践已经有一些通过改造实验活动来实现创新能力培养的案例。较为简单的创新实验设计主要是通过改变实验材料或方法，培养学生的低阶创新能力。但想要培养更高阶的创新能力，则需要设计较为复杂的、开放性的实验和问题，借此实现在复杂情境中从实验设计、实验活动实施到对结果、结论进行的反思性探讨的更高阶的创新能力训练与提升。①

【案例 3】

种群密度调查模拟实验

下面以人教版教科书选择性必修 2《生物与环境》中的第 1 章第 1 节“种群的数量特征”的“探究·实践”为例，展示如何通过具有一定开放性的实验活动来培养学生的创新能力。本教学设计 1 课时。

1. 教学目标

（1）说出调查种群密度的主要方法，理解种群密度的估算是一种统计学思维的体现。

（2）运用样方法模拟调查植物的种群密度，运用标记重捕法模拟调查动物的种群密度，进一步提升学生的调查方案设计与实施、结果与结论分析、研讨与交流等科学探究能力。

2. 教学重难点

（1）重点：说出调查种群密度的主要方法及其原理和注意事项等。

（2）难点：运用样方法模拟调查植物的种群密度，运用标记重捕法模拟调查动物的种群密度。

3. 教学环节

教学阶段	教师活动	学生活动	设计意图
学习调查种群密度的方法、设计模拟实验	1. 研究大熊猫数量下降，要验证大熊猫与冷箭竹种群密度的相关性，也就是需要调查大熊猫和冷箭竹的种群密度。 2. 提问：如何调查大熊猫和冷箭竹的种群密度？人口密度如何调查？这种调查方法有何优缺点？ 3. 对于数量较多的生物，借鉴数学思想应该采取何种调查方法？ 4. 提出样方法和标记重捕法两种调查方法，介绍两种方法的主要原理和步骤。提问：调查大熊猫和冷箭竹的种群密度应该分别采用何种方法？ 5. 我们一起通过实验模拟调查大熊猫和冷箭竹的种群密度	1. 聆听、思考。 2. 思考并回答。提出人口普查的调查方法。此种方法准确，但是非常耗费时间和精力。 3. 思考并回答问题，提出抽样调查（估算）方法。 4. 思考并回答问题。大熊猫应使用标记重捕法，冷箭竹应使用样方法。 5. 聆听、思考	通过问题引导，提升学生的统计学思维能力，使其掌握种群密度调查方法的基本原理，为开展种群密度调查活动奠定基础

① 荆林海．高考命题改革背景下生物教学中的关键问题［M］．北京：中国青年出版社，2020：118-119.

续表

教学阶段	教师活动	学生活动	设计意图
种群密度调查模拟实验	1. 请学生设计实验，通过模拟实验方法调查大熊猫和冷箭竹的种群密度，完成相关实验操作并进行结果讨论与汇报。指导学生依据实验报告要求，分小组运用坐标纸和工字钉等材料，开展模拟冷箭竹的种群密度调查实验；运用不同颜色的粉笔头、布袋等实验材料，开展模拟大熊猫种群密度调查实验，并对实验结果进行记录。在实验过程中，要注意指导学生明确实验目的，帮助学生了解坐标纸、工字钉、粉笔头、布袋等材料的用法和所代表的意义。及时掌握学生的实验进度，辅助学生思考并解决问题。	1. 依据实验报告的要求，分组合作，自主完成模拟实验操作，采用表格等形式记录实验结果。	通过调查种群密度模拟实验活动，提升实验探究的能力，总结种群密度调查方案的注意事项
	2. 指导学生将实验结果记录在黑板上。	2. 每个小组将实验结果用表格等形式写在黑板上进行展示。	
	3. 指导学生对本组结果和结论进行汇报交流，及时点评。注意控制每个小组的报告时间，合理掌控进度。	3. 讨论交流。对每组报告的结果按照评价表进行打分。 4. 思考并讨论，总结样方数量越多和样方面积越大，调查结果的准确性越高，但是工作量更大。样方形状对结果的准确性影响不大，正方形样方形状使用比较方便。	
	4. 提问：在前面的实验中，我们探究了不同样方大小、不同样方数量和不同样方形状对样方法调查的影响。大家的实验结果得出了哪些结论？	5. 分析、思考并回答问题，5 个样方，样方大小 1 米×1 米较为合适。	
	5. 请同学结合文献资料分析，对常规的双子叶草本植物，理论上样方数量和大小取多少比较合适？	6. 讨论思考，总结其他合理因素。	
	6. 除此之外，还有哪些因素会影响样方法？ 7. 在前面的实验中，我们探究了用彩色粉笔头替换和用记号笔标记两种方法，标记不同个体数量和在布袋中抓取或在透明塑料袋中抓取对标记重捕法的影响。请同学们结合实验结果分析，还有哪些因素会影响标记重捕法？	7. 思考、讨论并回答问题，标记的牢固性不同会影响实验结果，标记需要较稳定和牢固；标记个体数量越多，结果准确性越高，但是工作量越大。此外，两次捕获之间是否出现大规模迁入迁出、出生死亡等原因都可能会导致估算结果的准确性下降	

案例分析：

2-7-1　调查种群密度模拟实验

本案例设计了调查种群密度的模拟实验，让不同小组的学生能够选择不同的探究因素展开实验，并为学生的具体操作、结果分析留出开放空间。这一设计有助于学生在实验过程中发现新问题、寻找新思路解决问题，从而为学生的创新思维能力发展提供机会。

本案例中实验活动的设计和实施以及结果汇报、结论分析都有较大的开放性，使学生能够运用创新思维方法解决问题。与此同时，完成实验活动也能从情感上激发学生的创新意识和创新精神，为进一步发展学生更高阶的创新能力提供了充足的动力。

（案例提供：蔡磊，中国人民大学附属中学）

除上述三种解决此关键问题的策略之外，还有其他方法和策略也可以有效提升学生的创新能力。例如，通过创设新情境的习题解决过程也可以实现创新思维的训练和创新能力的培养。总体来看，无论采用何种方式或途径，只要有利于学生创新精神的形成，有助于学生创新思维的培养，就都是培养创新能力的有效方法。

【研修作业】

1. 结合自身教学实践，找出一些能够提升学生创新能力的知识内容或教学形式的突破点，并与同事进行交流讨论。

2. 结合文中案例经验，思考并设计一个培养学生创新能力的教学片段，实践后进行反思和改进。

单元3 素养导向的学习评价设计与实施

3-1 如何在单元学习活动中保持目标、评价、活动一致性？

保持目标、评价、活动一致性是课程实施的基本要求，教师要一致性、整体性地思考在目标统领下的教学、学习、评价等问题。目标是灵魂，它既是课程逻辑的起点，也是终点，决定着教学活动方案及评价设计。教师要以清晰的目标为中心，将评价与活动相结合，确保教学中目标、评价、活动一致性。通过这个关键问题的分析和解决，希望教师能够：

- 认识到在单元学习活动中保持目标、评价、活动一致性是课程设计最终转化为学生核心素养必须遵循的原则。
- 探索在单元学习活动中保持目标、评价、活动一致性的途径或方式。

教学关键问题分析

一、单元学习活动与核心素养

新版课程标准明确提出，高中生物学课程的基本理念包括核心素养为宗旨、内容聚焦大概念、教学过程重实践和学业评价促发展。学科核心素养是学科育人价值的集中体现，是学生通过学科学习而逐步形成的正确价值观、必备品格和关键能力。培养学生的生物学学科核心素养是高中生物学课程的价值追求，也是课程预期的教学目标。这要求教师必须提升教学设计的站位，即从关注单一知识点、课时转变为大单元设计，[①] 开展单元学习活动，以学科核心素养为目标，使教师从对知识、技能、习题、分数的关注，转向对学生能力、品格与观念的培养。

在大单元教学设计中，教师从关注一节课教学到关注单元、主题教学，将真实情境的问题贯穿始终，使学生亲历、体验知识的发现、发展和应用过程，积极参与动手和动脑的活动，进而理解学习的意义和价值；同时，围绕生物学大概念组织并开展教学活动，可以展示知识之间的纵横联系，有利于学生建构知识框架，深刻理解概念本质，并在结构化的知识系统中提升思维品质，提高学生解决新情境下相关问题的能力，发展学生的生命观念；对概念的辨析有助于发现学生的前概念，以及一些与科学概念相抵触的错误概念，课堂教学活动要帮助学生消除错误概念，建立科学概念。

---

① 崔允漷．如何开展指向学科核心素养的大单元设计［J］．北京教育（普教版），2019(2)：11-15.

二、在单元学习活动中保持目标、评价、活动一致性的意义

在大单元教学设计中，单元学习目标是教学和学习的“灵魂”，在整体把握单元教学内容的基础上，应该从多维度综合考虑以确定单元教学目标。生物学科的目标体系可以分为三层：教育目的（想得到）、学科目标（看得到）、教学目标（做得到），这三层目标具有一致性。在确定目标时，教师必须依据课程标准，结合具体内容，将学科核心素养具体化。

学习评价是依据学习目标，对学习内容、学习进展情况、学习结果进行观察、反思、测验，对学习效果做出鉴定和价值判断，并对学习目标进行反思和修订的活动。① 评价必须建立在清晰地陈述目标之上，根据目标评价教育效果，以促进目标的实现。生物学课程重视以评价促进学生的学习与发展，重视评价的诊断作用、激励作用和促进作用。学科课程的评价可以从知识获得、能力提升、思维发展、学习态度、学习方法、价值观培育等方面进行，通过评价持续促进课堂学习的深入。评价是决定核心素养是否落地的关键，核心素养目标指向哪里，评价任务必须跟到哪里。对核心素养的评价不能局限于知识点的记忆、理解和简单应用，而应该从“在何种情境下能运用什么知识完成什么任务”来评价学生学科核心素养的达成程度。否则，教学就容易出现“开无轨电车”的现象。评价任务具有承上启下的作用，上接目标，以视其与目标的匹配性；下连学习过程，把评价任务嵌入教学过程，按目标、评价、活动一致的思路设计教学过程。

在设计单元教学目标和单元学习评价任务后，再设计教学活动和学习活动，思考如何在一个单元学习过程中嵌入真实情境或任务，引导学生将内化的知识外显化、操作化，从抽象到具体，使学生成为知识发现的参与者和知识的应用者，让学生体会到知识的价值和意义。

在单元学习活动中保持目标、评价、活动（包括教学行为和学习活动）一致性，是课程的基本要求，是课程实施的基本规律，是国家的课程设计最终转化为学生核心素养必须遵循的原则。无论是单元教学设计、课时教学设计，还是评价，都应围绕学科核心素养进行，以实现学生核心素养的发展。

三、目前教学中存在的问题

1. 问题 1：仅关注课时教学设计

从教学视角看，非结构的、不断细分的、孤立的知识点，是使知识由“活”变“死”的重要原因之一。有些教师在备课时仅关注课时教学设计，即使目标明确，也嵌入了适当的评价任务和真实的问题情境，仍难以实现学生的有意义学习，因为教学内

---

① 桑新民．学习科学与技术：信息时代大学生学习能力培养［M］．北京：高等教育出版社，2004：173.

容是“死”的。要让知识“复活”，必须通过内容组织，把零碎的知识点统整为单元。学习单元并不是静态的知识单元，而是包含教学意图、教学情境和学生学习活动方式的动态学习单元，是为学生主动的、多样化的学习活动而设计的、有内在结构的学习单元。在备课时，教师应以学科大概念、大主题组织教学内容，基于单元或主题设计大任务或大项目学习活动，打通学生从学习知识到提升素养的通道。

2. 问题 2：忽视教学评价的设计

在很长一段时间里，我国教师在进行教学设计时，思考的重点都是基于教学目标的教学活动，关注如何上好一节课，往往会忽视教学评价的设计。即使设计了评价任务，也多以纸质测评或终结性考试为主，用分数来衡量学生的发展。教师在设计教学过程时，大多在回答自己要做什么，如怎么导入新课、如何创设情境、如何讲授新知等，而不是回答学生要做什么。这种教学设计的目标不是学生应该学会什么，而是教学过程中教师应该怎么做，是以教师为中心的。经验告诉我们，教师的教不等于学生的学，学生学了不等于学会了，即使学会了也不等于会用。评价与教学同样重要，评价任务就是检测目标是否达成学习任务，目标指向哪里，评价任务就要跟到哪里。教师不仅要把评价任务设计到课堂教学中，还要设计多样化的评价方案以全面评价学生的发展。学科核心素养要真正“落地”，必须在教学中保持目标、评价、活动一致性。

教学关键问题解决

在进行单元学习活动时，教师要根据单元主题研读课标，解读单元学习文本，规划单元知识结构和学科知识结构，分析学习任务和学情，依据以上内容确定单元学习目标。教师的教、学生的学应该是“数据驱动”的，这些数据就来自评价。学习目标实现的情况，如通过学习活动学生对概念的理解程度、是否能够迁移和应用知识、批判性和创新性思维的发展程度等，都需要教学评价来测量。评价设计应包含在教学设计中，教师在确定单元学习目标后就要思考单元教学评价方案，包括评价目标、评价任务、评价方式、评价标准等方面，以获取学生是否达成学习目标的反馈，再进行单元学习活动设计。单元教学设计流程①如图 3-1-1 所示。

大单元教学活动设计有多种方案，但是每一种设计方案都要嵌入真实情境或任务，因为学生学科核心素养的发展水平，需要通过在真实情境中运用所学知识并能完成某种任务来衡量，所以真实情境或任务必须体现在大单元教学设计中。现以人教版教科书必修 2 第 5 章“基因突变及其他变异”单元为例，说明如何在单元学习活动中保持目标、评价、活动一致性。

① 参见：蒋金珍．单元教学设计引导下的中学生物学课堂教学变革与实践［J］．生物学教学，2020，45（11）：31-35．（本书对单元教学设计流程做了顺序调整）

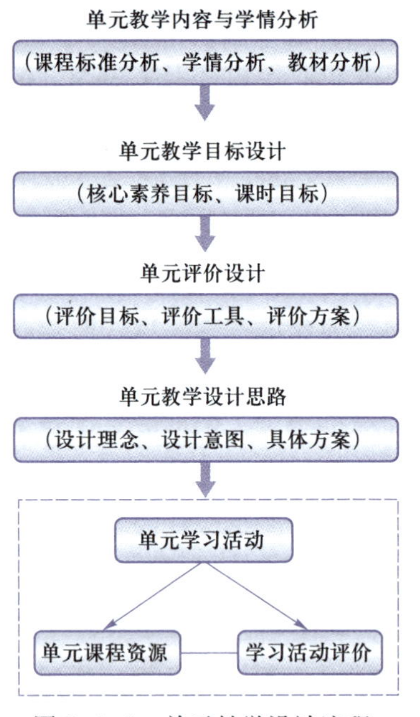

图 3-1-1 单元教学设计流程

一、研读课程标准，解读单元重要概念

“基因突变及其他变异”单元对应课程标准中的大概念“遗传信息控制生物性状，并代代相传”下的重要概念“由基因突变、染色体变异和基因重组引起的变异是可以遗传的”。遗传和变异是生物的基本特征，两者在物种繁衍过程中是对立统一的。突变（包括基因突变、染色体变异和基因重组）产生生物进化的原材料，是可遗传变异的来源。可遗传变异以及变异可能带来的生存与繁殖优势等方面的实例，解释了生物适应是自然选择的结果。本单元学科知识的本质是：遗传的精确性是相对的，偶尔的错误会导致变异，对个体来说变异可能带来灾难性后果，但从整体和长远来看，变异可能让生物形成新的适应性特征，为生物进化提供原材料。

本单元是大概念“遗传信息控制生物性状，并代代相传”的重要组成，也是学生理解生物进化本质的基础。本单元的重要概念与其他概念的关系如图 3-1-2 所示。

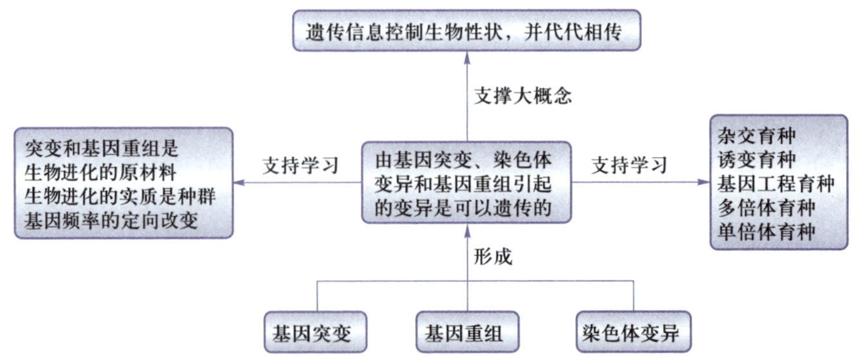

图 3-1-2 本单元的重要概念与其他概念的关系

二、分析学情，制定单元学习目标

学生在初中已经了解了生物的变异首先与遗传物质有关，其次与环境有关，他们对生物的变异现象并不陌生。本单元的主要任务是引导学生从分子和细胞水平深入探讨遗传物质引起生物变异的机制，尤其是染色体数目和结构的变异，学生知之甚少，教师可以从学生熟悉的事例入手，使学生联系生活构建重要概念。

受生活经验和错误前概念的影响，有些学生认为变异都是有害的，如基因突变引发的疾病可以导致死亡。在教学过程中，教师要注意从多个角度提供丰富的案例，引导学生辩证地认识变异，纠正学生的错误概念，促进其理解变异的意义，为学生学习生物的进化打下基础。

在前四章中，学生学习了分子和细胞水平的遗传方式和机制，认识到基因是有遗传效应的 DNA 片段，DNA 的双螺旋结构和半保留复制机制，以及细胞分裂过程中基因的载体——染色体的行为，都保证了亲代 DNA 的遗传信息能够准确传递给子代 DNA。这就与亲子代之间、子代个体之间性状的变异现象相矛盾。本单元内容与前面的内容有紧密的联系，同时又是遗传概念的延伸。教师可以在此基础上提出质疑：为什么会出现变异？变异产生的变化对生物有什么影响？引导学生建立新旧知识之间的逻辑联系。

课程标准对相关内容的学业要求：

基于证据，论证可遗传的变异来自基因重组、基因突变和染色体变异（科学思维、科学探究）；运用统计与概率的相关知识，解释并预测种群内某一遗传性状的分布及变化（科学思维、科学探究）；运用遗传与变异的观点，解释常规遗传学技术在现实生产生活中的应用（生命观念、社会责任）。

教师可以结合课程标准、学业要求和学情，设计以下指向学科核心素养的单元学习目标。

（1）能运用结构与功能观分析基因或染色体结构和数量的改变可能导致相关蛋白质及细胞功能发生变化；能运用稳态与平衡观理解细胞癌变的根本原因是原癌基因和抑癌基因的功能平衡被破坏，进而破坏人体的稳态；能举例说明生物产生的可遗传变异为生物进化提供原材料，形成进化观。

（2）基于生物学事实和证据，运用归纳和概括，建构基因突变、染色体变异的概念；结合实例，运用演绎与推理的思维方法，深入理解概念本质；综合考虑个体与整体、短期与长期、生物与环境的因素，分析三种可遗传变异在生物进化过程中的意义，培养科学思维；基于对变异的认识，辩证地认识生命活动过程的变化，并将辩证思维迁移到认识自然和社会的变化。

（3）通过“低温诱导植物细胞染色体数目的变化”活动，练习制作装片以及观察和分析比较的技能；设计调查人群中某种遗传病的方法，提高科学探究能力。

（4）通过搜集和分析资料，了解人类遗传病的类型、致病原因及预防措施，了解基因检测、基因治疗等遗传学技术的应用，及其对科学发展、人类健康、社会伦理等方面的影响，关注和参与相关社会议题的讨论，建立社会责任；了解遗传学原理在育种上的应用以及遗传病的检测与预防，认识到科技是一把双刃剑，形成正确的科学价值观。

三、指向核心素养的单元评价和学习活动设计

单元学习目标是评价的出发点和依据。学习评价应强调评价的自主性、真实性、过程性和反馈性，主要是让学生在对真实任务的主动探究、不断反思中提升高阶思维能力、问题解决能力等。① 所以，教师在设计指向核心素养发展的评价任务时，应多创设真实的问题情境，引导学生结合所学知识，应用归纳与概括、演绎与推理等方法以及批判性思维、创造性思维解决问题，并建立对科学议题的正确认知。结合评价任务的功能和课堂教学的实践，教师可以采用以下方式进行评价。

1. 构建概念图

学生对知识的理解和意义建构，是在对新旧知识进行有效关联、深度加工和灵活应用的过程中形成的。对知识的理解主要表现在两个方面：一是概念之间的关联；二是新情境下对概念的应用。通过考查知识的关联和应用，可以将学生头脑中的知识结构外显出来以便于教师进行监控和诊断。考查学生对概念的理解，采取概念图的方式更为有效。概念图可以使用两次：第一次在正式上课之前，第二次在学完本单元之后。教师可以通过对两次概念图的比较来分析学生的思维变化过程，评价学生对概念的掌握程度，相应的评价标准可参考表 3-1-1 进行。

表 3-1-1 概念图评价标准②

	无学习	浅层学习	深度学习
内容	第二张概念图中没有引入新学习的概念	第二张概念图中出现大量新学习的概念	概念图中出现了新学习的概念和已有概念
联系	第二张概念图中没有建立新的联系，且原有链接没有产生新的意义	新概念与已有概念之间并无联系，仅与新概念相关	新概念与已有概念之间建立了有意义的联系（链接语句是有效的和可解释的）
结构	两张概念图在结构上没有变化	第二张概念图在结构的丰富性以及知识之间的意义上无显著改进	第二张概念图的整体知识结构是对第一张概念图的显著改进（即显示出更好的组织、更高的联系和更丰富的意义阐述）

【案例 1】

“基因突变”概念图

图 3-1-3 和图 3-1-4 是“基因突变”一节的概念图，其中，图 3-1-3 是学生在课

① 张浩，吴秀娟，王静．深度学习的目标与评价体系构建［J］．中国电化教育，2014(7)：51-55.

② HAY D B. Using concept maps to measure deep, surface and non-learning outcomes［J］. Studies in higher education, 2007, 32(1): 39-57.

前预习时画的概念图，图 3-1-4 是学生在完成单元学习后画的概念图。通过对比，可知学生学习前后对重要概念的理解和掌握情况。

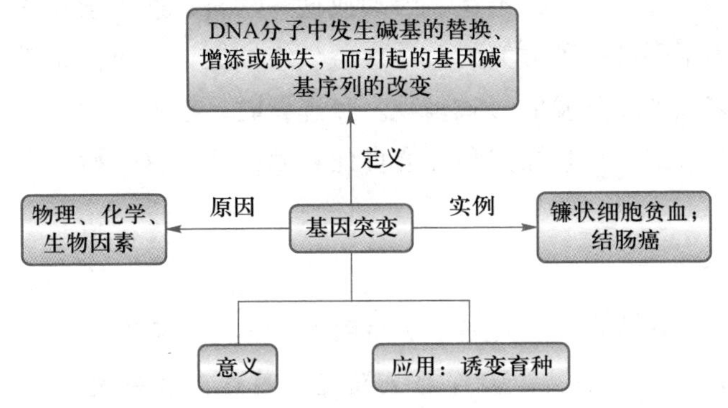

图 3-1-3　学生在课前预习时构建的“基因突变”概念图

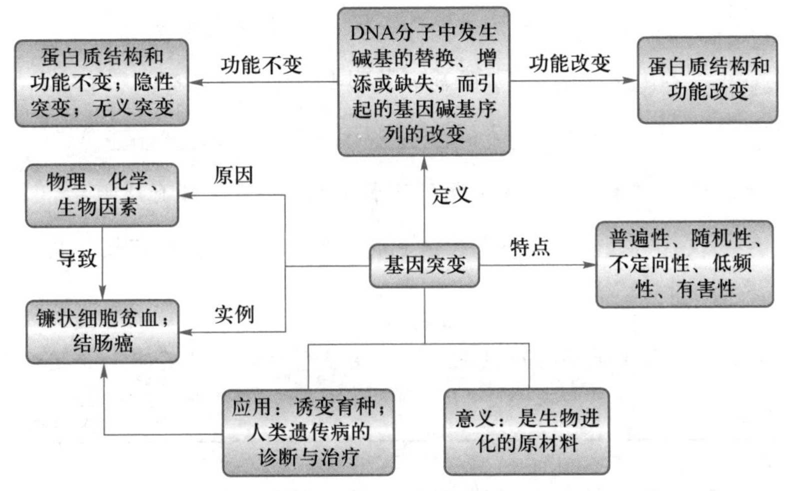

图 3-1-4　学生在完成单元学习后构建的“基因突变”概念图

学生在课前预习时和完成单元学习后画的概念图，显示出其对“基因突变”一节的理解水平发生了变化。在课前预习时画的概念图反映出其对“基因突变”一节的内容仅是简单罗列，并没有建立概念之间的逻辑联系，对知识的认识也是零散、孤立的；在完成单元学习后画的概念图不仅在本单元的概念之间建立了联系，还与前几章的知识建立了联系，使概念更加复杂、更有意义。

案例分析：

概念图是思维可视化的表征，能把学生内在的知识结构通过外显的图形展示出来。通过概念图，教师可以直接观察学生在知识结构上的变化，了解新旧概念在学生的学习过程中相互碰撞的结果。深度学习强调新旧知识的相互联系。概念图虽然能够促进学生概念的增长和对概念的深入理解，但要评价深度学习是否发生，还需要考查学生在真实情境中对知识和概念的迁移与应用。

（案例提供：马小娟，北京市一零一中学）

2. 终结性评价

终结性评价也称结果性评价，它是在一项教育活动或一门学科教学、一个学年结束时所进行的评价，其目的是评价这一活动或这一学科、这一学年达到预定教学目标的程度，或者是为了评价一种方案的总体效益。终结性评价可能是教师最熟悉、最常用的评价方式，多以纸质测验的形式呈现。在选题时，教师要关注通过知识考查学生的生命观念、科学思维、科学探究和社会责任素养，而非仅仅检测学生对知识的再现情况。

【案例 2】

试题 野生型果蝇的腹部和胸部都有短刚毛，而一只突变果蝇 S 的腹部却生出长刚毛，研究者对果蝇 S 的突变进行了系列研究。用这两种果蝇进行杂交实验的结果如下。

实验 1	P：	果蝇 S × 野生型个体
		腹部有长刚毛　　腹部有短刚毛
		（①________）↓（②________）
	F1：	1/2 腹部有长刚毛　1/2 腹部有短刚毛
实验 2		F1 中腹部有长刚毛的个体 × F1 中腹部有长刚毛的个体
		↓
	后代：	1/4 腹部有短刚毛　3/4 腹部有长刚毛（其中 1/3 胸部无刚毛）
		（③________）

（1）根据实验结果分析，果蝇腹部的短刚毛和长刚毛是一对________性状，其中长刚毛是________性性状。图中①、②基因型（相关基因用 A 和 a 表示）依次为________。

（2）实验 2 结果显示：与野生型不同的表现型有______种。③基因型为________，在实验 2 后代中该基因型的比例是________。

（3）根据果蝇③和果蝇 S 基因型的差异，解释导致前者胸部无刚毛，后者胸部有刚毛的原因：________________。

（4）检测发现突变基因转录的 mRNA 相对分子质量比野生型的小，推测相关基因发生的变化为________。

（5）实验 2 中出现的胸部无刚毛的性状不是由 F_1 新发生突变的基因控制的。作出这一判断的理由是：虽然胸部无刚毛是一个新出现的性状，但________________，说明控制这个性状的基因不是一个新突变的基因。

【答案】（1）相对　显　Aa　aa

（2）两　AA　1/4

（3）两个A基因抑制胸部长出刚毛，只有一个A基因时无此效应

（4）核苷酸数量减少缺失

（5）新的突变基因经过个体繁殖后传递到下一代中不可能出现比例25%的该基因纯合子

案例分析：

这道试题考查学生对核心主干知识的理解和应用，试题灵活，综合性较强，如果学生靠死记硬背则很难得到高分。本案例中的试题虽然是2015年的一道高考试题，但是已经能够体现出对学科核心素养的考查。本题以果蝇的杂交实验为载体，从知识上侧重考查遗传和变异的综合，通过分析实验现象和结果考查学生的推理、归因、论证等科学思维。

在学习评价领域，终结性评价注重学生的学习成绩，以分数高低判定学生的学习成果，并作出成绩评定。但是终结性评价缺乏对学生学习过程的关注，不能及时发现学生学习过程中出现的问题，不能对学生的学习表现、努力和进步作出客观公正、科学合理的评价，难以促进学生反思学习过程并采取及时、有效的措施改进学习。因此，学习过程的形成性评价无论在课堂教学中还是在课后，都是教师应该更加关注、更多采用的评价方式。

3. 形成性评价

形成性评价又称过程性评价，是在教学过程中即时、动态、多次对学生实施的评价。注重及时反馈，是形成性评价的重要特点，也是形成性评价发挥作用的重要机制。形成性评价关注过程，可以在教学过程的任一阶段为教与学提供反馈和纠正。

在教学实践中，形成性评价实施的策略有很多，除了各种大小测验之外，还有提问、讨论、反馈、自我评价、同伴评价、分享学习期望等策略，以及一些新兴的评价方式，如注重真实问题解决的表现性评价。有效使用这些评价策略可以引导教与学的过程，使教师知道学习者现在在哪里（通过提问、讨论、自我评价和同伴评价），将朝哪里前进（通过分享学习期望），以及如何抵达哪里（通过讨论和反馈）。教师应通过多种方式的形成性评价获取学生学习目标的达成情况，从而切实实现目标、评价、活动一致性的教学。

现以“基因突变”为例，说明单元学习活动中单一课时的目标、评价、活动一致性的教学设计。

【案例3】

“基因突变”教学设计

1. 单元学习任务：阐明可遗传变异对个体、种群及人类生活的影响

2. 子任务：阐明基因突变对个体、种群及人类生活的影响

3. 学习目标

（1）运用归纳与推理等方法，分析镰状细胞贫血等相关素材，概述基因突变的概念、原因、特点和意义，形成结构与功能观、进化观、稳态与平衡观（生命观念和科

学思维)。

(2) 通过分组探究，运用生命观念，分析不同类型的基因突变所带来的不同影响(生命观念、科学思维、科学探究)。

(3) 对细胞癌变的原因作出分析，了解健康的生活方式，认可生命科学研究的重要意义(社会责任)。

4.“基因突变”目标、评价、活动一致性的设计方案

评价目标	学习活动	评价任务	评价方式
结构与功能观、进化观、稳态与平衡观；归纳与推理的科学思维，辩证地认识、分析基因突变的意义	资料分析及讨论： 1. 基于镰状细胞贫血的分子机制等资料，归纳基因突变的概念。 2. 分析镰状细胞贫血基因携带者与其生存环境的关系，阐明基因突变与生物的利害关系。 3. 分析模型，了解结肠癌发生的过程和原因	课前： 查阅资料，了解基因突变导致的疾病及其地区分布。 课上： 1. 完成镰状细胞贫血病因的图解分析。讨论：基因突变后生物的性状一定改变吗？如果基因的结构改变，但并未导致其控制的性状改变，属于基因突变吗？ 2. 具有镰状细胞贫血突变基因的人占疟疾高发地区总人口数比例较高的原因是什么？ 3. 原癌基因或抑癌基因突变，一定会导致细胞癌变吗？如何理解原癌基因与抑癌基因对维持细胞稳态的作用？	课堂讨论，在教师的引导下，尽可能让学生说出正确答案；纸笔测试
结构与功能观、进化观；科学探究	1. 设计分组活动，合作探究不同位置的基因突变可能对子代产生的影响。 2. 资料分析，探究基因突变的特点	1. 写出一段 DNA 双链中的核苷酸发生替换、缺失、增添一对碱基以及增添三对碱基后的氨基酸序列，比较哪组改变对生物的影响更大。 2. 从结构的角度分析，为什么基因突变具有低频性特点？细胞在什么时期发生基因突变的可能性更大？基因突变具有低频性、有害性等特点，为什么仍可作为进化的原材料？	分组讨论
对细胞癌变的原因作出客观分析和科学评价，倡导健康的生活方式，认可生命科学研究的重要性	1. 分析吸烟与肺癌的相关性。 2. 资料分析：关于癌症的实例，三种致癌因素。 3. 基因检测的利与弊，基因治疗的实例分析	1. 通过资料信息分析，吸烟是否会导致肺癌患病率提高？如果会，如何解释不吸烟人群中仍有少数人患肺癌？如果不会，为什么吸烟与肺癌患病率具有较高的相关性？ 2. 了解生活中的致癌因素。生活中如何做才能降低患癌风险？ 3. 基因检测的结果能否公布？如果一个健康成年人的基因检测结果被保险公司、入职公司获取，是否存在风险？如何看待现代生物技术对人们生活的影响？	课前查阅资料，课上汇报，学生互评

3-1-1　基因突变的实例

3-1-2　基因突变的概念及细胞癌变

3-1-3　细胞癌变的根本原因及致癌因子

3-1-4　基因突变的特点、意义及应用

案例分析：

基因突变是基因中碱基序列的改变，这种改变是可遗传的，可能导致它所编码的蛋白质及相应的细胞功能发生变化，甚至带来致命的后果。基因突变是生物变异的根本来源，是生物进化的原始材料，对生物育种有重要作用。嵌入教学过程的评价任务是学习过程的一部分，持续性的评价被用来确定学生达到目标的程度如何，教师需要作出什么调整等。以发展素养为目标，自然要以素养为评价标准。在本案例中教师分别从生命观念、科学思维、科学探究、社会责任四个方面确立学习目标，再根据目标设计学习活动和评价任务。在教学实践中，教师可以将课时目标再分解成2~3个小目标，将40分钟分成2~3个教学环节，每个时间段聚焦一个目标，围绕每个小目标组织学习活动和进行评价，分小步走，可以及时了解学情，真正实现目标、评价、活动的一致性。

（案例提供：马小娟，北京市一零一中学）

清晰的目标是确保目标、评价、活动一致性的前提和灵魂。评价形式以新情境为载体，体现了学生是否能在正确价值观念指导下合理运用生物学思维，有效整合新获得的生物学相关知识，高质量地分析问题、解决问题。评价是教育的有力杠杆，好的评价方式不仅能表征出社会需要的深层知识，测试出学生的真实能力，还会给教师提供及时的指导反馈，给学生提供有效的学习反馈。所以，课程并不是以“下课”为结束标志，而是以学生学会即目标达成为结束标志。① 评价要持续性地镶嵌在教学、学习的过程中，而不是仅在教学、学习终结之后实施。没有适宜的评价，就等于不知道什么时候下课。

学习评价不是有效教学的附属品，而是有效教学的中心。教学过程中始终伴随着积极评价才是最有效的教学。在教学实践中，教师要不断考虑如何通过学习评价来促进自己有效教学，促进学生有效学习。

【研修作业】

1. 自选单元主题，尝试设计一个具有目标、评价、活动一致性的单元学习方案。

2. 自选一个课时主题，尝试基于单元核心素养目标设计目标、评价、活动一致性的教学方案。

① 崔允漷．如何开展指向学科核心素养的大单元设计［J］．北京教育（普教版），2019(2)：11-15.

3-2 如何设计和实施多样化的学习评价？

新版课程标准的基本理念之一是“学业评价促发展”。高中生物学课程重视以评价促进学生的学习与发展，提倡教师运用主体多元、方法多样的评价体系改进学生的学习方式，促进学生学科核心素养的形成。通过这个关键问题的分析和解决，希望教师能够：

- 认识到学习评价是落实学科核心素养的关键，了解学习评价的六项原则。
- 在教学实践中探索多样化的学习评价方案，实现有效教学。

教学关键问题分析

一、核心素养目标与学习评价

学习评价是日常教学过程中不可或缺的重要环节，是教师了解教学过程、调控教和学的行为、提高教学质量的重要手段。教学的逻辑起点是学科核心素养的达成，目标是培育学生的正确价值观、必备品格和关键能力。在“核心素养—课程标准—单元设计—学习评价”这个环环相扣的教学链条中，评价是决定核心素养能否落地的关键。学习评价应以学生发展为本，以生物学课程内容、学业质量标准为依据，聚焦学科核心素养，促进教师的教和学生的学。

生物学课程重视以评价促进学生的学习与发展，重视评价的诊断作用、激励作用和促进作用，致力于创建一个主体多元、方法多样、既关注学业成就又重视个体进步和多方面发展的生物学课程评价体系。提倡在评价中关注学生的个体差异和发展需求，帮助学生认识自我、建立自信，改进学习方式，促进学生学科核心素养的形成。

二、学习评价的原则

新版课程标准明确指出：评价应遵循立德树人的指导思想，重视学生爱国主义情操和社会责任感的形成；评价应关注学生对生物学大概念的理解和融会贯通；评价应体现导向性和激励性；评价应具有多样性。使评价既促进学生核心素养水平的提升，又推动教师教学水平的提高，实现评价者和被评价者共同发展的目的。在此基础之上，学习评价应遵循以下原则。

1. 指向学生学科核心素养的发展，要有明确具体的学习目标

目标是评价的起点和终点，评价必须建立在清晰的陈述目标之上，目标指向哪里，评价任务必须跟到哪里。有效的评价不仅取决于所用评价方法的选择和技术含量，更取决于是否针对评价目标实施学习评价。

2. 关注学生对生物学大概念的理解和融会贯通

教师围绕生物学大概念和重要概念组织并开展教学活动，有利于学生建构知识框架，深刻理解概念本质，有效提高教学效益，发展学生的学科核心素养。所以，关注学生对生物学大概念的理解和融会贯通，是发展学生学科核心素养的重要途径。

3. 评价方式应具有多样性

评价方式的选择，应该考虑评价目标、评价内容、评价对象和评价现场等实际情况，可采用学生自评和互评、小组评和教师评相结合的方式，以全面衡量学生的学习和发展。例如，评价方法具体包括：学生成长记录，记录学生成长过程中的点点滴滴，将实验报告、实验设计、小论文、作业等收入记录袋中，作为衡量学习态度和能力的依据之一；课堂行为观察，关注学生在课堂上师生互动、自主学习、同伴合作中的行为表现、参与热情、情感体验和探究、思考的过程等；作业练习检测；实践与应用检测，根据学生实际情况，利用课余时间，以小组为单位，自拟研究题目开展实践活动；阶段性纸笔检测，如单元考试和期中、期末考试等。

4. 创设真实的、多样的情境

评价是判断核心素养是否落地的关键。在进行学习评价时，传统评价方式中孤立的问题和测验题常常缺乏真实性，学生所获得的分数对其在未来真实生活中的表现的预见价值不高。对学生学科核心素养发展水平的评价不能局限于知识点的记忆、理解和简单应用，而应基于恰当的、真实的情境或任务进行评价。指向学科核心素养的评价会倒逼教学，使教学也介入真实的情境与任务，真实的情境与任务要体现在大单元的教学设计中。

5. 重视学生的学习过程

评价不仅要重视学生的答案，也要重视学生解决问题、获得答案的过程，这样教师才能真正了解学生的思维品质，诊断其学习困难之处，以便及时改进教学方案，并采取有针对性的教学措施。

6. 充分利用评价结果

学习评价的最终目的是促进教学目标的达成，改善教学和学习效果，检验学科核心素养的落实情况。学习评价应被视为一个过程，不但要评定学生的学习成果，也要评定教师的教学成效，以此作为改进教学的参考。对评价结果的科学分析和及时反馈，有利于提高评价的时效性。教师要根据教学目的，参照相关标准，对评价结果作出合理的解释。可利用评语、谈话等形式对学生学习情况及时反馈。应注重发现和发展学生的潜能，激发学生学习的积极性和主动性，以促进学生学科核心素养的养成。

三、现阶段生物学教学中学习评价存在的问题

1. 问题 1：评价方式单一，忽视评价的改进和激励功能

当前不少生物学教师仍然将考试作为主要的、甚至唯一的学习评价方式，以分数

高低判断学生的进步。教师若把学生的学习成绩作为衡量其能力的唯一标准，就不可避免地会忽视学生的学习过程及其在学习过程中表现出来的综合能力和情感、态度与价值观，进而导致学生一味追求分数，在考试分数低时自信心和自尊心受挫，失去信心和勇气，难以积极主动地学习，不利于学生全面发展。

2. 问题2：重视理论评价，忽视实验课程的评价

生物学是一门理论兼实践的综合课程，其概念、原理和规律等均是通过实验获得的。实验课程是中学生物学课程的重要组成，生物学实验的直观性、探究性对学生理解知识、提高动手和动脑能力、培养创新能力都有重要意义。课程改革后，虽然实验课的课时增加了，但是受升学压力、缺少配套实验设备等诸多因素的影响，对学生实践能力的评价远不及对其理论知识的评价。在对实验课程进行评价时，教师应侧重评价学生对实验原理的理解、实验探究能力是否提高、学生的实验态度等，绝不能仅评价学生操作实验的步骤。

3. 问题3：缺乏对学生社会责任的评价

评价方式单一，必然导致对学生情感、态度与价值观评价的忽视。中学生正处于身体发育和心理成熟的黄金时期，这是形成正确价值观和养成良好行为习惯的关键阶段。同时，中学生十分重视他人对自己的看法和评价，教师和来自同学、父母的评价也会影响其学习态度和价值观的形成。新课程教学关注的是学生的全面发展，对知识、技能是硬性的、可以量化的评价，对情感、态度与价值观是隐性的、难以量化的评价。教师在教学实践中应注重对学生从平时的参与程度、交流的主动性、知识应用能力、对科学议题的看法和评论等多角度进行评价，并引导学生建立正确的情感、态度与价值观。

教学关键问题解决

如何设计和实施多样化的学习评价？不论是什么类型的课程，都要以课程标准为依据来确定学习目标。教师应根据不同的学习内容，设计多元化的学习活动，同时配合多样化的学习评价。下面以实验课、理论课及大单元整体教学设计为例，分别阐述多样化的学习评价在课程和单元教学层面的实施方案。

【案例1】

观察根尖分生区组织细胞的有丝分裂

1. 实验目的

（1）学会制作大蒜根尖有丝分裂临时装片。

（2）观察植物细胞有丝分裂的过程，识别有丝分裂的不同时期，比较细胞周期中不同时期的时间长短。

（3）掌握培养大蒜根尖、使用显微镜、绘制植物细胞有丝分裂简图等基本技能。

（4）提高合作与交流能力，形成实事求是、严谨认真的科学态度。

2. 学习活动设计

（1）培养大蒜根尖。实验课前3~4天小组合作培养大蒜根尖，每天观察根尖的生长情况，直至根长至5 cm。

（2）制作大蒜根尖临时装片。制作流程：解离→漂洗→染色→制片。

（3）观察根尖细胞的有丝分裂。先在低倍镜下找到大蒜根尖的分生区细胞，然后换高倍镜继续观察，统计视野中处于各时期的细胞数量并记录。汇总全班的观察结果，统计不同时期细胞数量并分析。

（4）绘图。绘制含有两对染色体的有丝分裂中期简图。

（5）小组合作与互评。用易于弯曲的软铁丝模拟制作处于有丝分裂前期的染色体形态。

（6）书写实验报告。将实验目的、原理、步骤、结果及分析等内容记录在实验报告上。

（7）课后检测。完成与实验相关的检测题。

3. 多样化的评价方案设计①

评价目标	评价任务	评价方式	评价标准
掌握培养大蒜根尖的基本技能；提高合作与交流能力，形成严谨认真的科学态度	培养大蒜根尖	填写大蒜根尖培养记录，教师依据评价标准对学生的参与度及培养结果打分	1分：根尖没有生长或根尖坏死 3分：根尖长势差，纤细，稀疏 5分：根尖长势良好，健壮，长达5 cm
掌握制作大蒜根尖临时装片的方法；形成严谨认真的科学态度	制作临时装片	教师观察学生的课堂行为，关注学生的实验操作技能水平，并依据评价标准打分	解离： 1分：解离时间过长或过短，解离效果差 3分：解离时间稍长或稍短，解离效果较好 5分：解离时间合适，解离效果好 漂洗： 1分：忘记漂洗 3分：漂洗时间过短，操作不规范 5分：漂洗约10 min，操作规范 染色： 1分：操作不规范，使用错误染液或染色时间错误，染色效果差 3分：操作较规范，染色时间稍长或稍短，染色效果较差 5分：把根尖放进盛有质量浓度为0.01 g/mol或0.02 g/mol的甲紫溶液中染色3~5 min，操作规范，染色效果好 制片： 1分：操作不规范，按碎盖玻片等 3分：操作较规范，观察效果较好 5分：操作规范，成功将细胞分散，观察效果好
熟练使用显微镜，形成实事求是，严谨认真的科学态度	观察和记录细胞图像，并对数据进行统计	教师观察学生的课堂行为，并对其操作过程和结果打分	1分：细胞重叠，或显微镜操作错误，观察不到细胞或染色体 3分：能观察到单独的细胞或细胞中的染色体，但不清晰，无法判断细胞时期 5分：能清晰观察到细胞中的染色体，并能准确判断细胞所处时期

① 参见：潘文龙，马君瑞，刘丹丹．表现性评价在高中生物实验教学中的应用：以“观察根尖分生组织细胞的有丝分裂”为例［J］．中学生物教学，2019（14）：71–72.

续表

评价目标	评价任务	评价方式	评价标准
尊重事实，认真观察并绘图	绘制有丝分裂中期图像	纸笔检测	1分：绘图有科学性错误，如没有细胞壁、染色体形态错误等 3分：植物细胞形态近似正方形；绘制的染色体形态清晰，数目准确，但位置不准确 5分：植物细胞形态近似正方形；着丝粒排列在赤道板上；有染色单体、纺锤体；无核膜、核仁和中心体
提高合作与交流的能力	模拟制作染色体	学生两人一组，完成任务，进行自评和互评	1分：认真操作，但出现了染色体形态错误、数量错误等科学性错误 3分：认真操作，出现一处错误 5分：认真操作，模拟制作的染色体形态逼真，造型生动
认真规范完成	书写实验报告	纸笔检测	1分：报告基本完成，但是错误较多 3分：报告全部完成，错误较少 5分：报告全部完成，描述准确详尽，没有错误
养成反思的习惯，总结不足	课后检测	纸笔检测	根据标准答案打分

案例分析：

本实验学习目标明确，以小组合作的学习方式展开学习活动，并以多种方式进行评价。通过独立制作大蒜根尖临时装片并在显微镜下观察，评价学生的实验技能；通过课前培养大蒜根尖，评价学生认真负责的科学态度；通过课上用软铁丝模拟有丝分裂前期染色体的形态，让学生自评与互评，增强学生的合作、交流意识；通过观察、记录处于不同细胞周期的细胞数量，汇总分析各时期细胞的比例，评价学生的实验探究能力；通过课后练习评价学生综合运用学科知识的能力。多元化的评价方案不仅针对实验学习本身，还对学生的探究能力、合作与交流能力等进行评价，并设计评价量规，贯穿实验课始终，从多个角度对学生的学习效果进行评价，由此加深学生对自身的认识，获取正向反馈。

实验是生物学课程的重要组成内容，有助于学生理解生物学的重要概念，获得相应的实验技能，巩固已有的生物学知识，练习相关的实验技术，提高动手能力。在实验过程中，合作与交流是实验课程的基本要求。学生的操作技能、行为习惯、创造性、人际关系、情感体验等在生物学实验过程中都有不同程度的体现，这就需要教师通过多元化的评价方案进行反馈。同时还要将实验活动与发展学生生物学学科核心素养有机结合，以提升教学效果。

（案例提供：马小娟，北京市一零一中学）

【案例 2】

蛋白质是生命活动的主要承担者

1. 教学目标

(1) 通过探讨胶原蛋白手术缝合线的特性及化学本质，认识蛋白质的功能及应用，感悟生物学的社会价值。

(2) 通过列举并归纳蛋白质的功能，认同蛋白质在细胞生命活动中承担着重要作用。

(3) 通过分析并归纳氨基酸分子的结构通式及“组装胶原蛋白”的活动，认识蛋白质由一级结构到空间结构的组成，明确蛋白质多样性的原因。

(4) 通过分析胶原蛋白结构和功能，明确蛋白质的功能以其完整的空间结构为基础，而空间结构又与组成它的氨基酸序列密切相关，从分子水平感悟结构与功能的关系。

2. 多样化的学习评价设计[①]

评价目标	评价任务	评价方式	评价策略
认识生物学知识在生活实践中的应用，体现社会责任	活动 1　列举并梳理蛋白质的功能 活动 2　认识手术缝合线；通过物质鉴定实验确认其蛋白质成分，并设计水解胶原蛋白的实验方案	学生课前收集蛋白质及手术缝合线的资料，课堂讨论，总结蛋白质的功能；课上设计实验，探究物质成分和变化过程	在与学生互动和讨论问题时，教师对正确答案予以肯定、赞扬，及时指出错误，并引导学生在正确的方向上思考，尽可能让学生自己悟出正确答案或反思自己分析的错误之处，纠正概念
动手实践，体会氨基酸结构和性质的关系，初步建立结构与功能观	活动 1　观察多种氨基酸的结构，概括氨基酸的结构通式 活动 2　从各种小分子有机物的结构式卡片中找出氨基酸卡片，利用卡片模拟氨基酸脱水缩合的过程	评价 1　让学生以自己的语言表述氨基酸的结构共性 评价 2　学生互评，说出彼此模拟的问题并纠正，教师评价	
利用所学知识解决情境中的问题，形成结构与功能相适应的观点	资料分析： 1. 胶原蛋白中的甘氨酸被丙氨酸取代，导致功能异常，使胶原蛋白的凝血功能下降，造成患者凝血功能障碍 2. 长期缺乏维生素 C 导致坏血病，本质原因是胶原蛋白中的脯氨酸需要维生素 C 存在时才能转化为羟脯氨酸，进而维持胶原蛋白的空间结构，保证人体的凝血机制正常 3. 镰形细胞贫血的病因：基因的一个碱基替换导致氨基酸的替换，最终影响了血红蛋白的空间结构	师生互动，学生分析资料，进行讨论和思维探究，认同蛋白质空间结构对其功能的重要性	

① 参见：李琳．基于教材又创生教材的尝试：以胶原蛋白为情境贯穿整节进行蛋白质教学的设计与实施［J］．中学生物教学，2019(21)：8-12.

续表

评价目标	评价任务	评价方式	评价策略
逆向思维，应用所学知识，形成新知	活动1　观察课前用胰蛋白酶处理的胶原蛋白，分析其形态基本不变的原因 活动2　利用手中模型完成蛋白质变性、水解过程，加深对蛋白质结构的理解	教师展示用胰蛋白酶处理40分钟的胶原蛋白线，结果与学习预期不符，产生认知矛盾，由此联系手术缝合线的功能讨论原因	在与学生互动和讨论问题时，教师对正确答案予以肯定、赞扬，及时指出错误，并引导学生在正确的方向上思考，尽可能让学生自己悟出正确答案或反思自己分析的错误之处，纠正概念

3-2-1　氨基酸的结构

3-2-2　氨基酸脱水缩合形成肽链

3-2-3　胶原蛋白的结构及蛋白质结构异常

案例分析：

课程标准的基本理念之一是“教学过程重实践”。生物学课程高度关注学生学习过程中的实践经历，强调学生的学习是主动参与的过程，让学生积极参与动手和动脑的活动，通过探究性学习活动，加深对生物学概念的理解，提升应用知识的能力，培养创新精神，进而能用科学的观点、知识、思路和方法，探讨或解决现实生活中的某些问题。理论知识讲授是生物学教学的主要方式，虽然不同于在实验室动手操作，但是教师仍可结合教学内容设计多样化的学习活动，促进学生主动学习。“蛋白质”的教学是人教版教科书必修1第2章的重点和难点内容。通过本节的学习，学生不仅获得重要的生命大分子——蛋白质的相关知识，同时以知识为载体，通过分析蛋白质的结构与功能的关系、细胞中含量最多的有机物是蛋白质、蛋白质具有多种多样的功能等，建立生命的物质观、结构与功能观。为了突出重点、突破难点，教师还要设计多样化的学习任务，如本案例中教师以“胶原蛋白手术缝合线”作为一节课的主线，在探索手术缝合线的化学本质的大情境下展开讨论。通过学习资料，引导学生分析胶原蛋白一级结构中氨基酸的特殊性质和规律排列，对其形成二级结构和空间结构的影响，可以很好地体现一级结构对空间结构的影响，由此形成的胶原蛋白具有纤长、强韧的特性，这又为其作为手术缝合线提供了可能性；通过胶原蛋白中氨基酸的替换导致蛋白质结构改变，引发蛋白质功能丧失进而引起相应病症，体现结构与功能观；通过胶原蛋白的可吸收性体现蛋白质在机体内水解为氨基酸的过程，可作为氨基酸脱水缩合形成蛋白质的佐证。为了达成学习目标，教师设计了围绕教学主线的问题串，引导学生进行思维探究，并贯穿整节课；设计了多样化的学习活动，组织学生动手操作氨基酸纸片，设计检测生物材料是否含有蛋白质的实验方案，并采用教师评价、学生互评等方式进行评价；最后以概念图考查学生对知识的理解。

课堂上的形成性评价标准不是预设的，而是根据学生表现随时生成的。这样的评价标准不像纸笔测验有确定的、定量的分值，而是教师在课堂上根据学生的综合表现，以态度、语言对学生进行“打分”。可见，课堂上的形成性评价关注学生的学习行为、学习过程和学习能力，有助于教师及时了解学生的学习进程、学习中存在的问题，以便及时调整教学策略，促进学生不断改善学习表现、获得进步。

（案例提供：李琳，清华大学附属中学）

【案例 3】

“生物的进化”单元学习活动的多元化评价

1. 单元学习目标

（1）通过比较化石、解剖学、胚胎学、细胞生物学和分子生物学等多方面的证据，体会“比较”是常用的科学研究方法。从结构与功能观、进化与适应观的角度说明生物之间都存在一定的亲缘关系，都来自共同祖先（生命观念、科学思维）。

（2）通过收集和分析可遗传的变异以及变异可能带来的生存与繁殖优势等方面的实例，认识到自然选择和变异之间的关系，解释生物的适应是自然选择的结果，用图示的方法建立物种形成的模型。通过分析生活中耐性和抗性的产生机制，认识到抗生素和农药滥用的弊端（生命观念、科学思维、社会责任）。

（3）认同人类同其他物种有着或远或近的关系，而不是天生就有凌驾于其他物种之上的超然地位，人和其他生物是一个整体，人类应与自然和谐发展（社会责任）。

（4）通过了解生物进化理论发展完善的历程，认识到科学是随着科学研究而不断更新的，科学知识会随着研究的深入而不断修正（科学思维）。

2. “生物的进化”单元评价设计①

评价目标	评价任务	评价方式	评价标准
基于一定的事实进行猜测，并收集广泛的证据进行论证；认识到生物有共同祖先	课上教师提出问题，学生基于事实作出合理假设，如第二课时学生阐述长颈鹿脖子长的原因；课后学生对胚胎学显示出来的生物早期胚胎像鱼，有尾巴和鳃裂这一现象作出假设	课上教师了解每个学生的想法，在课时允许的情况下给予学生尽量多的表达机会；课后任务以报告的形式完成	水平一：学生作出的假设不合理或无法验证 水平二：学生基于事实作出合理的假设，但给出的证据不足以论证这一假设 水平三：学生作出合理的假设，并能够回忆或搜集证据进行合理的论证，同时明白假设并没有变成真理，还需要随着科学研究而不断完善

① 参见：徐汎峰，付雷．基于深度学习的高中生物学单元学习目标及评价设计：以“生物的进化”为例［J］．生物学教学，2020，45(8)：12-16.

评价目标	评价任务	评价方式	评价标准
能用自然选择学说解释抗药菌的形成过程，并对抗生素的使用提供合理建议	阅读材料，分析“超级细菌”出现的原因，并谈谈如何预防这一问题	课堂讨论，汇总成果，并与社区合作，进行科学普及宣讲	水平一：学生不能解释耐药性产生的原因 水平二：学生解释抗药性的原因时，没有结合材料进行说明，仅是再现书上的知识 水平三：学生能利用自然选择学说解释超级细菌产生的原因，并清楚认识到决定抗药性的基因在抗生素产生之前就存在，抗生素起到自然选择的作用
认识到人也是属于自然的一部分，也是进化的产物，人与自然应和谐相处	围绕“人类生活在人们自己创造的环境中，不受到自然选择的影响”展开辩论	学生展开讨论，说出是否认同这一观点并阐明理由	水平一：学生认同人类可以超脱自然环境，科技发展使人类独立于自然界；认为人绝对服从自然，忽视人的主观能动性 水平二：学生认为人类的科技尽管十分发达，但仍然受自然选择的影响。没有认识到人与自然的辩证关系 水平三：学生认识到人与自然之间存在复杂关系，人类应该与自然和谐共生
能用批判性思维看待提出的观点，敢于质疑，从而认识到科学是不断向前发展的	请你分别谈谈对适者生存、幸者生存、适者繁殖这三种观点的看法	学生查阅资料，汇总成报告上交	水平一：学生认同其中某一观点，认为其他观点是错误的，但未给出理由或给出的理由是错的 水平二：学生仅从一个角度阐述某一观点的合理性与不合理性，给出了单方面的理由 水平三：学生认为三种观点各有合理和不合理之处，并能通过具体实例对其进行说明

案例分析：

单元教学设计以大概念、单元任务等为主线，确定单元教学目标，即通过单元学习培养哪些核心素养；设计与目标对应的评价任务，即判断预设目标的达成情况以及学生学会了什么。在目标和评价任务设计完成之后，联系旧知或结合真实情境，设计学习活动，让学生动手、动脑，主动进行探究性学习。

本案例的评价内容以单元目标、单元学习内容和学业质量标准为依据，结合“生物的进化”单元具体的教学内容，以本单元大概念（生物多样性和适应性是进化的结果）、重要概念（生物拥有共同祖先，适应是自然选择的结果）等主干知识为依托，检测学生生物学学科核心素养的发展水平。在进行大单元教学设计时，教师要设计多样化的学习评价方案，这些方案应指向学科核心素养目标，聚焦教学的重点和难点，在具体的教学环节中可以进一步丰富、细化评价任务。例如，评价目标 2 对应的学习内容是本单元第 3 节“种群基因组成的变化与物种的形成”中的“种群基因组成的变化”，在这部分的课时教学中，可以先通过分析一百年间英国曼彻斯特地区桦尺蛾的体色变化，探究自然选择对种群基因频率变化的影响，评价学生基于现象提出问题、作出假设并进行探究的能力；再通过计算子代基因频率和基因型频率的变化，评价学生的科学思维；最后通过“探究抗生素对细菌的选择作用”实验操作，评价学生的实验探究能力及进化与适应的生命观念。

（案例提供：马小娟，北京市一零一中学）

学习评价是学校教育评价的主要组成部分，其主要目的在于改进学习实践，而这种实践旨在支持学习。传统的学习评价主要围绕知识点进行，侧重考查学生的学习结果，忽视学生认知建构和知识理解过程以及身心全面发展，关注总结性评价，缺少过程诊断性评价。学习评价不仅是对学生学习成绩的认可，更重要的是对学生学习行为的引导，促进学生认知能力、动手能力、分析问题和解决问题能力不断提高①，是决定核心素养落地的关键。评价不仅要揭示学生所知和所能，而且要捕捉新的学习如何发生，能提供大量的不同形式和不同质量的作品，以表明每个学生思维的深度、宽度和发展。② 如何在教学中设计和实施多样化的评价方案，切实有效地促进学生的学和教师的教，是值得所有教师思考的问题。

【研修作业】

1. 自选主题进行课时教学设计，尝试采用至少三种基于核心素养目标的评价方案。

2. 结合自身教学实践，谈一谈多样化的评价方案在日常教学中培养学科核心素养的应用。

① 刘仁坤，杨亭亭，王丽娜. 论现代远程教育多元化的学习评价方式［J］. 中国电化教育，2012(4)：52-57.

② 陈明选，邓喆. 围绕理解的学习评价：基于 SOLO 分类理论的视角［J］. 中国电化教育，2016(1)：71-78.

3-3 如何通过纸笔测试测评学生的学科核心素养？

通过纸笔测试测评学生的学科核心素养是课程标准学业质量水平评价的实践性问题。对这个关键问题的研究旨在分析纸笔测试的功能及应用现状，有效设计纸笔测试的结构和内容，使其指向学科核心素养的评价，促进后续教学的改进。通过对这个关键问题的分析和解决，希望教师能够：

- 理解纸笔测试的价值和意义。
- 合理使用纸笔测试测评学生的学科核心素养发展水平。

教学关键问题分析

关于学科核心素养测评的性质，华东师范大学杨向东认为，学科核心素养指向学科课程学习的真实性学业成就，其测评是以建构为核心的评价，并提出了测量模型（图 3-3-1）。学业质量标准提供了各学科核心素养不同水平及其表现特征的刻画，是设计学科核心素养测评时的重要依据，也是确定纸笔测试价值方向、理论框架和水平的依据。[①] 通过纸笔测试测评学科核心素养旨在通过学生在具体任务情境中的表现，推断其在某个素养上的层级，而素养层级中定性的、可操作的指标就是学业质量标准中对不同素养维度的具体表现特征，因此，教师要充分理解学业质量水平与任务情境、学生表现的相互关系，抓住能够真实反应待测素养的关键维度和指标，识别和解释学生在特定任务情境中的具体表现，并将其转化为特定的核心素养层级。

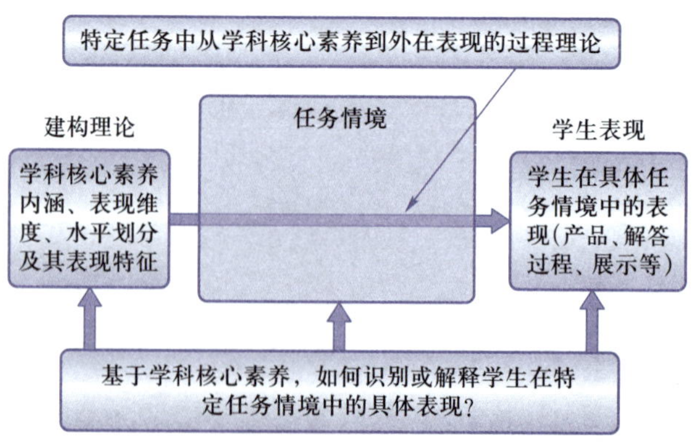

图 3-3-1　以建构为核心的学科核心素养测评模式

从测评的角度看，学生在所测素养上的特征和水平是纸笔测试的最终指向。学生

① 杨向东．指向学科核心素养的考试命题［J］．全球教育展望，2018，47(10)：39-51.

在纸笔测试任务中的表现是推断学生在素养上的特征和水平的具体指标。纸笔测试任务则是用以引发所测素养外在指标的载体。因此，测评核心素养的纸笔测试应该关注测试任务的设置，以及通过任务收集学生具体表现证据的可靠性和真实性。对学生学科核心素养水平的测评基于学生的具体表现，纸笔测试在获取学生表现的具体证据方面具有高效、覆盖面广、实施和管理容易、评分客观便捷等特点。① 但是，既有的纸笔测试任务设置往往强调确定性的学科知识和技能习得，是学生对已有知识的识别、回忆和套用，忽视学生运用知识解决问题的能力及相关素养的体现。在呈现方式上，既有的纸笔测试往往情境单一，缺乏真实的、科学的、贴近学生生活的复杂情境，忽视学生内在素养的外在体现。在评价方式上，试题以情境单一的选择题、填空题为主，虽然评分标准可操作性强，但是开放性和探究性不足，忽视对学生核心素养水平和特征发展的过程性评价，也并未形成整体来促进学生学科核心素养的发展。

基于核心素养的评价旨在改变当前考试和评价的不足，通过创设整合性的、情境化的、不良结构的真实任务，直接评估学生的真实性学业成就，从内涵上变革我国的高考命题和其他大规模考试。② 教师可以通过设计、评价、补充、修正等手段，增加试题的开放性、创新性等，科学使用纸笔测试评价学生学科核心素养。

教学关键问题解决

依据生物学学科核心素养的基本内涵及发展机制，结合实践经验，我们可以从以下几点出发进行纸笔测试，测评学生的学科核心素养发展水平；也可以参考生物学学业质量水平，制定相应的纸笔测验评价标准，改善纸笔测验的使用形式，达到测评学生学科核心素养水平和促进教与学改进的目的。

一、围绕核心概念测评学生的生命观念素养发展水平

生命观念是生物学学科核心素养四个要素中独具生物学学科特点的维度，是抽象和概括的产物，是基于生物学事实与现象，在逐渐构建概念的过程中形成的。因此，纸笔测试中对生命观念的测评可以围绕核心概念进行，通过考查学生对核心概念的掌握程度来测评学生的生命观念素养发展水平，如聚焦大概念 4“生物的多样性和适应性是进化的结果”来测评学生的进化观；通过大概念 1“细胞是生物体结构和生命活动的基本单位”相关内容的分析来测评学生的结构与功能观等。概念是在研究问题的过程中建立起来的，因此在纸笔测试中重点围绕核心问题进行设计和检测，可以通过考查概念图的建立、多个概念之间的关系、概念特征辨析、阐释区别与联系，甚至可以通过推测判断和解决问题等方式，来考查学生对核心概念不同层次的掌握程度，从而测

---

① 王健，李连杰，单中伟．基于评价三角理论的学业质量评价设计［J］．中国考试，2019(1)：30-39.

② 杨向东．核心素养与我国基础教育课程改革的关系［J］．人民教育，2016(19)：19-22.

评学生生命观念的素养层级。[①] 在纸笔测试中，教师可以通过学生对某一现象及其本质的分析和判断，直接考查其生命观念（如结构与功能观、物质观等）素养发展水平。多数考查是对相关概念的理解、掌握和应用，在其中渗透考查生命观念的发展状况。[②]

【案例 1】

丰富多彩的生物世界具有高度的统一性。以下对于原核细胞和真核细胞统一性的表述，不正确的是（　　）。

A. 细胞膜的基本结构是脂双层　　B. DNA 是它们的遗传物质

C. 在核糖体上合成蛋白质　　D. 通过有丝分裂进行细胞增殖

答案：D

案例分析：

本题考查学生对学科主干知识真核细胞和原核细胞结构与功能的理解，引导学生基于对概念 1.3“各种细胞具有相似的基本结构，但在形态与功能上有所差异”的学习与理解，以及原核生物和真核生物存在一定相似性的事实，关注知识之间的区别与联系，利用统一性观点统领对丰富多彩的生物世界的认识，这是生物学独有的对世界的认识视角。A 选项聚焦细胞膜的结构，B 选项关注遗传信息的物质基础，C 选项侧重细胞器及其功能，D 选项则关注细胞增殖方式。本题测评等级为生命观念素养水平二，即学生能运用结构与功能观，举例说明生物体组成结构和功能之间的关系、遗传的物质基础，并举例说明生物的多样性和统一性。

【案例 2】

3-3-1
案例 2 讲解

细胞膜的结构和功能存在密切的联系。下列有关叙述错误的是（　　）。

A. 叶绿体的类囊体膜上存在催化 ATP 合成的酶

B. 溶酶体膜破裂后释放出的酶会造成细胞结构的破坏

C. 细胞的核膜是双层膜结构，核孔是物质进出细胞核的通道

D. 线粒体 DNA 位于线粒体外膜上，编码参与呼吸作用的酶

答案：D

案例分析：

本题通过对细胞结构中的叶绿体、溶酶体、细胞核和线粒体的膜结构及其相应的功能进行分析和判断，考查学生对课程标准中的次位概念“阐明细胞内具有多个相对独立的结构，担负着物质运输、合成和分解、能量转换和信息传递等生命活动”的理解与运用水平。试题的每个选项都体现了对生命观念素养中“结构与功能观”的考查，参考了学业质量标准中核心素养水平的具体表现，学生若能根据具体选项实例辨别不同生物结构与功能之间的关系，则说明学生能运用结构与功能观分析解释较为复杂情

① 吴成军. 生物学学科核心素养的教学与评价［M］. 上海：华东师范大学出版社，2020.

② 荆林海. 高考命题改革背景下生物教学中的关键问题［M］. 北京：中国青年出版社，2020：144.

境中的生命现象，即达到生命观念素养水平三的要求。

（案例提供：杜军，中国人民大学附属中学）

【案例 3】

为提高甜椒产量，科研人员对温室栽培甜椒的光合作用特性进行了研究。请回答下列问题：温室内易形成弱光环境。弱光下，光反应阶段产生的 ATP 和________较少，影响暗（碳）反应阶段中________的还原，使糖类等有机物的合成减少。必要时，可根据光合作用特性进行人工补光。

3-3-2
案例 3 讲解

答案：[H]（NADPH）　C_3

案例分析：

本题基于次位概念“说明植物细胞的叶绿体从太阳光中捕获能量，这些能量在二氧化碳和水转变为糖和氧气的过程中，转换并储存为糖分子中的化学能”进行设计，主要考查光照强度对光反应的作用和对暗反应的影响，以及在整个过程中物质转变伴随能量的转换，最终生成糖类等有机物，因此，物质是能量的载体，能量是物质转化的动力。本题是对生命观念素养中的物质与能量观的考查。若学生能对弱光这一特定情境下的物质及能量的变化进行简单分析，获得答案，即达到生命观念素养水平二的要求。

此外，关于光合作用这一概念的考查，从生命观念的角度可以考查学生的结构与功能观。例如，光合作用通过类囊体增加光合膜的面积，分布的色素酶等保障了光反应的高效进行，这是结构与功能高度统一的体现。从进化与适应观角度还可以测评学生的生命观念素养发展水平。例如，叶绿体作为细胞器可以高效地进行光合作用，蓝细菌也可以进行光合作用，但它并没有类囊体，叶绿体和蓝细菌还有很多相似之处，如都有生物膜，都含有环状 DNA，都可以进行光合作用，因此从进化的角度可以推测，叶绿体很可能是胞吞可进行光合作用的蓝细菌逐渐进化而来的，即内共生假说。

（案例提供：苏明学，北京理工大学附属中学）

二、利用学生在任务情境中的具体表现，综合测评其科学思维和科学探究素养发展水平

在测评学生的核心素养发展水平时，科学思维和科学探究素养通常是联系在一起考查的。例如，考查基于事实和证据认识事物、提出问题、作出假设和预测结果的能力；探究步骤的设计和评估能力；对科学方法的运用能力；对探究结果的分析和评估能力。

如何使学生的相关素养外显或转化为可测评的具体内容呢？纸笔测试在空间上具有一定的局限性，尤其是科学探究的具体实践，学生的求知态度和团队合作精神等无法通过纸笔测试直接检测；但是针对真实任务情境，基于对数据和资料的分析进行相

关操作的设计及假设，以及对数据图像等实验结果的精确阐述和具体分析，是可以在纸笔测试中显示的，因此，对学生核心素养的测评，需要通过学生完成特定情境下具体任务的表现来推测其核心素养水平。① 例如，提供相应的实验事实和证据，要求学生运用科学术语精确阐述或者具体分析实验设计及操作，对学生的科学思维及科学探究素养进行测评。

【案例4】

将生长在水分正常土壤中的某植物通过减少浇水进行干旱处理，该植物根细胞中溶质浓度增大，叶片中的脱落酸（ABA）含量增高，叶片气孔开度减小，回答下列问题。

（1）经干旱处理后，该植物根细胞的吸水能力____________。

（2）与干旱处理前相比，干旱处理后该植物的光合速率会____________，这种变化的主要原因是________________________。

（3）有研究表明：干旱条件下气孔开度减小不是由缺水直接引起的，而是由ABA引起的，请以该种植物的ABA缺失突变体（不能合成ABA）植株为材料，设计实验来验证这一结论，要求简要写出实验思路和预期结果。

答案：

（1）增强

（2）降低　气孔开度减小使供应给光合作用所需的CO_2减少

3-3-3
案例4讲解

（3）实验思路：取ABA缺失突变体植株在正常条件下测定气孔开度，经干旱处理后，再测定气孔开度。预期结果：干旱处理前后气孔开度不变。将上述干旱处理的ABA缺失突变体植株分成两组，在干旱条件下，一组进行ABA处理，另一组作为对照组，经过一段时间后，分别测定两组的气孔开度。预期结果是ABA处理组气孔开度减小，对照组气孔开度不变。

案例分析：

试题以干旱处理后植物根细胞中溶质浓度变化、叶片中的脱落酸含量变化与叶片气孔开度变化为情境，考查渗透作用、光合作用和实验设计等相关内容。此题要求学生根据题干信息及所学知识，利用归纳与概括、演绎与推理等科学思维，探讨干旱处理后植物根细胞吸水能力及光合速率的变化情况，并阐明其内涵。通过设计实验验证研究结论，测评学生的实验设计能力，包括模型与建模、控制变量、分组等科学探究素养。

（1）基于相关知识及具体的实验情境预测和描述实验结果。学生通过题干信息可以分析得出经干旱处理后，根细胞溶质浓度变大，引起渗透压变大，从而推测根的吸水能力增强。测评等级为科学思维素养水平三，即在某一给定情境中，运用生物学规

① 孙鹏，臧铁军，管旭，等．构建基于核心素养的生物学科能力测评框架［J］．课程·教材·教法，2019，39（4）：97-103.

律和原理，对可能的结果或发展趋势作出预测。

(2) 要求学生综合运用题干信息，通过演绎与推理对相关生命现象进行阐释，通过对干旱导致细胞水分减少、气孔关闭阻碍气体进出、光合作用受CO_2浓度影响等进行逐步分析完成本题的解答。此题是较高阶的科学思维的外显，测评等级为科学思维素养水平三。学生是否能基于事实和证据，运用科学术语精确阐释等，即为其具体的表现特征，可由此确定具体的科学思维水平等级。

(3) 要求学生在特定的任务情境中使用特定的实验材料完成验证性实验设计并预期结果。学生需要列出相对完整的实验流程，简要写出实验结果。学生在面对这样的试题时，能否运用科学思维方法展开论证，以及能否基于给定的条件设计实验方案，都体现在学生对具体实验方案的描述中。实验方案的合理性、逻辑性体现了学生的科学思维和科学探究素养层级。同时，学生对后续实验结果的预测，是其基于已学知识进行推理得出的；能否运用科学术语准确描述实验结果，也能在一定程度上反映学生相关核心素养的发展水平。此题对科学思维和科学探究素养的测评等级均为水平四。

（案例提供：杜军，中国人民大学附属中学）

三、借助开放性试题测评学生的社会责任素养发展水平

社会责任是指基于生物学认识，参与个人与社会事务的探讨，作出理性解释和判断，解决生产生活问题的担当和能力。其具体表现在参与意识、解决问题和实践行动三个方面。从纸笔测试本身的特性来看，学生的实践行动是难以测评的。同时，由于试题的指向性，学生的参与意识多是被动的而非主动显现的，社会责任的考查大多作为复杂情境中的“嵌入式试题”开展，但从评估的效度来看，学生容易受暗示而选择有利于得分的选项，从而使试题的评估效度降低。将试题和问卷调查等结合，可能是评估学生科学态度素养发展水平的有效途径。因此，纸笔测试多是对学生解决问题的考查和测评，如对科学议题进行讨论并作出合理解释，辨别迷信和伪科学，尝试解决生活中的问题，提出环境保护具体策略等。

从发展学生学科核心素养的视角来看，社会责任是个体素养不可分割的一部分。在真实情境下同时调用知识、技能和态度是非常必要的，这些抽象的或者由此表现出的外显行为，都是学生对相关情境中具体问题的决策。开放性试题可以减少对学生思维的限定，使学生真实地表达自己的观点、建议或者价值观。因此，通常可以在已有情境下设置开放性问题，启发学生解决可能的问题或者提出可能的解决方法，并作出评价。一般在综合题的最后一问设置相关试题来考查学生的社会责任素养发展水平，或者通过材料学习等新题型来增强学生对热点事件的关注，促使学生发表相关观点，然后根据学生作答的具体情况判断相应的素养水平。

【案例 5】

阅读下面科普短文，请回答问题。

北京时间 2019 年 1 月 3 日，嫦娥四号探测器成功登月，实现了世界首次月球背面软着陆，在人类探月历程中具有开创性意义。

嫦娥四号搭载的生物科普试验载荷项目，是研究在月球低重力、强辐射和模拟自然光照等条件下，生物的生长发育状态。载荷箱（图 3–3–2）由特殊的铝合金材料制成，箱体内搭载了六名“神秘旅客”，此外还有 18 mL 水、土壤、空气、热控装置以及两个记录生物生长状态的相机，总质量为 2.608 kg，生物生长空间为 1 L 左右。

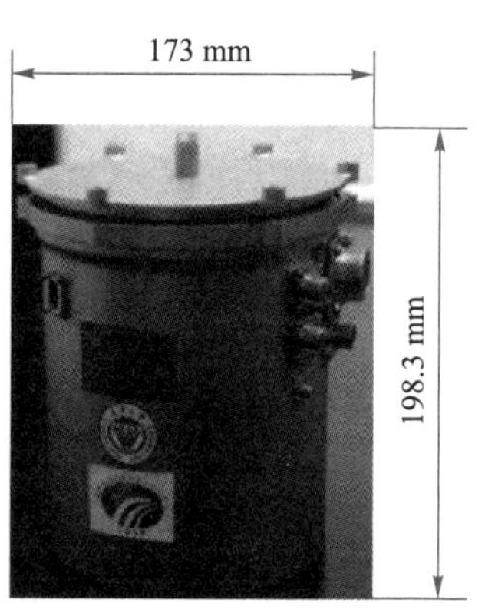

图 3–3–2

本次搭载的六名“神秘旅客”为马铃薯、油菜、棉花、拟南芥、果蝇和酵母。其中，拟南芥、果蝇和酵母为典型的模式生物，其他三种生物也因其重要的经济价值而入选。

什么是模式生物呢？它们通常具有生长繁殖周期短、遗传信息清楚、生命力顽强等特点。例如，拟南芥从发芽到产生种子仅需 6~8 周，在很短的时间里就可以繁殖很多代。拟南芥只有 5 对染色体，基因组约为 125×10^8 个碱基对，看起来是个天文数字，但在植物中算是小的。由于载荷箱的空间有限，搭载生物占用空间小、子代数量多也是必须的。

在实验过程中，由于能源分配问题，嫦娥四号探测器在月球夜晚不得不中断电源，实验舱内温度骤降到−52℃，导致已经萌发的一粒棉花种子死亡。后续研究值得期待。

萌发的棉花最终死亡，你如何评价这项生物科普试验载荷项目的价值？

3–3–4

案例 5 讲解

答案：在恶劣的月球环境中，正常萌发已是奇迹，说明起初创造的人工环境是成功的，后续需要进一步改进装置的空间大小和实验舱能量供应问题；科学研究总是不断经历“实验—失败—再实验—成功”的过程。

案例分析：

此题是一篇材料学习题，以社会广泛关注的嫦娥四号探测器成功登月为情境，展示了其中所搭载的生物科普实验项目，对学生科学精神及科学价值观素养进行测评。题目借用开放性问题检验学生在回答时是否能客观看待此实验失败的原因，以及是否能从中感悟到实验价值，其实质就是对学生关注我国生物科普试验载荷项目进展，运用生物学学习成果、科学的方法论和技术观参与社会议题讨论等社会责任素养的测评。虽然开放性问题没有唯一特定的答案，但是学生所有观点的呈现都是学生自身态度、价值观的具体体现，教师可以将学生回答问题的角度、深度等与学科素养水平等级的具体表现进行对比，从而对学生的社会责任素养进行水平划分。

（案例提供：张斌，北京市十一学校）

【案例 6】

枯草芽孢杆菌可分泌纤维素酶。研究者筛选到一株降解纤维能力较强的枯草芽孢杆菌菌株（B 菌），从中克隆得到了一种纤维素酶（C_1酶）基因。将获得的 C_1酶基因与高效表达载体（HT 质粒）连接，再导入 B 菌，以期获得降解纤维素能力更强的工程菌。

预期该工程菌在处理废弃物以保护环境方面可能的应用。（举一例）

____

答案：处理绿化废弃物，处理农作物秸秆（合理即可）。

案例分析：

本试题让学生在了解该工程细菌具有强降解纤维能力的基础上，预期工程细菌在保护环境方面的可能应用，引导学生结合实际生活提出具体的方案或策略，树立“绿水青山就是金山银山”理念，形成生态意识。学生可以识别自身生活实际中以纤维为主要成分的垃圾和废物，参考《北京市生活垃圾管理条例》，基于自身对工程细菌的认识，提出利用生物方式降解纤维垃圾，减少二次污染，实现人与环境和谐相处的合理化建议，尝试解决现实生活中的问题。此题测评等级为社会责任素养水平四。

（案例提供：郝俊冉，北京市八一学校）

通常情况下，学科核心素养的几个方面是相互影响的，在测试中往往难以完全区分，因此，还可以进行学科核心素养综合测评。学科核心素养本身不能体现为学习结果，而是学生在问题情境中，运用学科核心素养分析和解决问题的具体表现。教师应利用真实情境，以知识为载体，以学科核心素养为立意对学生进行评价。例如，可以提供一个真实的或模拟的问题情境，将任务题干描述的情境与核心素养表现建立联系，将抽象问题具体化，引发学生运用已经获得的知识和技能完成任务，并以文字表现的形式应答，教师根据学生的文字性描述或图形产物推测学生对生物学概念的理解和认识程度、基于生物学知识分析问题和解决问题的能力、获取和判断信息的能力，以及生物学学科核心素养的发展水平。

在纸笔测试的内容上，教师可以参考学业质量水平与学科核心素养对应的具体表现，确定相应的纸笔测验素养表现水平要求。目前的纸笔测试评价标准通常是对具体的作答情况进行赋分，并未对相应核心素养层级的具体表现行为特征进行划分，因而常常无法准确评价学生的学科核心素养水平。因此，要将评价重点从原来的重结果转移到关注学生的思考过程和核心素养的具体体现。除了编制体现过程性、理解性的题目外，还要有与之匹配的核心素养层级划分的表现标准。教师可以根据纸笔测验中每道试题学生所答内容与所对应的核心素养不同层级的具体表现进行素养等级划分，使测评的重点不再是整体分数的差异，而是学生个性化、差异化的素养体现，从而为后续的教学内容改进提供参考依据。

在纸笔测验的呈现形式上，教师还可以从其他测试中获得经验。例如，国际学生评价项目（PISA）的试题多以“试题单元”的形式呈现，即一个背景下设计多个小题或问题，将选择题和建构题相结合，这有利于在一定背景下实现学业综合评估。虽然是选择题和填空题，但围绕某一主题可以联结较多的知识，且对知识的考查不以回忆为主，可以考查学生的知识整合能力。在实际操作中，教师也可将相关内容应用到单元作业的设计中，与单元教学相结合，更好地实现相应的测评效果。

在纸笔测验的使用时间上，由于学科核心素养的培养是一个循序渐进的长期过程，只依靠形式单一的终结性评价并不能很好地反映学生各方面素养的养成情况，因此将纸笔测验作为过程性评价的一种，在教学过程中对学生进行随机检验和评价，能够及时了解学生学科核心素养发展水平，为后续教学活动的调整提供依据。

此外，纸笔测验还可以与其他技术相结合，从不同角度共同测评学生学科核心素养发展水平。

【研修作业】

1. 结合自身教学实践，与同伴交流通过纸笔测验测评学科核心素养发展水平的有效策略和尚存困难。

2. 谈一谈在生物学教学过程中，除纸笔测验外，可用来测评学生学科核心素养发展水平的其他方式。

3-4 学业水平等级性考试如何测评学生的学科核心素养？

依据课程标准，教师日常教学、统一考试命题、教育质量监测部门评估教育质量等过程都离不开对学生学业水平进行测评。学业水平等级性考试对教师教学、学生学习具有举足轻重的影响，等级性考试如何测评学生的学科核心素养？测评的立意是什么？测评试题是如何命制的？通过这个关键问题的分析和解决，希望教师能够：

- 理解学科核心素养测评基于一定的理论模型和测评框架来进行，认识并能基于框架进行测评设计。
- 基于课程标准、学生学习内容、学科前沿发展等进行素材筛选、试题命制及研磨。

教学关键问题分析

学业水平等级性考试是国家依据课程标准的课程内容和学业质量标准，对学生完成高中阶段生物学学习后，应该达到的学科核心素养水平进行的纸笔测评，是学科核心素养评价的重要方式之一，是国家选拔人才和学生升学的重要依据，对促进学生学科核心素养发展，促进指向学科核心素养发展的教学和评价具有重要推动作用。如何基于课程标准进行学科核心素养测评？这是教师和选考的学生最为关注的问题之一。

一、学科核心素养测评的模型与思路

学科核心素养是学生通过学科学习而逐步形成的正确价值观、必备品格和关键能力，在真实问题解决过程中才会表现出这些复杂的学习结果。每个学科的学科核心素养尽管各不相同，但都包含了知识与能力、情感态度与价值观，是抽象而复杂的。从教育测量理论来看，传统教育测量方式擅长对知识和能力的测量，但还不能充分适应对创造性问题解决、情感态度以及价值观与伦理的测量，难以将隐含的复杂问题思考、解决的过程展现出来，未能充分实现对学生在真实的、复杂而不确定的任务情境中完成挑战性任务的实际表现的测量。因此，国际教育领域通行的做法是将评价作为课程改革的重要落点。有效开展学科核心素养评价，直接关系到教师对课程和教学的理解、课堂教学实践的改变，以及基于核心素养的教育改革的成效。

核心素养的测评是近年来国际教育的一个难题，不同学术背景的研究机构和学者有着不同的见解和测评思路，但相似的观点是：核心素养的诸多方面具有内隐的特性，是不易被直接观测到的，需要根据学生在真实问题解决过程中的表现，对学生的素养

水平进行推测或推断。杨向东认为，应建立核心素养与任务反应之间的关系（图 3-4-1）[1]，基于二者之间的对应关系进行推断。

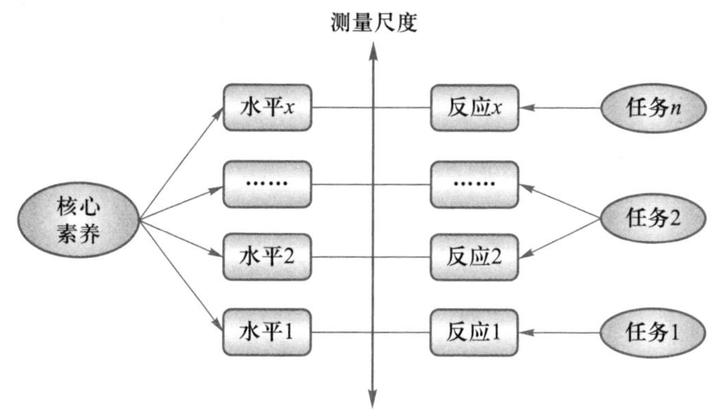

图 3-4-1　核心素养与任务反应之间的关系

理解学科核心素养测评的模型与思路，基于一定的模型设计和实施测评，是有效实施精准测评的关键之一。

二、命制试题是测评学业水平的关键

随着更多省份进入学业水平等级性考试，指向素养发展的测评也会逐渐从“细流”走向“洪流”。生物学是研究生命现象和生命活动规律的科学，这种对现象和规律的研究，从微观尺度到宏观尺度，跨度非常大；生物学科与人类社会的可持续发展、人类自身的疾病和健康及生活生产密切相关；生命科学相对于物理、化学等学科更为年轻，近年来新技术、新成就层出不穷，新发现、新概念不断替代已有的知识和概念。因而，生物学学科核心素养测评有着鲜明的时代特色。如何抓住基于核心素养的命题思路，通过科学命题实现学业水平的科学评价，是很多教师面临的重要挑战。

从 2020 年北京、山东、海南、天津的学业水平等级性考试来看，基本延续了高考的基本理念、思路和方法，同时进行了优化和改进，使测评以知识和能力考查为主，更多地指向学科核心素养。尤其是北京卷，更加注重选材贴近学生身边的生活、贴近教材、贴近真实的生产实践和科学研究，具有较深厚的核心素养测评底蕴，对如何测评学生的素养水平有较大的分析价值。

教学关键问题解决

一、总体理解基于一定理论和模型进行的国家级测评

国家级学业水平测评最重要的依据是课程标准，以及国家选拔人才的需求。这种

① 杨向东．核心素养测评的十大要点［J］．人民教育，2017(Z1)：41-46.

高级别测评是基于一定理论和测评模型进行的，测评试题的命制也经过极为精心的测评目标定位、测评思路和落点确定、命题素材准备和筛选、初步命制试题、试题精细研磨、测评要素和水平校验、试题精细调整、评分标准确定等基本流程（图 3-4-2）。

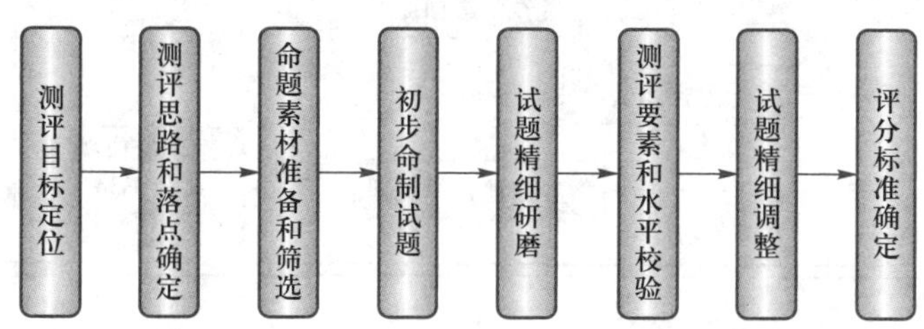

图 3-4-2　学业水平等级性考试试题命制的基本流程

课程标准对测评试题的命制提出了明确要求。从命题依据来看，题目命制的最重要依据是课程标准中的内容要求和学业质量标准；从测评目标来看，最终指向学生的生物学学科核心素养发展水平，考查学生综合运用所学知识和技能解决问题的能力；从测评方式来看，要用贴近学生生活生产的真实问题情境创设有层次的考查任务；从制卷要求看，要确保表述和指向明确、清晰、直接，题目符合公平性、科学性和规范性，能够区分出不同素养水平的学生。

文献研究发现，国内对学科核心素养测评的框架和思路还不够丰富，传统测评理论难以指导学科核心素养测评，新的测评理论和模型缺乏实践检验，正处于从理论认知提升到实践探索的过程中。我们结合近年北京教育考试院命题思路以及海淀区多年命题实践，对学科核心素养测评框架及试题命制进行了模型建构（图 3-4-3），主要包括素养目标构建、表现标准界定、命题及测评、数据及反馈四个部分。教师正确理解相互联系的四个部分的功能及内涵，可以更加深刻地理解素养测评，提高测评质量，利用反馈改进教学。

在素养目标构建环节，应基于中国学生发展核心素养和学科核心素养，结合学业质量标准，梳理、抽提标准中的测评要素，区分学业质量标准中的哪些要素可用于素养水平测定，哪些要素难以进行纸笔测量，然后分析这些要素在哪些情境或活动中能够得以展现，哪些难以展现，进而形成正确价值观、必备品格和关键能力的素养测评目标。

在表现标准界定环节，需要创设与教学内容相匹配的真实问题情境，创设学生能够解决的简单的、复杂的或综合的甚至跨学科的任务。依据测量理论与方法，选择恰当的评价指标，对学生在完成学习活动任务过程中的表现进行判断和界定，区分这些行为代表的素养水平或学生能够达到的学业质量水平。在界定表现标准时，应当基于情境要素、任务复杂程度要素、开放性程度要素和学科能力要求，划分水平描述学生的具体表现行为，如“能在相对陌生的情境和复杂的开放性任务中，概括或阐明生命活动的机制、规律，阐释并应用生物学基本概念”。

在命题及测评环节，可以将上述表现标准进行转化，形成与教学过程相结合的过程性评价和表现性评价，也可以细化形成水平性评价。利用素养水平评价标准命题，

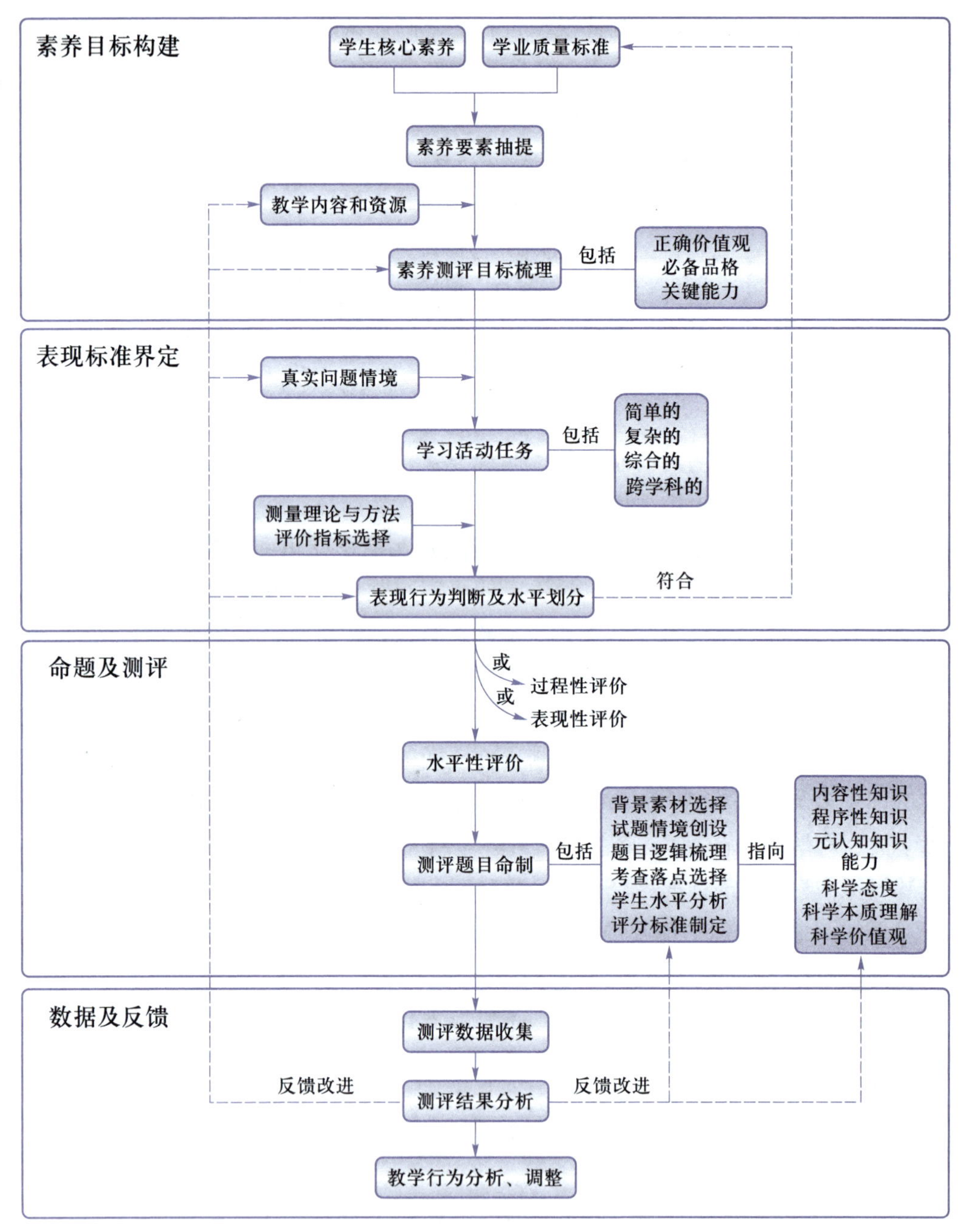

图 3-4-3 学科核心素养测评框架及试题命制模型

需要考虑在素养测评的需求下，如何选择背景素材，如何创设试题情境，如何梳理题目逻辑，如何选择考查落点，如何分析学生水平，以及如何制定评分标准等。题目命制过程应指向知识、能力、科学态度、科学本质理解、科学价值观等。

在数据及反馈环节，可以通过收集和分析测评数据，促进教师对教学行为进行分析和调整，对整个测评环节进行反思和改进。

二、精心收集和筛选测评素材

生物学学科核心素养测评与物理、化学等学科有些区别，主要表现在几个方面：一是生物学科是研究生命现象和生命活动规律的科学；二是生物学与人类社会的可持续发展、人类自身的疾病和健康、生命的演化和多样性等密切相关；三是生命科学在21 世纪进入爆发式发展阶段。

生物学学科核心素养测评，不仅要从学生身边的生活入手创设情境，更要关注从高速发展的生命科学研究中挖掘相关资源，创设学生相对陌生的问题解决情境，从而实现真实测评素养的需求。北京市海淀区多年尝试基于科研文献命制试题，也形成了一套从文献中获取和筛选素材的策略，具体如图 3-4-4 所示。

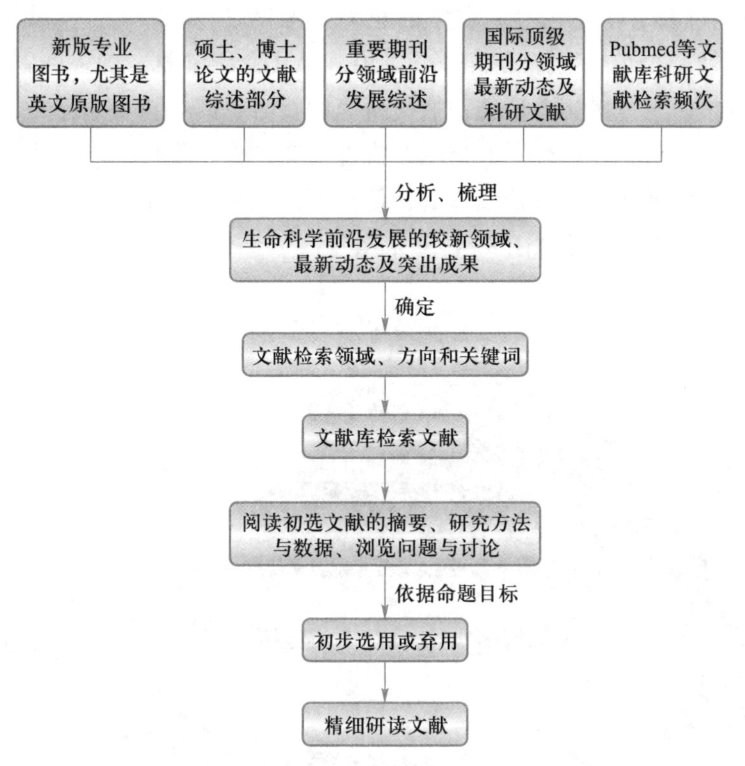

图 3-4-4　从科研文献中获取和筛选素材的策略

这一思路的关键之处有两点：一是从各种综述性文章和内容中，梳理出当前生命科学前沿发展的热点领域及最新动态，这可以为确定搜索的方向和关键词奠定重要基础。二是阅读初选文献，先阅读摘要，明确本研究的主要内容及价值；然后阅读研究方法与数据部分，判断研究方法的独特性、趣味性和巧妙之处，数据是否有效且具有分析的空间；再进一步浏览问题与讨论部分；最后对多个文献进行比较，初步确定选用后，进一步精细研读文献，特别关注研究思路与方法。

三、将研究的逻辑转化为素养测评试题的逻辑

文献研究的逻辑往往是很庞大的，也是很专业的，对于缺乏深厚学科知识基础，学科思想方法也未能领悟很深的中学生而言，照搬这些文献会让他们产生晦涩难懂、云里雾里的感觉，影响学生学习生物学的兴趣。题目的加工不够细致，往往会导致素养测评失去信度，原因是学生难以理解试题内容的表述方式、难以读懂研究的逻辑，因而测评得到的分数不能客观评价学生的素养水平。命题者需将研究的逻辑转化为素养测评试题的逻辑，这种转化能力体现了命题者的智慧和水平。下面我们结合北京市海淀区的命题实践，对学业水平等级性考试命题思路进行总结。

素养测评试题的命制是一个螺旋上升的过程。首先，要定位学科核心素养测评目标，确定测评方向；其次，在生命科学的相关分支领域阅读综述性文献，并从中明确当前研究热点及其价值，了解最新研究成果，寻找命题素材，确定命题方向；再次，在若干命题素材中，查找相关论文，抽提研究的核心思路与重要思想方法，并从中选择最符合学科核心素养测评目标的文献，梳理研究逻辑；最后，转化为试题逻辑，设计命题方向和问题梯度，通过精细打磨，使试题的结构更清晰、能力的测评落点更明确。素养测评试题命制思路如图 3-4-5 所示。

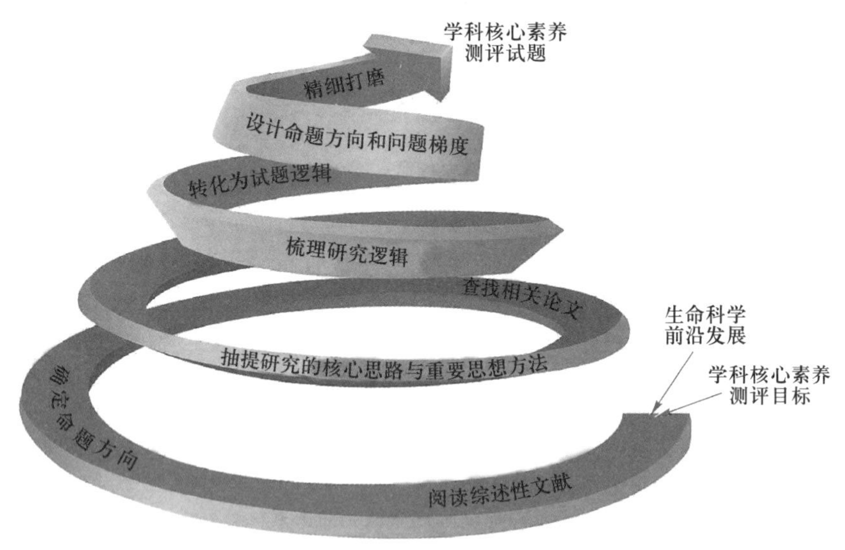

图 3-4-5　素养测评试题命制思路

【案例 1】

素养测评试题的命制思路分析

下面分析一道素养测评试题的命制思路。

1. 学科核心素养要求

学生应该在学习过程中逐步发展科学思维，如能够基于生物学事实和证据运用归纳与概括、演绎与推理、模型与建模、批判性思维、创造性思维等方法，探讨、阐释

生命现象及规律，审视或论证生物学社会议题。

2. 生物学大概念或重要概念

1.6 植物生命活动受到多种因素的调节，其中最重要的是植物激素的调节。

1.6.2 举例说明几种主要植物激素的作用，这些激素可通过协同、拮抗等方式共同实现对植物生命活动的调节。

3. 素材筛选思路

基于科学思维素养和重要概念考查需求，命题者选用近期的研究文献，聚焦多种植物激素间相互作用调节植物生命活动时基因的上下游关系（信号通路）。

4. 原始素材

《植物细胞》（*The Plant Cell*）2017 年刊登的中国科学家的科研论文（图 3-4-6）。

The Plant Cell, Vol. 29: 1357–1372, June 2017, www.plantcell.org © 2017 ASPB.

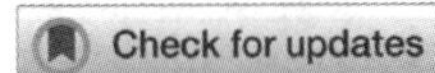

Type-B ARABIDOPSIS RESPONSE REGULATORs Specify the Shoot Stem Cell Niche by Dual Regulation of *WUSCHEL* OPEN

Wen Jing Meng,[1] Zhi Juan Cheng,[1] Ya Lin Sang,[1] Miao Miao Zhang, Xiao Fei Rong, Zhi Wei Wang, Ying Ying Tang, and Xian Sheng Zhang[2]

State Key Laboratory of Crop Biology, College of Life Sciences, College of Forestry, Shandong Agricultural University, Taian, Shandong 271018, China

ORCID IDs: 0000-0003-3103-8629 (W.J.M.); 0000-0002-3129-5206 (X.S.Z.)

Plants are known for their capacity to regenerate the whole body through de novo formation of apical meristems from a mass of proliferating cells named callus. Exogenous cytokinin and auxin determine cell fate for the establishment of the stem cell niche, which is the vital step of shoot regeneration, but the underlying mechanisms remain unclear. Here, we show that type-B ARABIDOPSIS RESPONSE REGULATORs (ARRs), critical components of cytokinin signaling, activate the transcription of *WUSCHEL* (*WUS*), which encodes a key regulator for maintaining stem cells. In parallel, type-B ARRs inhibit auxin accumulation by repressing the expression of *YUCCA*s, which encode a key enzyme for auxin biosynthesis, indirectly promoting *WUS* induction. Both pathways are essential for de novo regeneration of the shoot stem cell niche. In addition, the dual regulation of type-B ARRs on *WUS* transcription is required for the maintenance of the shoot apical meristem in planta. Thus, our results reveal a long-standing missing link between cytokinin signaling and WUS regulator, and the findings provide critical information for understanding cell fate specification.

图 3-4-6 科研文献素材

5. 研究中的重要思想方法

3-4-1 科研文献

外源细胞分裂素和生长素决定着干细胞的分化方向，这是枝条再生的关键步骤，但其潜在机制尚不清楚。科研人员的工作核心是揭示植物信号作用的信号通路，通过减法实验或加法实验进行研究。

6. 试题设计与分析

学业水平等级性考题设计	考查思路和落点	核心素养及水平
试题 研究者以拟南芥根段作为组织培养材料，探讨了激素诱导愈伤组织分化生芽的机制。 （1）离体的拟南芥根段在适宜条件下可以培育出完整的植株，说明植物细胞具有________。在组织培养过程中，根段细胞经过________形成愈伤组织，此后调整培养基中细胞分裂素（CK）与生长素的比例可诱导愈伤组织分化。	研究基本背景简介，细胞工程概念考查	生命观念水平一

续表

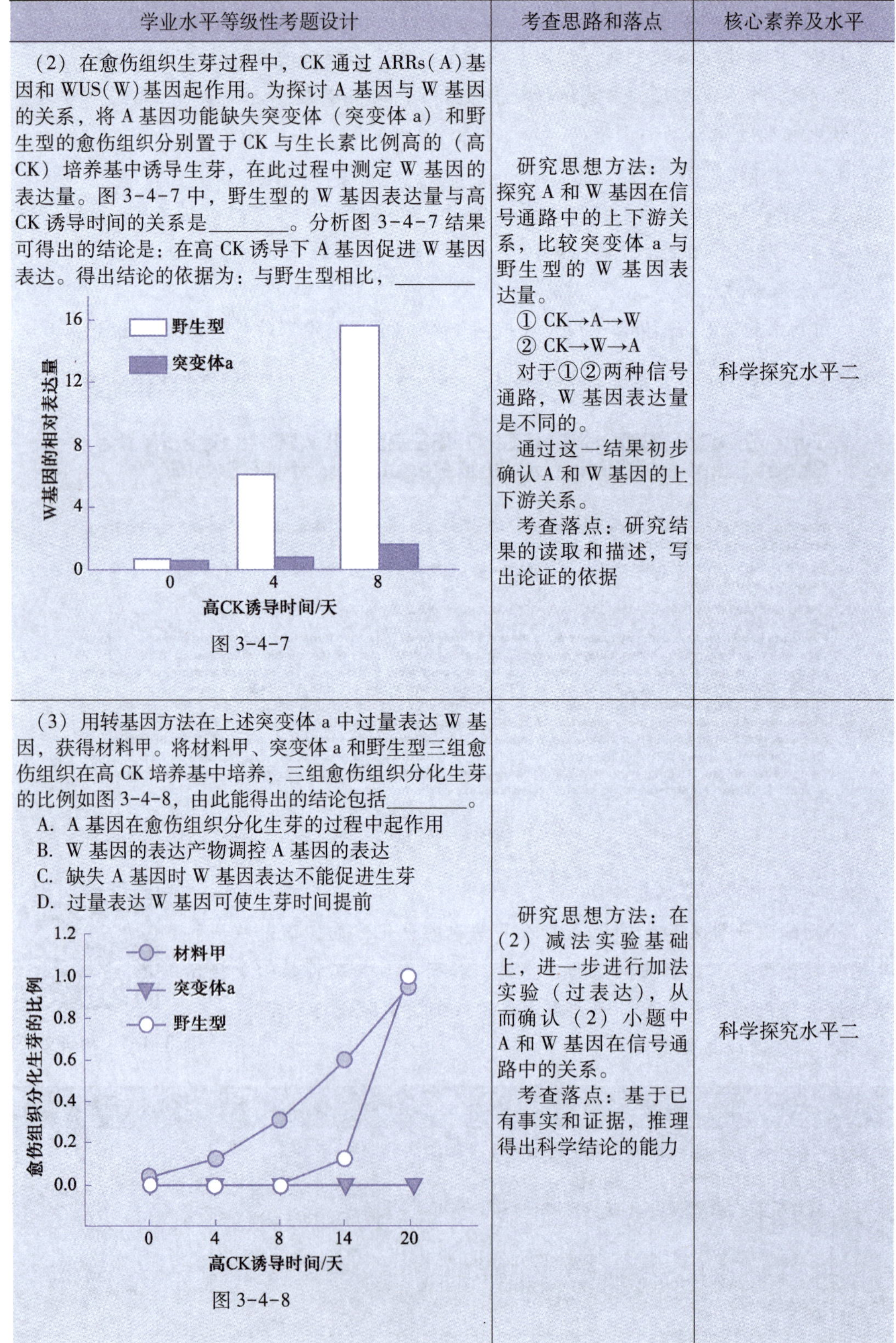

学业水平等级性考题设计	考查思路和落点	核心素养及水平
(2) 在愈伤组织生芽过程中，CK 通过 ARRs(A)基因和 WUS(W)基因起作用。为探讨 A 基因与 W 基因的关系，将 A 基因功能缺失突变体（突变体 a）和野生型的愈伤组织分别置于 CK 与生长素比例高的（高 CK）培养基中诱导生芽，在此过程中测定 W 基因的表达量。图 3-4-7 中，野生型的 W 基因表达量与高 CK 诱导时间的关系是________。分析图 3-4-7 结果可得出的结论是：在高 CK 诱导下 A 基因促进 W 基因表达。得出结论的依据为：与野生型相比，________ 图 3-4-7	研究思想方法：为探究 A 和 W 基因在信号通路中的上下游关系，比较突变体 a 与野生型的 W 基因表达量。 ① CK→A→W ② CK→W→A 对于①②两种信号通路，W 基因表达量是不同的。 通过这一结果初步确认 A 和 W 基因的上下游关系。 考查落点：研究结果的读取和描述，写出论证的依据	科学探究水平二
(3) 用转基因方法在上述突变体 a 中过量表达 W 基因，获得材料甲。将材料甲、突变体 a 和野生型三组愈伤组织在高 CK 培养基中培养，三组愈伤组织分化生芽的比例如图 3-4-8，由此能得出的结论包括________。 A. A 基因在愈伤组织分化生芽的过程中起作用 B. W 基因的表达产物调控 A 基因的表达 C. 缺失 A 基因时 W 基因表达不能促进生芽 D. 过量表达 W 基因可使生芽时间提前 图 3-4-8	研究思想方法：在(2)减法实验基础上，进一步进行加法实验（过表达），从而确认(2)小题中 A 和 W 基因在信号通路中的关系。 考查落点：基于已有事实和证据，推理得出科学结论的能力	科学探究水平二

续表

学业水平等级性考题设计	考查思路和落点	核心素养及水平
（4）YUCs(Y)基因编码生长素是合成途径中的一种关键酶。研究发现，在高 CK 诱导条件下，突变体 a 中 Y 基因的表达量明显高于野生型。依据此发现和上述所有实验结果，完善在生芽过程中有关基因和植物激素的相互关系模式图（图 3-4-9）。请在方框中选填“A 基因”“W 基因”“Y 基因”，在（　　）中选填“+”（表示促进）或“-”（表示抑制） 细胞分裂素 （　）　（　） （　）　生长素 愈伤组织生芽 图 3-4-9	研究思想方法：将所论证的 A 与 W 基因的关系，与已有的信号通路建立联系，形成新的信号通路。 考查落点：基于已有事实和证据，完善原有模型、建立新模型	科学思维水平三

案例分析：

3-4-2　试题及答案

本题作为考查学科核心素养的题目，既延续了北京卷试题命制的基本思路，又有所创新。试题命制者围绕生命观念、科学思维和科学探究素养考查，以植物激素调控愈伤组织分化过程中的信号通路研究为背景，选取了近年来我国科学家的研究成果，从复杂研究中选择几个核心片段，搭建成包括减法实验、加法实验和模型建构等最核心要素在内的研究骨架，形成真实问题解决情境，将生命观念、科学思维、科学探究素养考查融入其中。

在考查落点上，不同题目落点不同，但遵循设问由浅入深、循序渐进的原则，考查水平依次递进，每个小题的考查落点清晰，小题之间的内在逻辑清晰，学科思想方法蕴含其中。学生通过分析这一题目，对植物生命活动调节过程中多种激素间复杂的相互作用，以及人们认识这种复杂的相互作用的研究手段和思路，自然就有了更深的理解和认识。

本题的亮点是对“模型与建模”这一科学思维要素的考查，命题者在第（2）（3）小题基础上，给出新的信息“YUCs(Y)基因编码生长素是合成途径中的一种关键酶。研究发现，在高 CK 诱导条件下，突变体 a 中 Y 基因的表达量明显高于野生型”，引导学生将已有的结论与信息结合，构建全新的模型，解释愈伤组织生芽过程中，细胞分裂素与生长素比例高会诱导分化生芽的机理。

（案例提供：柳忠烈，北京市海淀区教师进修学校）

四、设计多层次的真实任务进行考查

学科核心素养测评通常要考虑被测评群体在素养水平上的差异，通过设计差异化、多层次的考查结构，实现对不同素养水平的区分。在一个完整的测评练习中，不同题目可以有差异化的要求，同一题目也可以有多层次的考查结构、多样的设问方式，关注知识结构的层次性、能力结构的层次性、情感态度与价值观维度的层次性。在题目的难易程度、迁移运用的复杂程度、设问的开放性等方面都需要有结构层次。

为满足区分不同素养水平的要求，测评情境和任务应包括简单（熟悉）的、相对封闭的情境，简单（熟悉）的、相对开放的情境，复杂（不熟悉）的、相对封闭的情境，复杂（不熟悉）的、相对开放的情境等不同类型。当情境的复杂程度越高，与所学的熟悉的内容之间陌生度越高，作答的开放性越高，对学生的挑战性越高。特别是开放性任务，通过给学生更多的思考和解决空间，能够让不同层次的学生展现自己的思维过程，展现不同的解决问题方式。

【案例2】

试题的多层次任务设计

试题 “脑彩虹”是一项最新的大脑成像技术，通过荧光蛋白“点亮”大脑内的神经元，帮助科学家了解大脑。(11分)

(1) Cre酶是该技术的关键酶，能随机识别两个相同的*lox*P序列，催化如图3-4-10所示的反应。

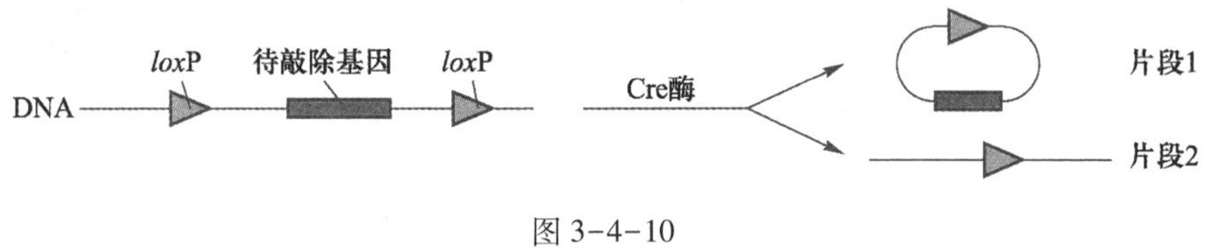

图3-4-10

通过Cre-*lox*P系统敲除基因的基本原理是：Cre酶随机识别DNA分子上两个相同的*lox*P序列并从特定位点切断DNA双链，切口被重新连接后，保留片段________，从而实现目标基因的敲除。

(2) 研究者设计图3-4-11所示的DNA片段，转入小鼠体内，获得仅含一个该DNA片段的转基因小鼠。

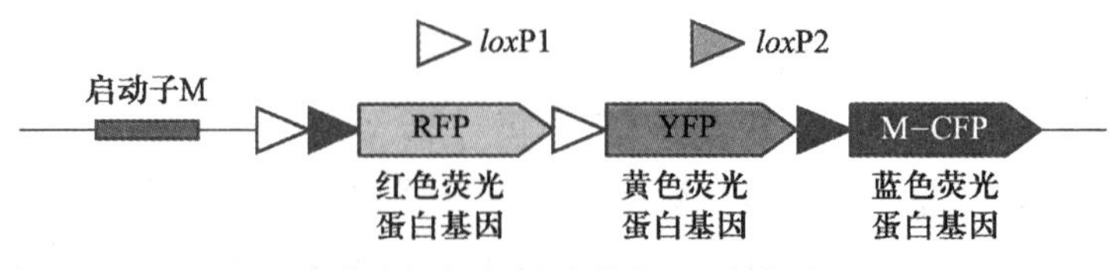

图3-4-11

① 构建基因表达载体时，需用限制酶和________酶处理三种荧光蛋白基因、两种 *lox*P 序列，将它们与脑组织特异表达启动子 M 相连接。

② 研究者用显微注射法将图 3-4-11 所示表达载体导入小鼠的________中，得到仅含一个图 3-4-11 所示 DNA 片段的转基因小鼠，再经过进一步筛选，获得纯合的转基因小鼠 a。

(3) 图 3-4-11 所示序列的两个 *lox*P1 之间或两个 *lox*P2 之间的基因，只会被 Cre 酶识别并切割一次。为使脑组织细胞中 Cre 酶的表达受调控，研究者将 Cre 酶基因与启动子 N（由信号分子 X 开启）连接，获得纯合转基因小鼠 b，将图 3-4-12 所示纯合小鼠 a 和 b 杂交，得到 F_1。

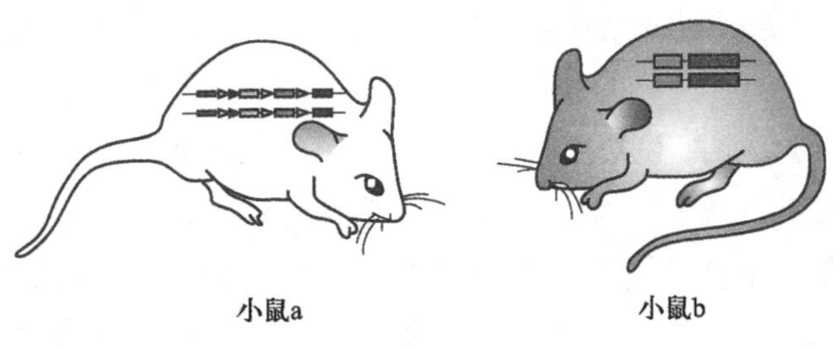

图 3-4-12

① 无信号分子 X 作用时，F_1 脑组织和其他组织细胞的色彩分别是____________。

② 有信号分子 X 作用时，F_1 出现“脑彩虹”，请阐述机理：________________。

(4) 研究者希望具有更丰富的颜色组合，即在一个细胞内随机出现两种或两种以上颜色叠加，形成更多颜色的“脑彩虹”，请依据题目信息，写出设计思路：__________。

1. 命题背景

3-4-3 试题及答案

21 世纪是生命科学的世纪，在生命科学领域中，脑科学的研究备受人们关注，这是人工智能和机器深度学习的基础，也是脑机连接的基础。

“脑彩虹”技术是利用遗传技术使神经细胞着色的美丽技术，可以帮助科研工作者“点亮”大脑内的神经元，有助于了解神经元之间的连接和脑的工作原理。这项技术是 2007 年发明的，是神经科学研究的革命性技术之一。

2. 命题立意

科学进步基于技术进步，每一次重大的技术突破，都会为生命科学研究注入新动力。科学推动技术进步，技术进步反过来推动科学进步。

通过全新的、陌生的、复杂的情境（师生都从未在任何题目中见过），考查学生对这一技术基本原理的学习、领悟及运用能力。

3. 试题设计

题目分段给出信息，逐层推进，让学生基于整个技术原理的理解进行创新设计。

首先，给出Cre-*lox*P系统敲除基因的基本原理，考查学生解读信息和转换图文的能力。

其次，给出“脑彩虹”的基本原理，考查学生对基因工程知识的运用。

接着，考查学生通过推理和归因进行科学表述的能力。

最后，基于对三种颜色“脑彩虹”实现原理的理解，设计多种颜色叠加的多色“脑彩虹”，考查学生的创新思维能力。

案例分析：

建立崭新的、陌生的、多层次甚至是远联系的任务有助于不同层次素养水平的区分。任务设计可以包括新知识的理解、内化、重构、加工与输出，基于新知识学习的推理、推测和归因分析，以及基于新知识和新信息的理解和创造性思考，生成新的问题解决思路。

本题中，第（1）小题首先将脑科学研究中一个全新的技术——Cre-*lox*P系统敲除基因的基本原理作为新知识推给学生，然后通过第（2）（3）小题，让学生基于对这一原理的理解再结合基因工程的知识，进一步内化新信息，解释单一颜色“脑彩虹”的基本原理。在内化和应用新信息的基础上，第（4）小题提出新任务，让学生设计多种颜色叠加的“脑彩虹”，基于上述内容设计解决问题的思路，考查学生的创新能力。

（案例提供：柳忠烈，北京市海淀区教师进修学校）

五、设计表现标准，界定不同水平

学业质量标准是评价素养水平的一把“标尺”。在具体的评测过程中，准确界定素养水平，则需要一把结合试题特制的更适合的“尺子”。以往的生物学试题常常只有标准答案或参考答案，对不同素养水平层次的学生在测评任务中的表现刻画是不够的，因而阅卷教师通常依赖经验来界定学生水平，而不是依赖标准。教师在编制试题及答案时，可以尝试对学生在某些问题作答中的表现进行细致的描述，以便准确界定学生的素养水平。

【案例3】

试题对学生素养水平的评价

试题 近些年，研究人员在细胞减数分裂研究中有一些新发现，如图3-4-13所示。(9分)

（1）图3-4-13中呈现了________细胞的产生过程（部分染色体未标出），细胞②被称为________，此时同源染色体的非姐妹染色单体之间常常发生________。

（2）与“常规”减数分裂相比，“逆反”减数分裂中染色体变化的特征是________。在“逆反”减数分裂中，若MⅡ中约23%的细胞出现了染色体不均分的情况，那么可以估算出约________%的配子异常。

（3）经过对大量样本的统计研究发现了染色体的分配规律，如图 3-4-14 所示。染色体的这种分配规律及意义是________。

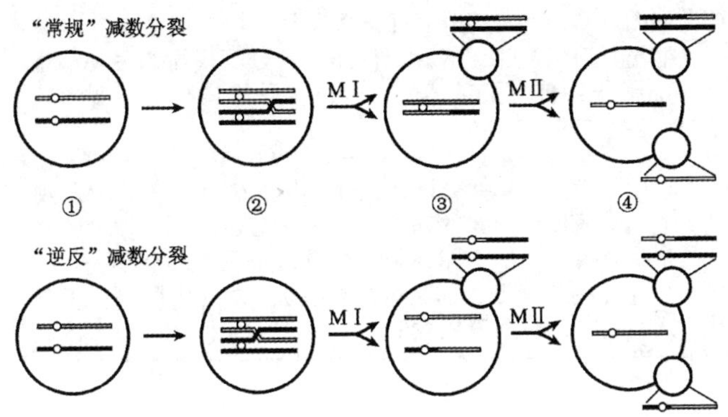

注：MⅠ表示减数第一次分裂，MⅡ表示减数第二次分裂。

图 3-4-13

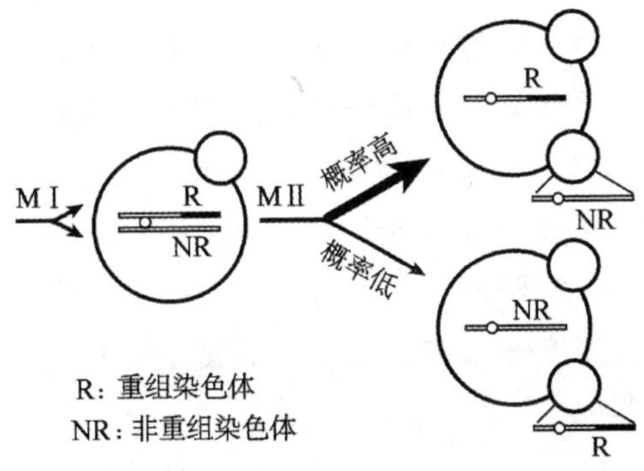

图 3-4-14

【答案】（1）卵　初级卵母细胞　交叉互换　（3 分）

（2）MⅠ姐妹染色体单体分开，MⅡ同源染色体分离　23　（3 分）

（3）参考表 3-4-1，依据学生思考和解决该问题时的表现描述，确定相应水平并给予该水平的分数。水平一至水平三由低到高，高一级水平的学生表现中涵盖低一级水平的学生表现，未达到水平一的学生，得 0 分。　（3 分）

表 3-4-1　学生表现描述与水平划分

水平划分	学生表现描述	得　分
水平一	能准确获取图示信息，理性分析并准确归纳、概括出图示分配规律的特点，但未能正确阐述其生物学意义，如“卵细胞获得重组染色体的概率高”“进入卵细胞的染色体更多是发生过重组的一条”	1 分

续表

水平划分	学生表现描述	得　分
水平二	能准确获取图示信息，理性分析并准确归纳、概括出图示分配规律的特点，能结合遗传和变异的知识阐述图示分配规律的生物学意义，如“卵细胞获得重组染色体的概率高，后代具有更多变异性（具有更大的基因多样性）”	2分
水平三	能准确获取图示信息，理性分析并准确归纳、概括出图示分配规律的特点，能结合遗传和变异的知识运用进化与适应观，讨论图示分配规律的生物学意义，如“卵细胞获得重组染色体的概率高，后代具有更多变异性（具有更大的基因多样性），为进化提供了丰富的原材料（子代群体对环境有更大的适应性，有利于进化）”	3分

案例分析：

试题设计基于科研文献，利用“逆反”减数分裂这一研究发现，呈现给学生从未接触过的陌生试题情境，考查学生对全新事物的观察和学习，对事物特征的抽提和概括，以及运用所学知识进行科学解释、科学评论的能力。题目通过图示展现出两种不同的减数分裂，要求学生基于对事物的观察、对比、分析、推理，归纳概括出“逆反”减数分裂的不同点，抽提和定义其典型特征，完成对新事物的认识。在此基础上，题目又要求学生能够结合所学知识，预测一个新的配子生成结果，并从变异和进化角度阐释染色体分配规律及意义。从基础知识考查到能力考查，再到开放性设问情境下，从第（1）小题到第（3）小题依次递进，学生素养水平结构的区分非常清晰。试题的第（3）小题对学生的作答表现进行了界定，梳理出三个不同层次，尽管这与学业质量标准中的水平一至水平四不完全对应，但通过界定学生的表现，进而对素养水平进行区分的思路，是值得借鉴的。

（案例提供：柳忠烈，北京市海淀区教师进修学校）

【研修作业】

1. 基于课程标准梳理“植物生命活动调节”这一单元的学业水平评价要点。

2. 从PubMed上下载一篇近期文献，研读后尝试梳理文章要点，理清关键思路与方法，尝试抽提文献中的关键内容，命制一道测评学生学业水平等级（包括水平一至水平四）的试题。

3-5 如何命制指向学科核心素养发展的试题？

对这个关键问题的研究旨在探索一种广泛适用的命题程序进行试题命制，以期达到评价学生学科核心素养的目的。通过对这个关键问题的分析和解决，希望教师能够：

- 理解命制指向学科核心素养发展试题的价值和意义。
- 掌握指向学科核心素养发展的试题命制方法，并尝试命制试题。

教学关键问题分析

近年来，高考从知识立意转为能力、素养立意，考试命题与评价也要与新的考试要求相匹配，要想发挥好评价的作用，就必须将学科核心素养融入具体的评价手段中，尤其是广泛使用的试题命制中。但是，目前指向生物学学科核心素养的试题较少，主要以学业水平等级考试题为代表，或以此为借鉴进行模仿命制，题目数量和情境都比较稀少，无法满足学生在不同学习阶段、不同层级的个性化评价需求。而试题作为评价任务是收集学生学习表现的重要载体，其质量直接影响到收集内容的可靠性。因此，命制指向学科核心素养发展的试题是亟待解决的问题。

评价框架是试题编制的蓝本，杨向东指出，学科核心素养测评在评价框架的理论基础依据、关注维度和表现形式上都和既有测试有所不同（表 3-5-1）。既有教育考试的评价框架过于关注学生在知识点上的认知，不适用于学科核心素养测评。学科核心素养测评的评价框架应整合情境、学科内容和核心素养三个维度。①

表 3-5-1 指向学科核心素养的测评与既有教育考试在评价框架上的差异

考试类别	理论依据	关注维度	表现形式
既有教育考试	布鲁姆教育目标分类学	概念、原理、技能等	识记、理解、应用等
指向学科核心素养的测评	建构主义和情境认知理论	学科知识和技能，学科过程与方法，学科思维方式和探究模式，学科观念及性质，学科价值和不足等	形成概念，掌握原理，结构化知识和技能；解决任务，形成方法，发展思维，分析，提炼，解释，论证，整合，自主学习，反思等

因此，指向学科核心素养发展的试题关注学生在实际情境中系统运用所学知识解决问题的过程和能力，借助情境使知识、能力、观念具体化，不同复杂程度的真实情境可以来源于日常生活、社会和文化等。同时，指向学科核心素养发展的试题与传统试题相比，都关注学科核心内容，但对核心知识的考查方式发生了改变，更强调学科

① 杨向东．指向学科核心素养的考试命题［J］．全球教育展望，2018，47(10)：39-51.

内容的系统化和结构化，注重学科思想方法的现实运用和迁移，并从中体现学科核心素养的不同层级水平。尽管学业质量标准描述了不同素养水平的具体表现特征，但是针对特定情境及学科内容还应该将不同水平具体化。此外，与既有教育考试答案固定化不同的是，指向学科核心素养发展的试题关注学生的反思性成长，不是单纯地重复或高效率地做同一件事情，而是能从已有的问题解决过程中创造性地生成新的认知并持续成长。指向学科核心素养的试题常常通过增加开放性问题启发和引导学生的发散思维，在答题过程激发学生思维再创造。

指向学科核心素养的试题，能通过引导学生解决具体问题，从多维度对学生现有价值观、能力水平等进行评价，为后续有针对性地提升提供依据。教师进行指向学科核心素养发展的试题命制，能够有指向性地结合教学阶段、学生学情进行设计，准确评价学生发展状况，并据此进行教学改进。此外，命制试题的过程可以促进教师自身专业化发展，教师通过材料的筛选、阅读、分析等，可以了解最新科研成果，学习相关技术，并不断思考材料与学科核心概念、学生学科素养之间的结合点等，深入理解教学内容。因此，研究这一问题是十分必要的，对落实学科核心素养具有重要价值和意义。

教学关键问题解决

目前国内外都在针对科学素养测评试题进行命制研究，国内多是在对学科核心素养进行解读的基础上，通过具体实例对基于核心素养试题命制进行方法总结。国外明确涉及学生科学素养评价的是经济合作与发展组织的国际学生评价项目（PISA）。PISA界定的科学素养重视知识在实际生活情境中的应用、学生对学科的投入程度或兴趣性以及注重监测学生学科学习的元认知能力。其试题以主题形式组织内容，每一个主题又从不同的情境展开，情境贴近生活，背景宽广，重在考查学生在新情境中运用所学知识和技能解决问题的能力。① 这与国内目前比较认可的指向核心素养的优质试题是一致的，优质试题具有科学性，考查目标指向学科核心概念，考查内容聚焦重要概念；和 PISA 测试一样，优质试题也创设了与学生生活相关的情境，通过素养层次或能力维度设计逐步加深的问题链，真实反映想要考查的素养水平。② 下面参考 PISA 评价框架和优质试题的特点，对指向学科核心素养发展的试题命制流程进行总结。

一、确定测试类别，聚焦核心概念

依据教学内容、进度及学生整体学习情况确定测试目的、类别，为后续查找资料类别、确定命题难度等提供依据。例如，学业水平等级考试和合格性考试在学业质量

① 李春阳．基于生物学学科核心素养的试题命制研究［D］．武汉：华中师范大学，2018.
② 吴成军．生物学学科核心素养的教学与评价［M］．上海：华东师范大学出版社，2020：293-298.

水平上的差异决定了命题难度上的差异，过程性评价与终结性评价的差异决定了命题内容上的差异，因此在命制试题前应该先确定考试类别以及对应的学业质量水平要求，再根据具体考核内容所蕴含的核心概念，参考学业质量标准，对考核内容与学科核心素养具体表现进行匹配，从而确定大致的命题方向和难度。

二、筛选可用材料，创设真实情境

指向学科核心素养发展的试题关注学生外显的思维和能力，以便进行有效的素养水平测量。学生的学科核心素养是抽象的，但是针对不同复杂程度的情境，学生对问题解决方法的设计、决策、表述等是可衡量的，而这些表现都体现了学生在长期学习过程中对学科知识的理解和运用。命题材料的选取决定了试题情境及考查方向，因此材料的筛选至关重要。按照科学性原则，可以从近期科研成果、经典文献、科学史等材料中进行内容抽提和总结，中英文文献均可。与学生生活实际相联系的文献研究内容，容易引起学生兴趣，与学生的认知水平相符，符合最近发展区理论，可以为学生综合运用所学知识和技能解决问题提供具体的可实施对象。生物学是一门实验学科，科学探究的过程能体现学生的科学思维，具体的解答过程往往还渗透着生命观念和社会责任素养，因此科研实验类文献是重要的素材选择。教师可以选择研究目标明确、逻辑性强、实验设计合理、结果清楚的文献，文献内容要与学生的知识能力水平相符，经过合理设计后学生能够理解。利用文献进行命题并不意味着要完全局限于文献的研究思路及内容，而是可以基于学情及试题目标，对文献进行适当修改。当然，除选用一篇文献进行设计外，还可针对同一研究主题选取多个文献进行综合设计。

三、根据材料内容及考查目标设计核心素养测量量表

在试题命制前，应该对文献研究内容进行认真梳理，寻找学科核心素养表现与真实情境之间的结合点，依据内容深度与学生已有的知识、能力及考查的素养水平进行逐一匹配，适当删除部分边缘实验和难度过大的内容。保留的部分要逻辑链完整，如实验结果能明确阐释某一问题，涉及的不同实验可为同一结论提供论据等。随后可进行试题框架搭建，将文献背景、实验流程及结果结论用简单语言书写，借助箭头、列表等形式标注内容之间的关系，针对每一部分写出学生相应的知识能力基础和提升点，初步确定相应考点及测评的具体素养。学科知识及能力考查要全面，在保证多个相关知识得到充分考查的基础上，兼顾学科能力及素养维度的层层递进。

四、设计试题

根据保留的材料内容设计和完善试题，并确定恰当的情境及任务呈现方式。情境描述简单明了，力求恰当严谨，可以适当提供支撑资料或数据，对后续探究问题有一

定的铺垫；情境问题清晰具体，能对学生起到引导作用；探究内容逐步加深，思维提升难度逐步加大；试题前后呼应，如在题干中提出问题，在实验探究过程中逐步揭示本质，在实验结论中总结说明等；考查角度具有一定的开放性，提高学生的设计及创新能力。对试题中的图表，应在保证科学性和真实性原则的基础上进行适当修订，如对复杂的生物学术语，尤其是英文缩写的专有名词进行标注或在题干中适当说明，根据题目要求对数据、图像等进行绘制。此外，综合性原创试题要尊重原始科研文献进展，如果无法做到考查内容面面俱到，则不必刻意在某个能力或知识方面设置问题，避免不符合科学发展或怪异的题目出现。

五、建立与学科核心素养相一致的答题要求

结合题目内容，根据学业质量标准列出每一任务测评素养的具体表现，还可以对素养等级进行具体划分。答题要求的具体化起到例证评价标准、使描述具体化、易于理解和操作的作用。评分标准要准确易操作，每一问都应有标准答案、拓展答案、错例等。标准答案是针对该任务准确科学的解决方案的表述，应言简意赅；拓展答案则是对作答内容的拆分，是评判学生层级的重要依据；错例主要展示书写错误、文不达意等典型的错误答案。

六、审核修改定题

对成型试题进行考试目标、内容、题型等方面的整体评估，在可能的情况下请学科教师或学生进行小范围试做，以便从效度和难度等方面对试题作进一步完善和修改。

下面以高中三年级二轮复习中利用科研论文考查遗传规律及其分子基础的一道综合性试题为例，展示如何命制指向学科核心素养发展的试题。

【案例】

指向学科核心素养发展的试题命制

1. 确定测试类别，聚焦核心概念

测试类别为学业水平等级考试，对应课程标准中学业质量水平三、水平四。本阶段是针对“遗传与变异”模块进行的阶段性测试命题，涉及“概念 3 遗传信息控制生物的性状，并代代相传”，该大概念下“3. 2. 3 阐明有性生殖中基因的分离和自由组合使得子代的基因型和表型有很多可能，并可由此预测子代的遗传性状”和“3. 3. 2 阐明基因中碱基序列的改变有可能导致它所编码的蛋白质及相应的细胞功能发生变化，甚至带来致命的后果”，能力要求为阐明，是等级性考试的重点，是命题的核心概念。学生在学业水平上要达到相应的素养水平：阐明遗传信息在有性生殖过程中的传递规律（生命观念、科学思维）；基于证据，论证可遗传的变异来自基因重组、基因突变和染色体变异（科学思维、科学探究）；运用统计与概率的相关知识，解释并预测种群内

某一遗传性状的分布及变化（科学思维、科学探究）；等等。

2. 筛选可用材料，创设真实情境

遗传定律及其分子基础贯穿人教版教科书必修 2 的教学内容，并为选择性必修 3 中基因工程等内容做了铺垫，是合格性考试及学业水平等级考试中的重要内容。在初中阶段，学生已经对遗传与变异有了初步认识。在高一和高二阶段，学生从细胞的物质基础对 DNA、蛋白质等进行了学习，并从简单的遗传现象开始，对遗传规律及其细胞学、分子学基础进行了理解和运用，涉及对特定遗传学现象的简单分析和阐释。高三经过一轮复习，学生对遗传学基础内容的理解进一步深化，但是对复杂的、综合性的情境仍然有一定的解题障碍。

在此基础上，选择科研文章①进行综合性填空题设计以及学科核心素养及能力的测评。文章选自我国目前唯一的玉米专业学术期刊——《玉米科学》（北大核心期刊），保证了内容的科学性和真实性。文章的情境为：科研人员发现一株粉质胚乳玉米突变体，将其命名为 39011，探究该性状的遗传规律及其产生的分子机制。玉米是我国大型粮食作物，学生对其非常熟悉，对相关育种方式也有所学习和了解，但是如何探究某一特定突变体的遗传规律和分子机制，还需要学生动用已学知识，通过实验结果分析进行解决。因此，该情境的设置符合最近发展区理论，能够有效测评学生的学科核心素养。文章属于科研实验类文章，应用的实验技术有植物杂交、表型分析、基因组提取、RNA 提取、反转录、蛋白抽提和蛋白质 EP 检测等，并针对相关结果进行分析和讨论，获得相应结果，即基因突变导致性状改变。学生可以调动已学知识进行分析探讨。这个过程有一定的难度和挑战性，可以有效测评学生的科学思维及科学探究素养，渗透信息观等生命观念。此外，玉米作为世界上最重要的粮食作物之一，突变体淀粉增多、蛋白降低的性状会影响其具体的应用，因此，对突变体的应用前景考查可以测评学生的社会责任素养。

3. 根据材料内容及考查目标设计核心素养测量量表

梳理文献研究内容，并与测试类别要求的学业水平及素养内涵进行匹配和筛选，形成文献内容与素养测量量表（表 3-5-2），由此确定可用命题内容。

表 3-5-2 文献内容与素养测量量表

文献实验内容	涉及实验技术及知识	是否属于等级性考试范围	考查的素养	考查的能力	是否用于命制试题
1. 39011 突变体表型分析	杂交，基因分离定律	是	科学思维 科学探究	辨认，解读	是
2. 39011 突变体生化成分分析	蛋白条带分析	是	科学思维 科学探究	比较，解读	是
3. 39011 突变体基因芯片定位	基因芯片	否	科学思维 科学探究	解读，推理	否

① 冯帆，姚东升，宋任涛. 玉米子粒粉质突变体 39011 的图位克隆［J］. 玉米科学，2018，26(6)：21-26.

续表

文献实验内容	涉及实验技术及知识	是否属于等级性考试范围	考查的素养	考查的能力	是否用于命制试题
4. 等位测试确认 39011 是 o2 的等位突变体	等位测试：杂交；基因的遗传规律	是	科学思维 科学探究	解读，理解，推理	是
5. 39011 突变本质研究	逆转录，PCR 技术；基因突变	是	科学思维 科学探究 生命观念	推理，归因，论证	是
6. 背景知识及讨论	玉米突变体，育种，遗传规律，应用	是	生命观念 社会责任	评价，假设	是

4. 设计试题

根据以上分析，保留部分内容进行试题设计。

试题：胚乳是玉米子粒主要的营养储藏器官，其主要营养物质是淀粉和蛋白质，胚乳成分组成及比例决定了玉米的品质和产量。科研人员发现一株粉质胚乳玉米突变体，将其命名为 39011，为探究该性状的遗传规律及其产生的分子机制，研究者进行了如下实验。

（1）将突变体与野生型（WT）植株进行杂交获得 F_1，F_1 自交得 F_2，其果穗子粒表型及数目如表 3-5-3 所示，根据杂交结果可知，玉米子粒表型中________为隐性性状，相关基因的遗传遵循________定律。

表 3-5-3　F_2 果穗子粒

项　目	F_2 果穗-1	F_2 果穗-2	F_2 果穗-3
野生型子粒	188	156	146
粉质胚乳子粒	59	57	46

（2）取 F_2 果穗进行子粒表型比较，据图 3-5-1 可知，与野生型子粒相比，粉质胚乳子粒____________且横切面呈现完全粉质状态。（注：图 3-5-1 中，A 中箭头标注的为部分突变体子粒；B 为灯箱下观察到的子粒表型；C 为子粒横切面观察）

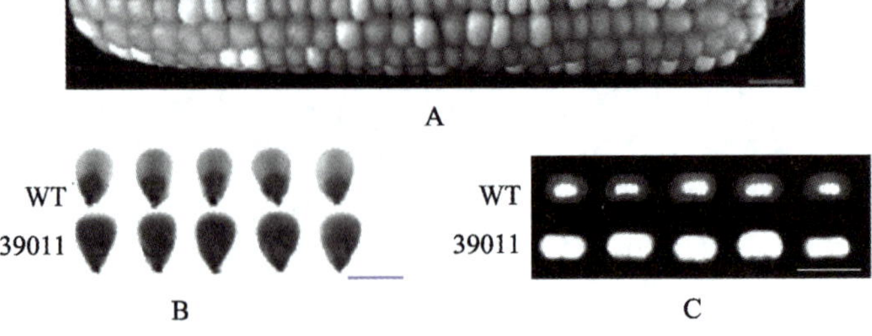

图 3-5-1

（3）抽提同一果穗的野生型和突变体子粒醇溶蛋白进行检测，结果如图 3-5-2 所示，表明________。

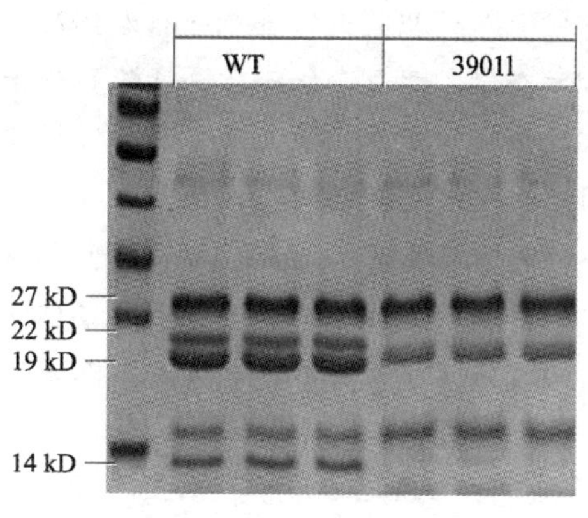

图 3-5-2

（4）芯片定位显示，39011 的突变基因位于 7 号染色体，已知 7 号染色体上 o2 的基因突变也会导致玉米子粒胚乳粉质化，且该基因表达产物是醇溶蛋白相关基因的关键转录因子。为探究这两种突变体突变基因位点之间的关系，科研人员将两种突变体进行杂交，F_1 果穗子粒胚乳均粉质化，由此得出的结论是________________。

（5）随后，科研人员抽取野生型和突变体子粒的总 RNA，________获得 cDNA，以 cDNA 为模板扩增 o2 基因，如图 3-5-3（a）所示，突变体扩增出的片段大小较野生型________。随后，经抗原-抗体杂交方法检测 o2 蛋白，结果如图 3-5-3（b）所示。Tubulin 是一种细胞骨架蛋白，可以在实验中作为参考标准的原因是______________。

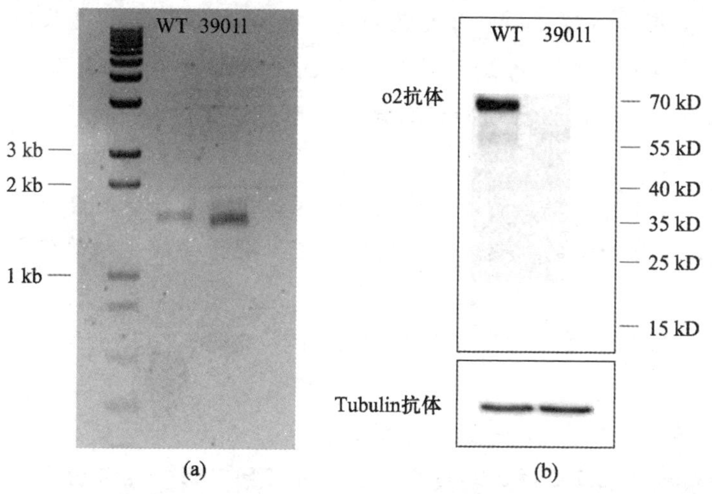

图 3-5-3

（6）综合上述实验结果，解释 39011 胚乳粉质化的原因：________________________________。

（7）根据粉质胚乳玉米的特性，它的应用前景有：________________。

试题解析：

本题依据真实科研文献，以玉米粉质胚乳突变体为研究对象，要求学生运用科学思维、科学探究和社会责任素养对相关内容进行分析和阐释，其中渗透生命观念的结构与功能观、信息观等，考查学生运用遗传规律、遗传的分子基础、生物的变异等相关知识，阐释产生粉质胚乳玉米突变体的原因及本质，并根据题目中该玉米的特性提出可能的应用前景的能力。试题没有直接考查因为基因突变导致生物性状改变的相关知识点，而是在探究具体的粉质胚乳玉米突变体（39011）的突变性状的遗传规律及分子机制的情境中，让学生基于生物学核心概念，根据具体的实验事实和数据，进行描述、分析、推理和阐释，同时借助开放式问答，让学生根据自身理解思考该玉米的应用前景。在整个过程中，问题具有内在逻辑并层层推进。

小题（1）：通过数据引导学生通过解读子代表型进行表型比例与显隐性、遗传规律的信息转换。

小题（2）：通过图片引导学生通过对比异同进行准确描述。

小题（3）：学生通过解读检测结果图，运用蛋白质图谱等生物学知识，结合题目背景，比较分辨所给对象的异同点，基于生物学事实和证据进行概括与归纳得出结果，在一定程度上解释小题（2）中的表型差异。小题（3）只考查了醇溶蛋白的改变，原始文献还有非醇溶蛋白的结果展示，但由于非醇溶蛋白差异并不是由试题后续研究的基因引起的，此处不进行展示和讨论，以免造成试题整体架构分散。

小题（4）：没有直接让学生设计实验，或者描述实验结果，而是将实验及结果均展示给学生，引导学生根据题目信息合理推测，根据不同基因位置关系的种类及判断方式，进行假设和分类讨论，再回证假设，最终得出结论。

小题（5）：基于小题（4），学生已知突变体产生也是由于o2基因突变，题目的实验设计需要学生补充完整并进行合理解释，同时题目展示o2基因扩增片段电泳图，引导学生运用核酸图谱解读知识及背景信息，推理得出支持小题（3）推论的直接证据。

小题（6）：引导学生综合运用上述题目信息进行分析，举例说出不同基因突变类型对转录及翻译可能产生的影响，阐明思维过程，解释导致生物学现象的原因，得出结论。

小题（7）：启发学生针对题目信息中突变体性状的变化进行后续应用的假设和评价。

5. 建立与学科核心素养相一致的答题要求

依据学业质量标准及试题的具体内容，对相应问题对应测评的学科核心素养及答题要求进行列表（表3-5-4），同时列出本题的评分标准（表3-5-5）。

表 3-5-4　核心素养与答题要求

问题	核心素养	水平	核心素养表现	答题要求
1	科学思维	水平 3	能基于给定的事实和证据概括出生物学规律，并进行精准表达	通过阅读题目能识别出是对基因遗传规律的考查，并通过解读子代表现型进行表型比例与显隐性、遗传规律的信息转换
2	科学探究	水平 2	能选用恰当的方法如实记录和分析实验结果	精确描述粉质胚乳子粒与野生型子粒相比的特点
3	科学思维	水平 3	能基于事实与证据归纳概括出生物学规律	解读检测结果图，运用蛋白质图谱等生物学知识比较异同点，基于生物学事实和证据概括与归纳生物学规律
4	科学思维	水平 4	能基于事实和证据，采用演绎推理等方法阐明其内涵	根据题目信息合理推测，说明不同基因位置关系的种类及判断方式，并进行演绎推理，最终得出结论
5	科学探究	水平 3	能基于给定的条件完善实验方案	基于给定的条件完善具体的实验过程，并简单说明理由
6	科学思维	水平 4	能运用科学术语精确阐释内涵	梳理遗传变异过程，运用科学术语精准阐释突变体胚乳粉质化的原因
7	社会责任	水平 3	具有通过社会实践解决生活中问题的意识和想法	基于粉质胚乳玉米特性提出生产应用的合理化建议

表 3-5-5　试题评分标准

问题	参考答案	扩展答案	错　例
1-1	粉质胚乳	胚乳粉质化	粉质子粒
1-2	基因分离	分离	孟德尔遗传定律
2	颜色较野生型浅且在光下不透明	要点：① 与野生型子粒相比，粉质胚乳子粒颜色浅。② 在光下不透明/透光度比野生型差	有错别字；比野生型颜色深、更饱满
3	39011 的突变体子粒 14-kD 和 22-kD 醇溶蛋白消失，19-kD 醇溶蛋白含量比野生型明显下降	写出具体蛋白条带及变化：① 突变体子粒 14-kD 和 22-kD 醇溶蛋白消失。② 19-kD 醇溶蛋白含量比野生型明显下降、降低；若写 14-kD、22-kD、19-kD 醇溶蛋白含量均降低，则部分得分	突变体醇溶蛋白含量均降低
4	39011 和 o2 突变位点相同	39011 是 o2 的等位突变体、39011 的突变基因和 o2 基因位于同源染色体的相同位点	39011 和 o2 是同一基因；39011 就是 o2
5-1	反转录	逆转录	转录，翻译
5-2	小	短、略短、略小	长，一样
5-3	在各细胞内稳定表达	要点："在所有细胞中均表达""在所有细胞中表达量相同"答全	要点不全，答非所问

问题	参考答案	扩展答案	错　例
6	o2 基因发生突变导致终止密码子提前或缺失某外显子片段，转录所得序列短，从而无法翻译获得正常 o2 蛋白，无法正常调控醇溶蛋白的表达，进而导致子粒中醇溶蛋白减少，子粒粉质化	要点：从转录、翻译、调控三个角度作答。① o2 基因发生突变导致终止密码子提前或缺失某外显子片段，转录所得序列短（注意：导致转录序列短的原因有很多，合理即可得分）。② 无法翻译获得正常 o2 蛋白，翻译所得的蛋白不是 o2 蛋白。③ 无法正常调控醇溶蛋白的表达（转录），进而导致子粒中醇溶蛋白减少，子粒粉质化	要点不全；有逻辑错误；要点齐全但写出的其他叙述中有错误
7	饲喂消化能力较差的牲畜或家禽；用于酿酒或获得其他发酵产物	能根据粉质胚乳玉米淀粉含量高、蛋白质含量下降等特性提出合理应用建议，答案合理即可得分	答案不合理

6. 审核修改定题

略。

案例分析：

本案例完整展示了指向学科核心素养发展的试题命制过程，注重考查学生的综合能力和学科核心素养。试题情境取自科研文献但又与学生的日常生活相联系，契合学生目前的能力及知识储备，情境的真实性、创新性、实践性等特点在本题中有所体现。试题注重学生学科核心素养的考查和综合能力的运用，具有鲜明的学科特色，将教学内容、学业质量水平和学科核心素养进行综合考量，试题设计难度适中，指向性明确。

试题通过设计量表将材料内容与教学内容、核心概念等进行对标，合理剔除不符合测试类别、素养目标的内容，使试题命制更有针对性；试题分析也强调具体题目内容与学科核心素养层级划分及具体要求的描述，使命题指向学科核心素养，评价结果不再只是单纯的分数差异，而是指向具体的学科核心素养类别。

本试题的设计还有一些可改进之处。例如，对社会责任素养的考查，后续可以适当添加一些信息或情境，使命题更有指向性；评分标准可以针对每一空对应的学科核心素养进行不同层级的划分及表现描述，使测评的实施性更强；对试题的进一步修订过程，还需要从试题的真实测评效果等角度提供具体的数据。

（案例提供：郝俊冉，北京市八一学校）

【研修作业】

1. 请结合自身教学实践，分析 1~2 道生物学学业水平等级考试或合格考试题是如何指向学科核心素养发展的。

2. 尝试命制一道指向学科核心素养发展的生物学试题。

单元 4 高中生物学教学的多样化方案设计与实施

4-1 如何基于深度学习理念全面落实学科核心素养？

对这个关键问题的研究旨在通过改进教育教学，指导学生进行深度学习，全面落实学科核心素养。通过对这个关键问题的分析和解决，希望教师能够：

- 理解深度学习的内涵、特征和实践意义。
- 掌握深度学习理念下教学设计的关键要素和策略。

教学关键问题分析

长期以来，在教学过程中，总有一个问题困扰着我们：学生经常把生物学看作一门需要大量记忆的学科。在当前的生物学教学中，教师往往从铺垫大量先导知识出发，从中提炼内在机理，最终落实到相对有限的应用水平上，这必然导致学生在学习过程中缺乏解决生活实际问题的驱动，把学习重点放在大量记忆先导知识上，这样的学习实际是停留在表面的浅层学习。如何为学生创造条件和机会，真正体现生命科学的理科属性，让学生的学习真实发生，实现真正意义的深度学习，是当前生物学教学中亟待解决的问题之一。

深度学习是相对于浅层学习、机械学习而言的，它不仅突出学习者对学习内容的深度理解和个体建构，而且强调学习者将知识在真实情境中的迁移应用。美国国家研究委员会（NRC）认为，深度学习是个体将学习的知识从一种情境应用到另一种新的情境的过程，即迁移。① 深度学习是在教师引领下，学生围绕着具有挑战性的学习主题，全身心积极参与、体验成功、获得发展的有意义的学习过程。②

一、深度学习是落实核心素养的有效途径

核心素养的形成不能仅靠一节课或一个活动，它是学生在面对真实情境解决实际问题时所形成的综合品质，因此核心素养的形成需要学生深入地探究和分析，有真实体验。深度学习是发展学生核心素养的重要路径之一。以培养学生学科核心素养为目的生物学深度学习，是教师从实际生活中发现问题入手，带领学生探究机理，用必要的知识作为支撑，逐渐发展科学思维和科学探究能力，最终实现学习迁移，解决实际问题。在此过程中，真实的情境可以激发学生学习的内在动力，触发学生的情感；学生在深度理解相关知识和解决问题的过程中，可以真正实现知识的迁移应用，从而提

---

① 许红琴．深度学习：基于核心素养的小学语文教学［J］．中小学教师培训，2018（1）：40-43.

② 郭华．深度学习及其意义［J］．课程·教材·教法，2016（11）：25-32.

高科学思维和科学探究素养；同时教师鼓励学生积极投身社会实践，也能培养学生的社会责任素养。

二、深度学习可以更好地聚焦学科大概念

新版课程标准不仅提出了学科核心素养，课程内容也以学科大概念的形式呈现。学科大概念与具体的知识点不同，它们是比较综合和上位的知识，比较抽象、比较概括，不像具体知识点那么容易学习。这决定了学科大概念不是通过上一节课、突破一个重难点就可以落实的，而是需要学生经历较长时间的思考、持久的理解、更深入的体验。因此，深度学习需要将课时教学转变为单元教学，需要教学设计聚焦学科大概念，需要教师从学科大概念入手对教材内容进行一定的整合和再开发，提高学生学习的内在动力，实现教、学、评的一致性，进而更好地发展学生学科核心素养。多年以后，学生或许已经忘记现在学习的大量事实性知识，但学科大概念中蕴含的科学思维和方法会成为他们解决问题的工具，用来支持他们终身学习。

三、深度学习可以更好地挖掘教学内容

在这个信息发达的时代，教师的角色也逐渐开始转变，教师不仅是知识的传播者，而且是学生学习的引导者和指路人。学生的学习过程也不只是掌握教材中的知识，更重要的是运用所学知识去创新、去实践、去解决真实问题。《基础教育课程改革指导纲要（试行）》明确提出了“用教材教”而不是“教教材”的观念，这就需要教师依据课程标准灵活地、有创造性地使用教材，把“教学内容”转化为“教学材料”，根据学生的实际情况，考虑不同学生的需求，从解决问题的角度来使用教材，不固化教材内容，适当对教材内容进行拓展、补充、延伸或调整，引导学生体会和思考其中蕴含的复杂而丰富的思想和情感内容。

教学关键问题解决

刘月霞等基于多学科案例分析，提出了指向核心素养发展的深度学习的四个重要环节。[①] 我们结合生物学教学，将深度学习概括为六个要素：① 素养导向的学习目标；② 引领性学习主题；③ 挑战性学习任务；④ 持续性学习评价；⑤ 开放性学习环境；⑥ 反思性教学改进。深度学习的实践模型如图 4-1-1 所示。

① 刘月霞，郭华．深度学习：走向核心素养：理论普及读本［M］．北京：教育科学出版社，2018：72.

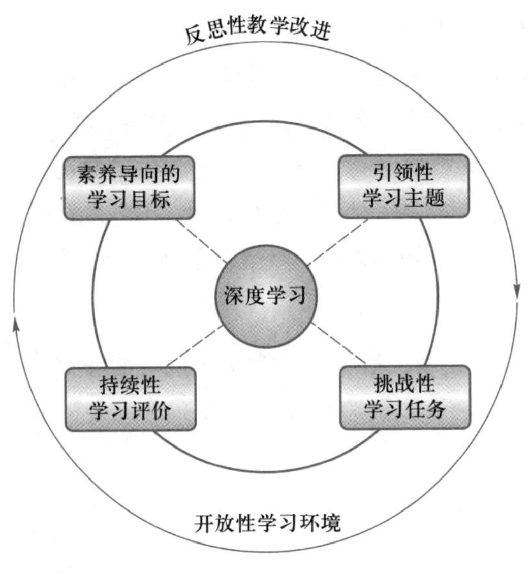

图 4-1-1　深度学习的实践模型

一、确立素养导向的学习目标

学习目标是深度学习的“第一粒纽扣”，它指明了学生学习的方向，也是单元学习活动和单元评价的依据。在确立单元学习目标时，需要依据以下四个要素。

1. 依据核心素养确立学习目标

学科核心素养是高度概括的宏观的表述，要将它转化为学习目标，需要深入思考每条核心素养的概念和内涵，进而找到落实核心素养的措施，例如，科学思维的具体表现是什么？通过哪些方面可以体现？在哪些方面可以细化？新版课程标准不仅提出了学科核心素养，还围绕学科核心素养研制了学业质量标准，这让教学和评估形成了统一，也为教师的教学和评估指明了方向。因此，单元目标要立足核心素养的发展，根据学业质量标准，把传统的知识、能力目标转变为正确价值观、必备品格和关键能力的培养目标。

2. 聚焦学科大概念确立学习目标

学科大概念的提出，让学科知识从一个个的细碎知识点，走向了综合性强的、高度概括的学科核心概念，也让教学从课时走向了单元、项目或主题。因此，在设计学习目标时，也要跳出一个个的具体知识点，指向对学科本质的理解，聚焦学科的大概念，指向对学生未来的发展，帮助学生落实学科核心素养。

3. 根据学生实际确立学习目标

学习目标最终是为了促进学生的学习。因此学习目标的确立，既要遵循课程标准，也要符合学生的认知水平，从学生的实际情况出发，考虑学生的学习基础、学习能力、生活经验和实际条件等。相同或相似的单元主题，对于不同年级的学生来说，学习目标应该是不同的。

4. 区分教学目标和学习目标

学习目标的定位是学生的“学”。传统的教学目标往往是从教师“教”的角度出发，是教师希望或期待学生所达到的学习效果，往往是教师非常清楚目标，学生却一头雾水。而学习目标主要聚焦学生的“学”，是为学生的学习而设计的，学生需要知道自己学什么、如何学、为什么学，只有为学生设计“学习目标”，才能真正实现从教师的“教”走向学生的“学”，深度学习才能得以落地。

【案例 1】

“生物的进化”的单元学习目标设计

在人教版教科书必修 2 第 6 章“生物的进化”单元中，依据以上要素确立素养导向的单元学习目标：

（1）从化石、细胞代谢、分子组成等方面，解释地球上丰富多样的物种来自共同祖先，形成进化与适应观等生命观念，并能用来解释生物的适应和变异。

（2）基于现代生物进化理论，通过实验探究、数学建模、批判性思维等方法，探讨种群遗传性状的分布规律及自然选择对种群基因频率的影响。

（3）观察、提问、设计、搜集和分析各种进化的证据，通过交流讨论等科学探究活动，认同生物的适应是选择的结果，阐述丰富多彩的现存物种是由共同的祖先经过长期进化形成的。

（4）主动关注生物进化理论对人类社会的影响，以及生物多样性的现实问题对人类社会发展的影响，根据保护生物多样性的原则，提出保护生物多样性的措施和建议，参与保护生物多样性的实践活动。

案例分析：

该单元学习目标的确立，紧紧围绕本单元的大概念“生物的多样性和适应性是进化的结果”，从学科核心素养的四个方面具体阐述了本单元学习目标。目标的确立符合学生认知规律，有落实核心素养的具体过程和路径，如在单元学习目标（1）的描述中，深入考虑了学生实际，“从化石、细胞代谢、分子组成等方面”为学生提供的学习支架更加具体，也更具有可操作性。

（案例提供：夏静，北京市十一学校）

二、确立引领性学习主题

具有引领性的单元学习主题是对学习内容的概括，有的单元学习主题中蕴含着大概念或核心概念，有的单元学习主题中蕴含着学习线索，还有的单元学习主题中蕴含着“概念是如何被用来作为搜索材料的工具来解决问题的”①。因此，单元学习主题的确立需要依据课程标准，聚焦学科大概念，同时，教师可根据个人的思考以及学生的学情对教材内容进行适当的整合。例如，在“生物的进化”单元中，单元

① 王健．深度学习：走向核心素养：学科教学指南·初中生物［M］．北京：教育科学出版社，2019：14.

内容除了人教版教科书必修 2 第 6 章的内容外，还针对学习内容适当整合了人教版教科书选择性必修 3 中关于微生物培养和计数的相关内容。在确定单元学习主题后，教师需要从多个角度对学习主题进行解读，深入了解单元主题，进而为接下来的单元设计做好充分的准备。

【案例 2】

“生物的进化”单元解读

从课程标准角度看，本单元内容主要落实“概念 4　生物的多样性和适应性是进化的结果”，为达成对概念 4 的理解，促进学生生物学学科核心素养的提升，课程标准建议开展以下教学活动：

（1）搜集生物进化理论发展的资料，探讨生物进化观点对人们思想观念的影响。

（2）用数学方法讨论自然选择使种群的基因频率发生变化。

（3）探讨耐药菌的出现与滥用抗生素的关系。

通过本单元的学习，学生在学科核心素养上应达到以下水平：

（1）分析不同类型的证据，谈谈地球上现存的丰富多样的物种是由共同祖先长期进化形成的（生命观念、科学思维、社会责任）。

（2）基于可遗传的变异，以及变异可能带来的生存与繁殖优势等方面的实例，解释生物的适应是自然选择的结果（生命观念、科学思维）。

从学生角度看，学生在初中阶段学习过生物进化的内容，知道达尔文的自然选择学说等观点；在前面的学习中，学生已经学习了生物的遗传和变异等内容，初步形成了生物进化的观点，知道环境对生物进化的作用。同时，高中学生已经具备一定的自学能力，掌握了一定的科学探究方法。

学生在平时的生活经验中，对细菌的抗药性有一定的了解，但对细菌是如何产生抗药性的机理还没有进行过深入的研究。因此，本单元通过对微生物的抗药性分析，从个体、分子等水平来解释生物进化的原因和实质等，帮助学生建立进化观，同时培养学生的科学思维和科学探究能力。

案例分析：

在本单元的设计过程中，结合新版课程标准的教学活动建议以及学生的学习能力，教师创造性地对教学内容进行了一定程度的整合，将人教版教科书选择性必修 3 中关于微生物培养和计数的相关内容整合进本单元的学习中。学生可以从自身的生活经验出发，动手培养、筛选抗性微生物；通过计算等方法理解滥用抗生素的危害，进而体会进化的根本原因。

（案例提供：夏静，北京市十一学校）

三、设计挑战性学习任务

学习任务是实现学习目标的载体，教师需要设计一份学习材料，帮助学生进行探究性学习，以达成预期的学习目标。

学习任务的挑战性体现在：学习任务既要让大多数学生能有成功的体验，又要留出进一步探究的空间。在设计挑战性学习任务的过程中，教师需要把握学习任务的四个主要特征。

一是学习任务要以单元学习目标为依据。课堂学习要落实核心素养，实现目标的达成，因此学习任务的设计也要提升学生活动的质量，要设计能驱动目标达成的、落实素养培养的任务。

二是学习任务要以单元为单位，实现大概念的理解和掌握。当教学设计从“课时”转变到“单元”时，学习任务也不再聚焦一个或几个知识点进行设计，因为一个或几个知识点是难以聚焦大概念的，只有更加持久、更加深入、侧重体验和解决问题的学习任务才能真正落实大概念。

三是学习任务要立足真实情境，解决真实问题。核心素养的发展离不开问题的解决，深度学习是在解决问题的过程中发生和实现的，因此学习任务的设计要突出知识的应用和迁移，立足真实情境进行设计，使学生在解决问题的过程中学会相关知识和方法。

四是学习任务要激发学生的自我系统。学生需要充分的、长期的体验和探究，才能形成学科核心概念，发展学科核心素养。如何才能让学生在科学探究的过程中，始终保持对学习的热情和兴趣？学习任务提出后，会让学生觉得很有意思、很好玩，同时又具有一定的挑战性，这样既能激发学生的兴趣，又能进一步激发学生的学习热情。

【案例 3】

“生物的进化”单元学习任务

“生物的进化”单元学习任务的整体安排如下。

学习任务	课时	学习目标	学习内容	学习活动	学习资源
“进化的证据”主题分享	1 课时	从化石、细胞代谢、分子组成等方面，解释地球上丰富多样的物种来自共同祖先，形成进化与适应观等生命观念，并能用来解释生物的适应和变异	尝试通过化石、比较解剖学、胚胎学、细胞生物学、分子等知识，说明当今生物具有共同祖先	小组分别从不同维度分享课前搜集整理的进化证据，说明“地球上丰富多样的现存物种来自共同祖先”	生物进化的不同证据
“细菌大战抗生素”——筛选耐药菌	2 课时	基于现代生物进化理论，通过实验探究、数学建模、批判性思维等方法，探讨种群遗传性状的分布规律及自然选择对种群基因频率的影响	探讨耐药菌的出现与抗生素滥用的关系，用数学方法讨论自然选择使种群基因频率发生变化	小组合作完成大肠杆菌菌落的培养，通过影印培养法，估算突变频率，构建“细菌耐药基因频率变化”数学模型	抗性微生物筛选实验规划单，微生物培养的实验材料和试剂等

续表

学习任务	课时	学习目标	学习内容	学习活动	学习资源
构建“分子进化树”	1课时	主动关注生物进化理论对人类社会的影响，以及生物多样性的现实问题对人类社会发展造成的影响，根据保护生物多样性的原则，提出保护生物多样性的措施和建议，参与保护生物多样性的实践活动	从分子水平来解释当今生物在新陈代谢、DNA的结构与功能等方面具有许多共同特征	阅读分子进化知识材料并了解构建“分子进化树”的基本方法，利用非加权组平均法（UPGMA）构建一个简易“分子进化树”，总结微观进化的本质	阅读资料、网络资源等
“进化理论”主题分享	1课时	通过观察、提问、设计、搜集和分析各种进化的证据、结果的交流讨论等科学探究活动，认同生物的适应性是选择的结果，阐述丰富多彩的现存物种是由共同的祖先经过长期进化形成的	总结经典进化理论的优势和局限，基于现代生物进化理论探讨生物进化的本质	以辩论和讨论的形式，落实经典进化理论和现代生物进化理论	关于不同的生物进化理论的材料

案例分析：

在本单元的学习任务中，既有解决实际问题的“细菌大战抗生素”——筛选耐药菌的实验设计和操作，也有计算机模拟构建“分子进化树”，还有基于“进化的证据”和“进化理论”的主题分享，这样的学习任务与学习目标紧密相关，同时也能激发学生的学习热情，增进学生之间的合作学习，培养学生的学科核心素养。

（案例提供：刘赛男、程卓、李树莹、汪峡，北京市十一学校）

4-1-1　生物进化的证据（学生分享）

四、开展持续性学习评价

持续性学习评价是深度学习中不可缺少的环节。在日常教学中我们对评价的认识更多地集中在对学习结果的检测上，不论是单元学习后的单元检测，还是学期后的阶段考试，基本都是通过命制试题来检测学生的学习结果。这样的检测方式可以反映学生的学习结果，也可以帮助学生指导接下来的学习，但是它无法发现学生在学习过程中出现的问题。在单元学习的过程中，结果检测必不可少，而过程性评价更有助于及时发现学生在学习过程中存在的问题和收获，进而引导学生在学习过程中不断调整。深度学习的持续性学习评价通过多种评价方式，对学生的学习过程进行更全面的分析，并将评价结果用于促进学生对所学内容进行持续深入的思考，对所完成的学习任务进行更全面的分析。

【案例4】

“生物的进化”单元持续性评价

本单元学习主题的持续性评价分别从进化与适应观、实验方案的设计、辩论赛评价等方面进行，具体评价方案如表 4-1-1 和表 4-1-2 所示。

表 4-1-1 “生物的进化”单元学习主题的持续性评价方案

序号	评价目标	评价任务	评价要点	评价方式
1	诊断学生对进化与适应性相关知识的理解水平	用进化的观点解释生物多样性的形成过程	（1）从生活经验的角度解释现象。 （2）简单运用进化观点解释相关现象，术语不够准确、不够具体。 （3）能够运用经典进化学说和现代生物进化理论分析生物进化的原因和本质，用多种证据说明当今生物具有共同的祖先	课堂观察
2	控制单一变量，设计实验的基本方案	关注学生在设计实验方案时是否能从控制单一变量等角度设计对照实验，从而探究抗性微生物的产生机理	（1）设计实验方案时，未考虑到控制单一变量或未设置对照实验。 （2）实验规划合理，满足真实操作，用科学的方法设计出筛选抗性微生物的方法。 （3）准确规划实验方案，设置合理的单一变量对照实验，实验结果记录及时且科学，并能根据实验结果得出合理的结论	实作评价、学生填写的实验规划单
3	从内因和外因两个方面解释生物进化的原因	关注学生在课堂上针对“进化理论”主题分享时，是否能准确地描述经典进化理论和现代生物进化理论的特点和区别	（1）只是能够说出生物是进化的。 （2）能够运用经典生物进化理论解释生物进化的原因。 （3）能够认识到经典进化理论的优势和局限性，并且运用现代生物进化理论等解释生物进化的本质	课堂观察
4	从分子水平解释当今生物在细胞水平、DNA 结构与功能等方面具有共同特征	通过语言、文字、信息技术等方式，运用所学知识解释微观进化的本质	（1）“分子进化树”构建不完善，有科学性错误。 （2）用传统方法研究进化，构建“分子进化树”。 （3）能比较传统方法（化石、比较解剖学等）与分子进化的异同点，用软件构建“分子进化树”	课堂观察，对分子进化树的构建

表 4-1-2 抗性微生物的筛选实验评价量表

评价项目		优　秀	合　格	待改进
实验设计	实验材料	准确地规划好实验材料需求，满足实验过程所需	全面地规划实验材料，在实验过程中发现有少许遗漏或富余	规划出各项实验材料，但与实验需要不匹配
	实验过程设计	利用科学的方法设计出筛选抗性微生物的方法，证明抗生素在筛选过程中的作用；合理设置对照组和实验组；实验时间规划合理，满足真实操作	利用科学的方法设计出筛选抗性微生物的方法，指出对照组和实验组	在其他组同学的提示下进行实验
	实验记录	设计表格记录实验过程中菌落数目的变化，及时修正实验设计中的不良之处	实验各阶段都有实验结果记录	能够记录实验过程，但记录不完整

续表

评价项目		优　　秀	合　　格	待 改 进
结果分析	现象描述	准确描述实验现象（如能科学地统计微生物的数量，并且计算微生物抗性频率）	可以大致概括和描述实验现象	会描述实验现象，但存在科学性错误
	数据分析	利用微生物学和进化生物学的知识准确解释数据变化的原因，对数据进行误差分析，评估误差的合理性	能够解释数据变化的原因，指出数据变化中合理的部分和误差的部分	能够发现数据变化的规律，没有明确的解释或解释不清
	* 备注：如果本组实验失败或数据缺失，可利用教师提供的实验结果图片进行分析			
讨论与应用	实验结论	总结实验结果是否符合预期，结合进化生物学的知识说明细菌抗性出现和积累的原因	总结实验结果是否符合预期，说明微生物抗性频率增加的原因	总结出实验结论，对微生物抗性的来源和积累解释不清
	实验反思	对整体实验设计进行反思和自我评价，指出实验的成功之处以及设计的疏漏环节	提出实验设计的成功之处和疏漏环节	对实验中的不足没有正确认识
	应用推广	利用实验结论具体详细地提出生活中使用抗生素的注意事项，指出滥用抗生素的危害	利用实验结论提出生活中使用抗生素的注意事项	对抗生素药物的服用仍然维持原有的观念

案例分析：

本单元的学习评价活动设计，充分考虑了学生学习的过程性评价。评价方式多元化，既有课堂观察、课堂参与的评价，又有探究性实验的评价量表，通过评价量表，让学生不断反思和校正自己的学习过程，不断进行自我调节，最终达成学习目标。

（案例提供：夏静，北京市十一学校）

五、创设开放性学习环境

以学生为中心的开放式学习环境，强调学生在一定的学习支架下参与真实的任务和实践。真实情境下的任务可能是不良结构的，但是学生可以通过利用多样化的学习资源等来达成目标。

【案例 5】

“生物的进化”单元学习的开放性学习环境

1. 物理环境

在本单元的学习中，生物学科功能教室（图 4-1-2）为学生的学习提供了非常好的物理环境，功能教室配备了各种专业图书、实验器材等，方便学生随时查阅资料，动手实验。教师在教学过程中主要承担资源提供者的角色，同时关注不同学生的学习情况，有针对性地指导和提出建议。

2. 虚拟环境

学校专门的信息化教室，可以方便学生上网查阅资料。本单元的学习任务中有一项是学生上机操作（图 4-1-3），通过小组合作利用 MEGA 7 软件构建“分子进化树”。

图 4-1-2　生物学科功能教室

图 4-1-3　学生上机操作

3. 人文环境

在深度学习的过程中，人文环境这一环境资源很容易被忽视，新版课程标准的目标定位在核心素养的培养，定位在对人的培养。对学生来说，学习同伴也是学习资源，在本单元的设计中，有很多需要同伴之间相互帮助、相互启发、相互交流的环节，如设计实验、查阅资料等，学生在寻求同伴的帮助时，也能帮助同伴，不断地反思和提高自己，促进学生之间的相互学习。

4-1-2　抗性微生物筛选

案例分析：

开放性的学习环境为学生的学习提供了良好的支撑和支持作用；学科生物教室的配置为学生的合作学习、探究实验提供了有利的空间和资源。利用 MEGA 7 软件构建“分子进化树”的学习任务，为学生的合作学习提供了另一种全新方式。以学习者为中心的开放式学习环境与学生的日常生活紧密连接，将单元学习与学生熟悉的滥用抗生素的危害等生活情境联系起来，能够丰富学生的学习和生活经历，进而促进学生发展更有意义、更持久的兴趣和理解。

（案例提供：夏静，北京市十一学校）

六、进行反思性教学改进

反思性教学改进是教师在单元教学实施后形成的对本单元设计的反思和评价，它包括本单元设计的主要经验和亮点，也包括本单元设计需要改进的方面，以进一步完善本单元设计，促进学生真正实现深度学习，在深度学习的过程中落实学科核心素养。

“生物的进化”单元教学设计打破了传统的自学、讲授等思路，而是从学生非常熟悉的细菌的耐药性入手，培养和筛选抗性微生物，探讨耐药菌的出现与抗生素滥用的关系，进而分析进化的本质和根本原因，并且用数学建模的方法讨论种群基因频率的变化。另外，本单元突破性地采用辩论等形式收集生物进化理论发展的资料，探讨地球上现存的丰富多样的物种是由共同祖先长期进化形成的。

由于不同的学生在学习能力、知识基础等方面不尽相同，因此每个任务的完成情况也不同，教师要针对不同学习水平的学生，提供不同的学习资源，进行分层学习设计。在学习任务的完成过程中，由于抗性微生物的筛选过程较长，以及学生操作不当等导致实验结果不理想，基于此，可以尝试把实验操作和理论学习相结合进行下一步教学设计。

【研修作业】

1. 结合自身教学实践，谈一谈日常教学中开展深度学习的途径和方法。
2. 尝试利用深度学习模型的六个要素，设计一个基于深度学习的单元教学案例。

4-2 如何进行概念教学促进学生生命观念的形成？

这个关键问题是课程标准基本理念之“内容聚焦大概念”的实践性问题。提出这个关键问题旨在引导教师通过巧妙的教学设计和有效的教学策略进行概念教学，进而促进学生形成生命观念。通过对这个关键问题的分析和解决，希望教师能够：

- 理解进行概念教学的价值和意义。
- 了解围绕大概念或重要概念进行教学设计的一般步骤。

教学关键问题分析

高中生物学的大概念和重要概念涵盖了必修和选修课程的知识与方法，在教学中具有重要地位。通过文献研究和教学实践发现，围绕大概念或重要概念的教学中存在以下三类问题：第一，教师对大概念、重要概念和生物学事实缺乏清晰认知，视教材中的定义为核心概念，重视每节课细小琐碎知识的传递，这些做法不利于学生形成生命观念。第二，教师单纯运用讲授式的教学策略，学生往往是被动接受知识，对概念进行机械性背诵，缺乏独立分析和思考的能力。第三，教学评价形式陈旧，仍以纸笔测试为主，且测试试题陈旧、缺乏创新性，不能与概念教学相匹配。

一、概念的内涵

从哲学上讲，概念是客观事物的本质属性在人们头脑中的反映。《现代汉语词典》明确指出概念是思维的基本形式之一，反映客观事物一般的、本质的特征。我国课程专家赵占良认为，概念是人类的一种思维形态，它既是思维的产物，是人们对客观事物一般特征、本质属性的认识，又是思维的工具，是进行判断和推理的基础。①

在生物学教学中，经常提及的核心概念、大概念、重要概念和一般概念分别是什么？它们之间有什么关系？

（1）一般概念。一般概念是对事实加以综合分析得出的客观结论，比事实具有更高的概括性，因为更接近事实而解释力有限。②

（2）重要概念。两个或两个以上的一般概念按照一定的逻辑关系连接在一起形成了重要概念，重要概念具有更高的概括性，不仅揭示了一般概念之间的内在联系，还具有一定的普适性和迁移应用价值，它的解释力强于一般概念。

① 赵占良．概念教学刍议（一）：对概念及其属性的认识［J］．中小学教材教学，2015（1）：40-42.

② 胡玉华．科学教育中的核心概念及其教学价值［J］．课程·教材·教法，2015，35（3）：79-84.

（3）大概念。美国课程专家马克·威森认为，大概念居于学科知识领域的中心，具有普适的、持久的解释力。我国课程专家胡玉华认为，大概念是居于学科中心，构成学科骨架，能反映学科本质特征的概念。

大概念统摄下的知识层次结构图①如图 4-2-1 所示。

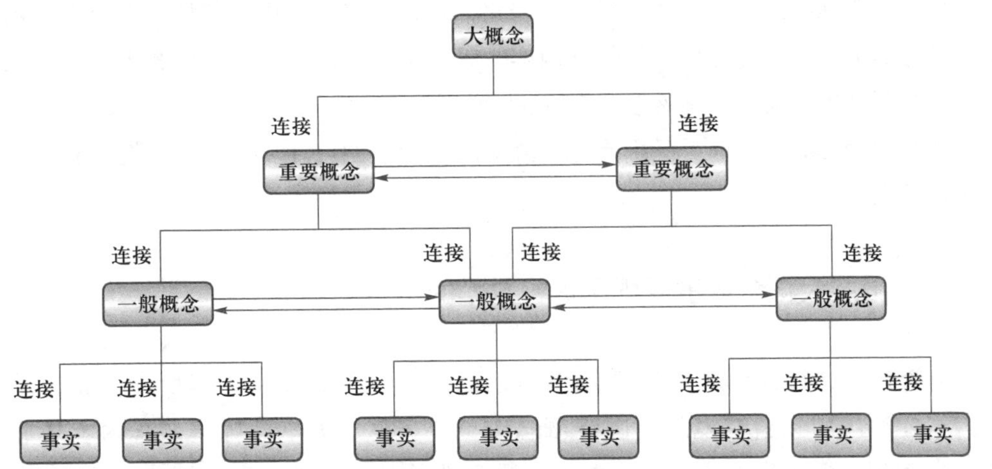

图 4-2-1　大概念统摄下的知识层次结构图

（4）核心概念。美国课程专家戴伊认为，核心概念居于某个知识领域的中心，具有持久性和广阔的解释空间。费德恩认为，核心概念是学生在忘记具体知识内容后仍然能继续使用的概念性知识或结论。艾里克森认为，核心概念是具有超越课堂之外的持久价值和迁移应用价值的概念性知识、原理或方法。北京教育学院科学教育团队指出，核心概念是构成学科骨架的，具有迁移应用价值的概念，不同于一般的科学概念，它可以统摄一般的概念，可以揭示学科知识的本质和学科知识之间的联系，具有统整学科知识的功能②。可见，核心概念与大概念的本质是相同的，均具有普适性和可迁移性。

二、课程标准对围绕概念进行教学的要求

新版课程标准的“课程基本理念”部分指出，课程的设计和实施追求“少而精”的原则，必修和选择性必修课程的模块内容聚焦大概念，精简容量、突出重点、切合年龄特点、明确学习要求，确保学生有相对充裕的时间主动学习，让学生能够深刻理解和应用重要的生物学概念，进而发展学生的核心素养。

新版课程标准的“教学建议”部分指出，大概念包括了对原理、理论等理解和解释，是生物学科知识的主干部分。在教学中，教师应围绕着生物学大概念组织并开展教学活动，活动策略既可以是讲解、演示、讨论，也可以是动手活动或对资料的分析

① 胡玉华．基于核心素养的学科大概念及其教学策略［J］．基础教育课程，2021（12）：13-21.
② 胡玉华．科学教育中的核心概念及其教学价值［J］．课程·教材·教法，2015，35（3）：79-84.

及探究，教师还需要向学生提供各种丰富的、有代表性的事实，为学生的概念形成提供支撑。教学活动不能停留在让学生记住一些零散的生物学事实的层面上，而要通过对事实的抽象和概括，帮助学生形成生物学概念，建构合理的知识框架，为学生能够在新情境下解决相关问题奠定基础。

新版课程标准的“评价建议”部分指出，评价内容应以课程目标、课程内容和学业质量标准为依据，结合具体的教学内容，以生物学大概念、重要概念等主干知识为依托，检测学生生物学学科核心素养的发展水平。

教学围绕大概念或重要概念展开是落实课程标准的内在要求，也是提高教学质量的关键所在。

三、围绕大概念或重要概念进行教学的价值和意义

传统教学往往强调对事实性知识的记忆，学生很难深层理解所学知识，难以将知识迁移应用到新情境中。围绕概念或重要概念的教学，强调课程内容从展现具体事实到聚焦事实之上的核心概念，强调教学重心从讲授事实转移到使用事实，强调学习重心从记忆事实转移到理解核心概念和知识结构、培养和发展思维能力。所以，围绕大概念或重要概念的教学并不是忽视对事实的学习，而是引导学生进行意义建构和概念内化，为学生提供路径使他们能够梳理组织、内化保持并迁移应用事实。①

围绕大概念或重要概念进行教学有何意义？

（1）有利于学生掌握学科知识体系。学生在深刻理解概念后就不会陷入复杂烦琐的生物学事实中，在形成生物学的基本知识结构后，任何新获得的与生物学有关的知识都可以不断纳入进来，帮助学生在完成高中学习后，具有对科学信息的识别和判断的能力，成为科学知识的使用者、传播者甚至创造者。

（2）有利于实现概念学习的进阶。因为教学聚焦“少而精”的大概念后，减少了不必要的学习内容，预留出更多的时间，教师可以设计基于概念学习的进阶教学。基于核心概念学习进阶的教学设计意味着教师将根据学生所处的学习阶段水平设定合适的教学目标，这往往是对某个核心概念逐步深入的理解与掌握。这就要求教师教学前后一致，指向明确，更为关注知识概念与学科思想的整体联系，而不仅仅是单个知识点。②

（3）有利于提升学生的综合思维能力。学生在建构概念的过程中基于生物学事实和证据运用归纳与概括、演绎与推理、模型与建模、批判性思维、创造性思维等方法，需要将零散的知识系统化、条理化，以发现知识的内在逻辑和规律性，需要运用概念

---

① 赵占良．概念教学刍议（一）：对概念及其属性的认识［J］．中小学教材教学，2015（1）：40-42.

② 张颖之．理科课程设计新理念：“学习进阶”的本质、要素与理论溯源［J］．课程·教材·教法，2016，36（6）：115-120.

解决实际问题，这一过程就是思维的训练过程。这一过程还锻炼了学生自主学习的能力，促进学生终身学习能力的发展。

教学关键问题解决

一、梳理概念层级设计概念教学

课程标准指出在教学内容的选择、组织和设计过程中以大概念为核心，实现教学内容的“少而精”，这样才能促成知识向素养的转化，才能帮助学生形成生命观念。课程标准中共列出了10条大概念（如表4-2-1所示）以及31条重要概念。

表4-2-1　高中生物学课程标准中的大概念

模　块	大　概　念
生物学必修1 分子与细胞	概念1　细胞是生物体结构与生命活动的基本单位 概念2　细胞的生存需要能量和营养物质，并通过分裂实现增殖
生物学必修2 遗传与进化	概念3　遗传信息控制生物性状，并代代相传 概念4　生物的多样性和适应性是进化的结果
生物学选择性必修1 稳态与调节	概念1　生命个体的结构与功能相适应，各结构协调统一共同完成复杂的生命活动，并通过一定的调节机制保持稳态
生物学选择性必修2 生物与环境	概念2　生态系统中的各种成分相互影响，共同实现系统的物质循环、能量流动和信息传递，生态系统通过自我调节保持相对稳定的状态
生物学选择性必修3 生物技术与工程	概念3　发酵工程利用微生物的特定功能规模化生产对人类有用的产品 概念4　细胞工程通过细胞水平上的操作，获得有用的生物体或其产品 概念5　基因工程赋予生物新的遗传特性 概念6　生物技术在造福人类社会的同时也可能会带来安全与伦理问题

在备课时，教师需要将大概念、重要概念、一般概念和事实性知识进行梳理。首先，教师要思考什么是最有价值、最能转化为素养的知识，这样的知识就是大概念。其次，教师要明确知识之间存在怎样的层级关系，区分出本单元的大概念，这些大概念又可分解为哪些重要概念，支撑重要概念建构的一般概念和事实又有哪些。最后，将单元知识按照内在逻辑关系建立起合理的连接。在组织教学时，教师要带领学生自下而上进行归纳概括，从学科事实出发，最终将一般概念相互关联形成大概念。在开展评价时，由于生命观念是学生面对真实、复杂情境时表现出来的，因此，基于真实情境的评价成为生命观念评价的主要形式。

【案例1】

大概念统摄下的“细胞的结构与生命活动”单元知识结构体系

说明：本单元课程不是新授课，属于学业水平进阶学习，适用于学习过全部必修课程和选择性必修课程的高二学生。

本单元的学习主题为“细胞的结构与生命活动”，对应课程标准中的内容要求：

概念1　细胞是生物体结构与生命活动的基本单位。

1.2　细胞各部分结构既分工又合作，共同执行细胞的各项生命活动。

1.3　各种细胞具有相似的基本结构，但在形态与功能上有所差异。

将上述概念及学科事实之间的关系进行梳理，结果如图4-2-2所示。

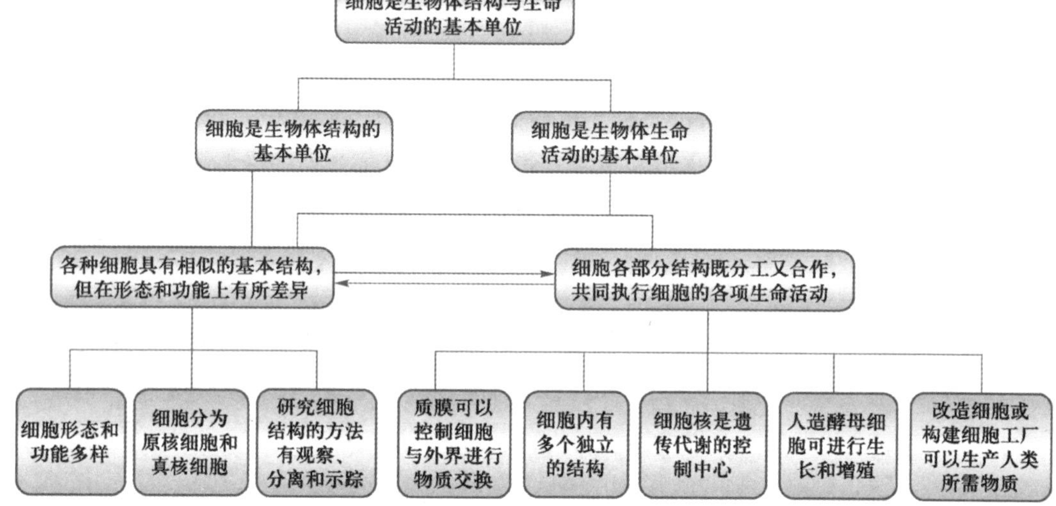

图4-2-2　“细胞的结构与生命活动”知识结构体系

4-2-1　细胞的结构与生命活动（教学片段）

案例分析：

本案例从大概念“细胞是生物体结构与生命活动的基本单位”入手，把这些大概念分解为重要概念，然后区分出支撑重要概念建构的一般概念和事实，并解释概念之间的关系，将概念与事实按照内在逻辑关系建立起合理的连接。按照这样的结构去设计并实施教学，学生更容易把握细胞结构与功能相适应的本质，也更容易把所学知识迁移应用到新情境中去。所以，高二学生在判断人造酵母细胞能否进行生命活动，以及运用工程学思维构造细胞工厂时，会自觉运用大概念去解决问题，达成以概念教学促进生命观念形成的目标。

（案例提供：王魏然，北京市十一学校；张亚慧，北京大学附属中学；蔡磊，中国人民大学附属中学；田树青，北京市海淀区教师进修学校）

二、选用教学策略实施概念教学

运用哪种教学策略有利于学生进行概念建构？教师要设计与大概念相呼应、具有挑战性的驱动性问题和学习活动，组织学生观察体验，形成表象认识，分析推理、抽象概括，将相关知识建立联系，形成知识结构，从而促进学生对大概念的理解。

项目式学习是以建构主义理论为指导，让学生在一段时间内通过研究一个真实的、有趣的和复杂的问题、课题或挑战性任务，用小组合作的方式学习，促进问题解决，最终产生成果，从而掌握相关的知识和技能，形成生命观念。与常规教学相比，项目式学习更加提倡学生在解决现实问题的过程中，实现自主探究和自主学习，更加强调学生自主学习能力，从而促进了大概念或重要概念的自我建构。可见，项目式学习是概念教学中一种有效的教学策略。

【案例 2】

“谁酿出了美味果酒?”项目式学习

我们在高中生物学教科书选择性必修 3《生物技术与工程》第 1 章发酵工程的教学中，开展了“谁酿出了美味果酒?”项目式学习，以帮助学生建构以下重要概念:

2.1　不同种群的生物在长期相互适应环境和彼此相互适应的过程中形成动态的生物群落。

3.1　获得纯净的微生物培养物是发酵工程的基础。

3.2　发酵工程为人类提供多样的生物产品。

“谁酿出了美味果酒?”项目式学习安排如下。

课　时	学习活动	学习成果
第 1 课时：制作果酒	（1）课前，我和组员们认真学习果酒酿造的原理，设计酿造美味果酒的原料、条件、设备等，绘成流程图。 （2）课前，我和组员分工合作完成原材料和发酵设备准备。 （3）课上，我和组员一起制作果酒	小组画出一张酿酒流程图。 小组按照清单准备设备，制作果酒
第 2 课时：探究果酒里的微生物类群	（1）课前，我能够正确解释“无菌操作”和“纯培养”的概念，知道“无菌操作”对微生物培养的重要影响，说出稀释涂布平板法的原理及应用。 （3）课上，我和组员一起设计实验方案，探究酿酒过程中微生物种类的变化情况。 （4）课上，我能够独立完成微生物实验操作。 （5）课后，我观察并记录了实验结果	小组提交一份实验方案。 独立完成微生物实验操作
第 3 课时：探究果酒中酵母菌种群的数量变化规律	（1）课前，我通过微课学习了解了显微镜计数法的原理及操作步骤。 （2）课前，我和组员设计实验方案探究果酒中酵母菌种群的数量变化规律。 （3）课上，我和组员一起对不同发酵时间的果酒发酵液进行酵母菌的显微计数，记录实验数据。 （4）课后，我能处理实验数据，作出酵母菌种群数量变化曲线，分析数据得出结论，完成实验报告	独立完成酵母菌种群数量变化实验报告
第 4 课时：品酒大会	（1）我和组员一起设计果酒的包装和广告。 （2）我们小组参加全班果酒评比，依据量表对不同组的果酒进行打分，评选冠军	品鉴果酒

为了调研学生经历过本项目学习后的概念建构情况，我们设计了调研问卷，让 300 余名学生自评是否掌握了以下 5 条重要概念，调研结果如表 4-2-2 所示。

表 4-2-2　学生对重要概念掌握情况的调查结果

重要概念	完全掌握	基本掌握	未掌握
尝试建立数学模型解释种群的数量变动	43.6%	55.6%	0.8%
举例说明通过调整培养基的配方可有目的地培养某种微生物	38.5%	60.7%	0.8%
稀释涂布平板法是实验室中进行微生物分离的常用方法	58.1%	41.9%	0%
显微镜计数法是测定微生物数量的常用方法	58.1%	41.9%	0%
发酵工程为人类提供多种多样的生物产品（如果酒）	52.1%	47.9%	0%

4-2-2　教学反思

案例分析：

该项目式学习包括利用酵母菌制作果酒、探究培养液中微生物类群变化、探究培养液中酵母菌种群数量变化的三个实验，最终回答“谁酿出了美味果酒？”这一真实问题，且整合了选择性必修 2 中种群、群落和生态系统的内容，以及选择性必修 3 中发酵工程的内容，进行了跨概念教学，有利于学生构建学科知识体系。在知识上，学生从真实情境中学习了种群及数量变化影响因素、群落演替及原因、微生物培养及分离原理、发酵原理。调查结果显示，绝大多数同学都能基本掌握或完全掌握重要概念。在方法上，学生掌握了显微镜计数法、稀释涂布平板法、无菌操作技术。在素养上，学生亲历了科学探究的完整过程，在探究过程中产生了参与科学实践的兴趣，锻炼了交流和表达能力，提升了演绎推理、批判性思维等科学思维能力。项目式学习的最大特点是在真实情境中解决问题，在反复琢磨中自主建构概念。将项目式学习设计要素融入学科教学，将低阶认知“包裹入”高阶认知，在不降低学科学业成绩和不损失基础知识与技能的底线之上，培育了学生问题解决、元认知、批判性思维、沟通与合作等能力。

（案例提供：冀静、于璇、夏一凡、张亚慧、柏叶，北京大学附属中学）

三、开展教学评价评估概念教学

概念教学的目标是让学生自主建构大概念和重要概念，最终形成生命观念。在建构过程中，教师需要设计并实施过程性评价，在建构完成后，教师需要组织实施终结性评价，以评估学生的生命观念素养水平。

过程性评价是指在教学过程中根据教学目标，设计特定的评价工具，系统地有计划地收集学生学科核心素养发展水平持续变化的证据，根据学生的学业表现，为改进教师的教和学生的学提供方向和建议。课程标准的评价建议部分指出，评价应以学生发展为本促进教师的教和学生的学，应关注学生对生物学大概念的理解和融会贯通，应指向学生核心素养的发展。这与过程性评价的内涵是一致的。课程标准的评价内容部分还指出评价应以课程标准中的学业质量标准和学业水平要求为依据，结合具体的教学目标，以生物学大概念、重要概念等主干知识为依托。过程性评价是一个连续不断的过程，尽可能展示学生的学习历程和全貌。评价方式应依据评价内容和对象不同，采用多元评价方式，如学生成长记录、课堂行为观察、活动量表评价、作业练习测验、实践与应用检测、作品成果展示等。

终结性评价是在一定的时间点上记录和报告学生的学习情况，评估学生的生物学科能力，一般是纸笔测验。测验题的命制流程为：

（1）依据学业质量水平要求，确定题目难度。

（2）依据核心素养及水平表现，依据大概念或重要概念，确定测试蓝图。

（3）创设真实情境，合理设问。

（4）审核修改定题。

在终结性评价结束后，可以分析学生在大概念或重要概念对应试题中的得分情况，判断学生对大概念或重要概念的理解程度，以指导后续教师的教和学生的学。

【案例 3】

大概念统摄下的“细胞的结构与生命活动”教学活动评价

在本单元中，教师设计的学习活动之一为“根据细胞的功能，推测细胞的结构及特点”，小组合作构建细胞亚显微结构模型。为了引导学生更好地完成任务，便于学生进行自我评估，教师设计了任务量表（表 4-2-3）。

表 4-2-3 “运用结构功能观，构建细胞亚显微结构模型”任务量表

维　度	活动表现	素养水平
细胞的结构与功能相适应	1. 从物质跨膜运输、物质代谢、能量代谢、信息传递四个角度列举细胞可完成的生命活动 2. 细胞形态正确 3. 在图中展现完成多种生命活动所需的结构 4. 绝大多数细胞结构的形态特点和名称无科学性错误	优秀
	1. 从物质跨膜运输、物质代谢、能量代谢、信息传递中的两个或三个角度列举细胞可完成的生命活动 2. 细胞形态基本正确 3. 在图中展现完成一种生命活动所需的结构 4. 大多数细胞结构的形态特点和名称无科学性错误	良好
	1. 未能列举细胞可完成的生命活动，或列举的生命活动与实际不符 2. 细胞形态不正确 3. 在图中没有展现出完成生命活动所需的结构 4. 大多数细胞结构的形态特点和名称有科学性错误	有待改进

在完成细胞的结构与功能相适应的大概念建构后，为了评估学生的素养水平，教师设计了以下作业练习题。

讨论情境：叶肉细胞和蓝细菌相比，谁的光合作用效率更高？

同学甲：蓝细菌是原核细胞，叶肉细胞是高等植物细胞，所以叶肉细胞比蓝细菌的光合效率高。

同学乙：叶肉细胞的叶绿体起源于蓝细菌，蓝细菌专职进行光合作用，所以蓝细菌的光合效率高于叶肉细胞。

请从不同生命观念的角度阐述你对此问题的看法。

案例分析：

任务量表是教学中常用的评价方式。一方面，该量表可以引导学生完成任务，告诉学生什么是优秀的做法；另一方面，该量表可以帮助学生进行自我评估，方便教师对学生的学科能力进行评估。评价学生任务完成的质量，有助于教师诊断教学中的漏洞，有助于教师收集学生的生成性问题从而改进后续教学。使用量表进行教学活动评价促进了教师的教和学生的学，符合课程标准的要求。

作业题目改编自学生的真实讨论。它不偏重于具体的零散的知识记忆，而是让学生面对复杂的真实的情境阐明自己观点，是一道开放性题目。它要求学生从不同生命观念的角度阐述自己的观点，考查了学生对大概念或重要概念的理解程度，也考查了学生的生命观念素养水平；要求学生利用情境中的信息和已建构的大概念或重要概念进行推理论证，考查了学生应用所学知识解决复杂问题的迁移能力，有助于诊断学生的科学思维能力水平。像这样编制指向核心素养的作业练习题，符合课程标准的要求，便于教师评价学生的概念掌握情况和素养发展水平。

（案例提供：张亚慧，北京大学附属中学）

【案例 4】

“谁酿出了美味果酒?”项目式学习的终结性评价试题

在学生经历“谁酿出了美味果酒?”项目式学习之后，为了评估学生的概念掌握水平，教师从大概念出发命制了试题。

概念 2　生态系统中的各种成分相互影响，共同实现系统的物质循环、能量流动和信息传递，生态系统通过自我调节保持相对稳定的状态。

第 1 题（20 分）

情境 1：学段初我们开始酿造果酒，学段末我们的美味果酒出厂了。让我们结合所学知识，再来梳理一下这 8 周中“果酒瓶”（果汁+酵母+糖+水）内发生的生物学事件吧！

（1）（2 分）你同意将我们的“果酒瓶”看作一个生态系统吗？请从生态系统的概念进行分析。

（2）（2 分）第一次微生物实验，我们取 100 μL 第 0 天的果酒发酵液进行了平板（LB 平板和 YPD 平板）涂布，经过 24 h，37 ℃的倒置培养，我们观察到培养皿中长出了不同形态的单菌落。请思考：本实验的目的是什么？

（3）（4 分）在“果酒瓶”中，你接种的酵母菌和果汁中的其他微生物形成复杂的种间关系。请分析：“果酒瓶”中生物之间最主要的种间关系是什么？为何酵母菌逐渐成为优势菌群（至少答出2点）？

（4）（2分）学段末，我们对果酒分装“出厂”。果酒发酵进行了8周，有同学认为发酵早已经停止，也有同学认为发酵还未停止，请说出你的观点，并简要写出一种实验思路来搜集证据证明你的观点。

情境2：探究酵母菌种群数量变化规律的实验中，同学们遇到了不少问题，下面列举出一些问题，请结合所学知识和实验经验进行解答。

（1）（2分）种群密度的调查研究方法有样方法和标记重捕法等。小李同学问：咱们使用的显微镜下用血球计数板计数的方法，从原理上来看属于何种研究方法（“样方法”或“标记重捕法”）？

（2）（3分）已知每个小方格内有5~10个酵母菌是最合适的，小王同学在进行显微计数时，发现每一个小方格内大约有50个酵母菌，密密麻麻的，眼睛都看花了，并且计数准确性也不够。请你告诉小王同学具体的解决办法。

提示：实验室里有最大量程100 μL和1000 μL的移液枪各一把，枪头、1.5 mL EP管、无菌水若干。

（3）（3分）表4-2-4为某小组的24 h酵母培养液稀释4倍后的显微计数实验数据，请问：第一计数室的数据可信吗？若不可信，请提出解决方案。

表4-2-4　显微计数实验数据

第一计数室/个					第二计数室/个				
左上	右上	左下	右下	中间	左上	右上	左下	右下	中间
90	96	88	95	190	89	94	92	89	97

（4）（2分）我们使用的血球计数板规格为25×16型，即1个大方格中有25个中方格，400个小方格。某小组对48 h的酵母培养液进行了稀释10倍的操作，算出每个中方格内的酵母菌数目平均值为80，已知计数室的体积为0.1 mm^3（即0.1 μL），请你算出48 h酵母菌培养液的种群密度（单位：个/mL）。（备注：1 mL＝1000 μL）

案例分析：

这道考试题来自真实的研究问题，并且是学生在项目式学习中经历过的真实情境，非常受学生欢迎。该题目聚焦学科核心素养及支撑素养的大概念，比如情境1（1）让学生运用已学的生态系统概念去批判性思考“果酒瓶”是否属于生态系统，考查了“生态系统中的各种成分相互影响，共同实现系统的物质循环、能量流动和信息传递，生态系统通过自我调节保持相对稳定的状态”。从答题情况来看，部分学生认为“果酒瓶”属于生态系统，理由是“果酒瓶”中含有生物成分及非生物成分，能够进行系统的物质循环、能量流动和信息传递；部分学生认为“果酒瓶”不属于生态系统，理由是“果酒瓶”这个系统相对封闭，不足以维持长久的稳态。两种答案均可，学生经历了批判性思考，运用概念去解决稳态。该题目中的设问具有一定的挑战性，比如情境2（2）和（3）考查了学生的科学思维和科学探究能力，考查学生对概念的理解程度以及利用证据作出解释的能力。学生在解决问题时需要利用情境中的信息和学过的知识进行推理、论证，作出符合逻辑的回答。

（案例提供：张亚慧、柏叶、冀静、于璇，北京大学附属中学）

【研修作业】

1. 围绕一个大概念或重要概念，撰写一份单元教学设计。

2. 结合自身教学实践，谈一谈在围绕大概念或重要概念形成和发展进行单元教学时，有哪些有效策略，有哪些困难。

4-3 如何使用逆向教学设计完成单元或主题教学设计？

对这个关键问题的研究旨在利用“逆向设计”的概念和方法，避开传统教学设计的两大误区——聚焦活动的教学和聚焦灌输的教学。通过对这个关键问题的分析和解决，希望教师能够：

- 理解逆向教学设计的价值和意义。
- 掌握逆向设计在教学中的应用。

教学关键问题分析

传统的生物教学设计往往先根据教材确定教学内容，再根据教学内容设计教学活动，在设计教学活动的过程中，教师更多的是思考如何教，采用自己擅长的教学方式。这样的教学设计更侧重对知识的传授，没有明确学生的学习目标，且缺少从整体上用大概念指导教学。在新版课程标准的要求下，教师需要更多地思考：如何通过教学设计使更多的学生真正理解他们所要学习的知识？学生真正的理解是什么？美国课程专家威金斯和麦克泰格等人提出了以促进理解为目标的逆向设计模式（understanding by design，简称 UbD），赋予了教学设计新的面貌。所谓逆向，是指教师在教学设计之前，先思考学生通过单元学习要达到的目标究竟是什么，再思考哪些证据能够表明学生达到了目标。

一、逆向教学设计的基本内涵——理解

新西兰教育学者约翰·哈蒂在《可见的学习——最大程度地促进学习（教师版）》中指出：“如果教和学是可见的，那么我们学生就有很大可能性获得高水平成就。”[①] 逆向设计最核心的思想是理解性教学，强调以评价促进理解，教师通过“有目标的教学”促进学生实现“可见的学习”。如何在教学中运用逆向设计促进学生理解？首先要明确什么是真正的理解。不同的教育家和研究者对理解有不同的认识和阐述。布卢姆教育目标新分类中提到，认知的二维框架包括从具体到抽象的四类知识（事实、概念、程序和元认知）和认知过程涉及学习时的六类学业行为表现（记忆、理解、应用、分析、评价和创造）。[②] 威金斯和麦克泰格在深入研究逆向设计时提出，逆向

---

① 约翰·哈蒂. 可见的学习：最大程度地促进学习：教师版［M］. 金莺莲，洪超，裴新宁，译. 北京：教育科学出版社，2015：20.

② 盛群力，褚献华. 布卢姆认知目标分类修订的二维框架［J］. 课程·教材·教法，2004（9）：90-96.

课程设计的理解分为六个维度——解释、释义、应用、洞察、移情和自知六个方面。[①] 这六个维度的基本含义见表4-3-1。

表4-3-1　逆向设计的“六个维度”

维　度	主要回答的问题	基本含义
解释	“是什么”“为什么”“怎么做”	解释并不是仅仅简单描述事物的现象和内容，而是强调学生能够说明事情的前因后果、来龙去脉、与其他事物的联系等
释义	“意义是什么”“为什么重要”“与自己有什么联系”	学生能提供有意义的阐释，能了解事物的内涵。释义并不是向别人介绍“是什么”等，而是以讲述的方式发表自己对内容的理解[②]
应用	“如何应用这些知识和技能”“用在何处”“如何调整自己的思想和行动以适应新的情境”	学生能够在真实的复杂情境中，运用已知的知识和经验解决实际问题，实现知识的迁移
洞察	“哪些观点需要阐明”“观点是否可信”“论据是否充足合理”	指学生能批判性地看待问题，能从不同的角度，用不同的方法全面地分析和解决问题
移情	“如何看待他们的理解”“我不理解的东西，别人是如何获得的”“如果是我，我将怎么做”	移情表现为从他人的立场来思考问题，体会他人的观点，达到与他人的共情
自知	“我已经理解什么”“我的理解存在哪些不足”“我是如何获得理解的”	自知是一个自我评价、自我认识、进而逐渐完善自身的过程

理解的六个维度表现了学生的迁移能力，从教学设计的角度来看，这六个维度表明在促进知识迁移的教育中，理想状态下，真正的理解应指向六个维度的全面发展。

二、逆向教学设计的基本特征——逆向

逆向教学设计是相对于传统的教学设计而言的。传统的教学设计往往是先设计教学活动，再进行教学评估，遵循的是“目标—活动—评价”的教学设计顺序。逆向教学设计为单元课程设计提供了一种有效的设计方法，先确定预期的学习结果，再依据结果设置合理的可评估方式，用于考查学生是否真正获得了理解，最后设计学习活动来反馈学生的学习，促进学生能力发展，遵循的是“目标—评价—活动”的顺序。逆向教学设计要求教师在决定教什么和如何教之前必须思考如何开展评估，而不是在一个单元学习即将结束时才确定评估方式。相对于传统的教学设计，逆向教学设计具有坚持成果导向、程序重构的特点。

① 威金斯，麦克泰格．追求理解的教学设计：第2版［M］．闫寒冰，宋雪莲，赖平，译．上海：华东师范大学出版社，2017.

② 马兰，盛群力．课堂教学设计：整体化取向［M］．杭州：浙江教育出版社，2011.

三、逆向教学设计的价值和意义

在传统教学设计中，教师通常考虑的是我要“教”给学生什么，如何“教”才能让学生理解，教师的主体意识在“我”。在这样的课堂中，教师是主导地位，容易忽略学生的感受，忽略教学活动能在学生身上产生什么样的结果的预测。在逆向教学设计中，学生是教学活动的主体，教师要首先思考在教学活动中“学生能做什么”“学生能学到什么”“学生如何做”。这种以学习者为中心的教学思想和意识，遵循了以目标达成为基础的现代教育原则。因此，逆向教学设计反映了教师主体意识的转变，有利于真正让教学做到“有的放矢”，对学生核心素养的培养有重要的现实意义。

教学关键问题解决

一、逆向教学设计的流程

逆向教学设计的三个阶段如图 4-3-1 所示。

1. 明确预期的学习结果 → 2. 确定恰当的评估工具 → 3. 规划相关的教学活动

图 4-3-1　逆向教学设计的三个阶段

威金斯等人提供了一种实用的模板，帮助教师设计促进理解的单元教学，如表 4-3-2 所示。该模板提供了一种呈现单元教学设计的简单方法，用来指导设计的过程。当该模板完成后，还可以将其用于自评和互评。

表 4-3-2　带有设计问题的逆向教学设计模板

<table>
<tr><th>阶　段</th><th colspan="2">设计的内容</th></tr>
<tr><td rowspan="2">阶段 1：明确预期的学习结果</td><td colspan="2">所确定的目标：
• 此设计要达到什么目标？（如内容标准、课程或项目目标、学习结果）</td></tr>
<tr><td>• 大概念是什么？
• 期望他们获得的特定理解是什么？
• 可预见的误解是什么？
• 作为本单元的学习结果，学生将会获得哪些关键知识和技能？
• 习得这些知识和技能后，学生将能够做什么？</td><td>基本问题：
• 哪些值得深思的问题可以促进学生的探究、理解和学习迁移？</td></tr>
</table>

续表

<table>
<tr><th>阶　段</th><th colspan="2">设计的内容</th></tr>
<tr><td>阶段 2：确定恰当的评估工具</td><td>表现性任务：
• 学生通过哪些表现性任务证明自己达到了预期的理解目标？
• 哪些标准可以评判表现中的理解？</td><td>其他证据：
• 学生通过哪些其他证据（如小测验、考试、观察、作业、日志）证明自己达到了预期结果？
• 学生如何反馈和自我评估？</td></tr>
<tr><td>阶段 3：规划相关的教学活动</td><td colspan="2">学习活动：
• 哪些学习体验和教学过程可以让学生达到预期的结果？
依据 WHERETO 模式进行设计：
W：分析学生的起点（where），帮助学生知道本单元的学习何去何从（where），以及预期结果（what）。
H：保持（hold）学生的学习兴趣。
E：帮助学生掌握关键概念并探索（explore）重要问题。
R：提供机会，让学生反思（rethink）和修改（revise）他们的理解及学习任务。
E：允许学生评价（evaluate）他们的学习表现。
T：对于不同学生的需要、情绪和能力，做到个性化定制（tailor）学习任务。
O：组织（organize）教学使学生的学习效果和学生的参与度最大化</td></tr>
</table>

1. 阶段 1：明确预期的学习结果

该阶段是确定教学目标环节。教师在备课时，最熟悉的是知识和技能。逆向教学设计下，教师需要仔细研读学业质量标准、学科核心素养，并与教学建立关联，进行更有意义的建构。教师需要思考：能促进学生真正持久理解的核心概念是什么？能使学生持久思考的核心问题是什么？对学生来说，学完这些内容后究竟能有什么用，能有哪些实际意义？让学生在解决问题和形成概念的过程中达到学习目标。

以“细胞的结构与功能”单元为例。本单元整合人教版教科书必修 1 第 3 章和第 4 章的相关内容，设计 8 课时完成。本单元的学习目标是根据新版课程标准的核心素养和内容要求来设置的。

【案例 1】

“细胞的结构与功能”单元学习目标

1. 长期的迁移学习目标

（1）在理解细胞各部分结构既分工又合作，共同执行细胞的各项生命活动的基础上，形成结构与功能观等生命观念，能够解释细胞水平的各项生命活动。

（2）对细胞结构的观察结果进行归纳和概括，基于质壁分离等探究实验的结果和科学家的研究资料进行演绎推理，构建细胞模型，据此表征和阐释细胞的生命活动。

（3）针对与细胞结构、功能相关的现象提出问题，对细胞的结构进行观察，并通过实验探究和资料搜集来获得证据，分析细胞结构与功能之间的关系。

（4）主动关注细胞结构与功能方面的科学进展，能运用所学知识对相关社会议题进行讨论，尝试分析社会生产和健康生活中的相关问题。

2. 学生需要持续思考的基本问题

（1）细胞的各部分结构是如何既分工又合作，共同执行细胞的各项生命活动的？

（2）科学家利用什么技术和方法发现生命系统的各个部分是既分工又合作，并相互依存的？

3. 预期的理解

（1）细胞的结构和功能是相适应和统一的。

（2）对细胞结构与功能的探索，是在科学精神、科学思维和技术手段相结合的情况下不断修正与完善的过程。

4. 学生将会获得的知识和技能

学生将会知道：

（1）细胞膜的结构与其组成成分的内在关系，细胞膜的功能。

（2）各种细胞器的结构及功能。

（3）生物膜的结构及功能。

（4）细胞核的结构及功能。

（5）细胞要发挥功能，须依赖细胞的完整性，细胞的各个部分是密切联系的。

学生将能够做到：

（1）通过洋葱外表皮细胞的质壁分离实验，以及水绵和颤藻的显微镜观察实验，学会使用高倍镜观察细胞结构。

（2）尝试制作真核细胞的三维结构模型。

（3）用系统观分析细胞中部分与整体、结构与功能的统一性。

案例分析：

细胞在整个中学生物学中占有极其重要的地位。细胞是生物体结构和功能的基本单位，是最基本的生命系统。本单元学习目标的确立依据生物学学科核心素养和课程目标，从学生长期迁移的目标入手，包括学生需要知道哪些内容，学生需要持续理解哪些内容，能够贯穿本单元的核心问题是什么，有哪些知识和技能可以帮助学生实现目标并激发学生学习兴趣，促进学生的持久理解。

（案例提供：夏静，北京市十一学校）

2. 阶段 2：确定恰当的评估工具

该阶段是收集评估证据的环节。在教育教学过程中，教师既要发现学生的闪光点，也要关注学生尚待提高的地方。教师可以通过不同的评估方式，收集学生真实而全面的信息。教师需要准确可靠的结果反馈，以评估教学目标是否达成；也需要评估学生的学习过程，以激励、引导学生不断改进。因此，探索、优化不同的评价方式，既要关注学习结果，也要重视学习过程。如何判断学生是否达到了期望的学习结果？教师如何知道学生是否真正理解了核心概念？有什么证据能够证明学生真正理解了？逆向教学设计认为，在教学设计时需要收集评估证据，这些证据用于判断阶段 1 的预期学习结果是否已经实现，同时这些评估证据可以帮助教师及时调整教学策略，帮助学生及时反思自己的学习过程。

【案例 2】

“细胞的结构与功能”单元的主要评估证据

1. 表现性任务

（1）口头报告：能够说出细胞膜、细胞核的结构和功能，体会结构与功能相适应的观念。

（2）动手操作：制作细胞膜的结构模型和真核细胞的三维结构模型，深刻理解细胞结构与功能相适应的观念。

（3）模拟“细胞招聘”：角色扮演，如果你是一个正在苦学本领的“细胞结构”，你想应聘到哪种细胞中？你这个岗位类似企业中的什么职位？这个岗位需要和其他哪些细胞结构合作？怎样才能应聘成功？如果你是一个细胞（如人的成熟红细胞、鸟的飞行肌细胞、胰岛 B 细胞、成熟筛管细胞、大肠杆菌细胞、蛔虫体细胞），你要招聘哪些细胞结构，使你自身繁荣发展？请说明理由。

（4）实验操作：制作临时装片。

2. 其他证据

（1）“细胞的结构与功能”内容梳理。

（2）小测验。

（3）观察报告：通过实验制作临时装片，用显微镜观察细胞结构。

3. 学生的自我评价和反馈

（1）通过小组展示的方式，小组自评和组间互评“细胞招聘”过程。

（2）小组或个人展示细胞结构的三维模型制作，并介绍细胞器的结构和功能，同时进行同学之间互评。

案例分析：

在该案例中，教师重点关注了学生的具体行为表现，对具体的学习行为进行了细致描述。学生的学习行为可以有很多方面，因此该案例的评估方式既有口头汇报、实验操作，也有小组合作等。关注学生在完成单元任务、解决问题中的行为表现，是素养导向的过程性评价的重点。同时将过程性评价、终结性评价、单元学习过程中的表现型评估和学生的自我评估有机结合，形成聚焦学生核心素养发展的立体评价模式，可以帮助学生养成良好的学习习惯，激发学生学习的内动力，同时帮助学生及时了解自己的学习状态，及时调整自己的学习方法等。

（案例提供：夏静，北京市十一学校）

3. 阶段 3：规划相关的教学活动

该阶段是教学活动设计环节。在获得明确的结果和恰当的证据后，教师需要考虑：安排什么样的学习活动能与学习目标保持一致？学习活动是否能激发学生的学习动力？学习活动能否让学生积极主动地参与深度学习？如何安排学习活动的顺序才能更加匹配预期结果？逆向教学设计强调教学过程的可操作性、吸引性和有效性，前述 WHERETO 模式是一种较好的教学活动设计流程，有助于实现学生的学习效果最优化。

学习活动设计要有体验的顺序性，这样有助于学生理顺问题内在的逻辑链，而且当预期结果与实际出现冲突时，能促使学生不断追根溯源，保持寻找问题的热情。

【案例 3】

“细胞的结构与功能”单元部分学习活动

学生活动顺序（以 WHERETO 模式中的相应字母作为活动编码）如下。

①“细胞”贯穿整个单元始终，在生命活动中起着重要作用。讨论单元的最终表现性任务（实验探究、口头报告、动手操作、角色扮演等）。(W)

② 展示将伊红注入变形虫和利用台盼蓝染色分辨死活细胞的实验结果，引导学生推测细胞膜的功能，思考细胞膜发挥功能的前提及相对性。(H)

③ 分析探索细胞膜成分的历程的资料，基于事实和证据进行推理并概括细胞膜的组成成分。(H、E1)

④ 分析细胞膜的结构模型建立过程的资料，基于事实和证据进行推理和论证，体会“提出假说→观察和实验探究证实或证伪→修正和完善假说”的过程。(H、E1)

⑤ 动手操作：利用废旧物品制作细胞膜模型。在操作中直观感受细胞膜有序的结构，体会模型构建过程。(E2、O)

⑥ 小组讨论、总结物质跨膜运输的方式，体会细胞膜选择透过性的功能特点。(H、E1)

⑦ 实验探究：植物细胞的吸水和失水实验。通过小组合作，设计表格记录实验现象，交流结果，相互评价。教师和学生一起总结不同外界溶液对细胞质壁分离的影响。(E1、O)

⑧ 播放有关“白细胞吞噬细菌”的视频，引导学生思考白细胞吞噬细菌的过程需要依赖哪些生命活动，并从结构与功能观的角度思考细胞内部具有独特结构和功能的细胞器是如何进行分工、合作的。(H、E1)

⑨ 动手操作：分组用橡皮泥或其他材料制作真核细胞的三维立体结构，并进行各小组成果分享、互评和自评。(R、E2、O)

⑩ 实验探究：探究原核细胞和真核细胞的区别。探究后进行小组互评和自评。(E1、O)

⑪ 模拟“细胞招聘”：以小组为单位，扮演不同的细胞和细胞结构，模拟“细胞招聘”，并进行小组自评和互评，深刻理解细胞结构和功能相适应的观念。(E1、R、T、O)

课时分配如表 4-3-3 所示。

表 4-3-3 “细胞的结构与功能”单元课时分配

课　时	活　动	课　时	活　动
第 1 课时	①②③	第 5 课时	⑧
第 2 课时	④⑤	第 6 课时	⑧⑨
第 3 课时	⑥	第 7 课时	⑩
第 4 课时	⑦	第 8 课时	⑪

4-3-1　对细胞膜结构的探索

4-3-2　同位素标记法和放射性自显影技术

案例分析：

本单元始终围绕单元大概念“细胞各部分结构既分工又合作，共同执行细胞的各项生命活动”进行学习活动设计，注重对学生科学探究能力的培养。在预期学习结果的设计中，让学生思考的问题都指向单元大概念，这与核心素养中的生命观念相吻合，通过科学史研究、“细胞招聘”等活动，引导学生体会结构和功能相适应的生命观念。通过细胞质壁分离及复原等实验，学生可以解释生活中的一些自然现象，利用所学知识解决实际问题。

（案例提供：夏静，北京市十一学校）

二、对逆向教学设计和实施的反思

通过对“细胞的结构与功能”这一单元的逆向教学设计，有以下几点教学反思。

1. 逆向教学设计可以有效地落实核心素养

在“细胞的结构与功能”这一单元的设计过程中，首先确定预期达到的学习目标，为了落实学习目标，教学活动的设计要围绕学习目标展开，注重学生科学探究能力的培养，注重学生生命观念尤其是结构与功能观的养成。在落实“植物细胞质壁分离”这一学习目标时，通过实验探究不同浓度蔗糖溶液造成植物细胞质壁分离程度不同，不同的外界溶液引起植物细胞质壁分离和复原的情况也不同，启发学生总结植物细胞质壁分离和复原的原因及本质，培养学生科学思维和科学探究的能力。在落实“细胞膜的结构与功能”这一学习目标时，教师通过大量科学史的分析，引导学生了解细胞膜成分与结构发现过程，体会科学探究的历程。同时，各种细胞器的发现过程，也体现了科学技术推动科学发现，进而推动社会的发展。本单元的教学设计紧紧围绕单元大概念“细胞各部分结构既分工又合作，共同执行细胞的各项生命活动”来展开，通过科学史分析、实验探究、动手操作、模拟“细胞招聘”等多种表现性任务，落实单元大概念，使学生逐步形成生命观念。

2. 落实核心素养需要“为理解而教”

基于核心素养、追求理解的生物学逆向教学设计，要求教师认真思考：我们真正想让学生理解什么？我们需要做什么可以帮助学生构建这些理解？如何在学生的表现中找到真正理解的证据？教师只有在理清这些问题后，才能真正把握教学设计的方向。核心素养强调个体在解决复杂的、不确定的现实问题中表现出来的综合性品质。让学生真正理解他们所学的知识，并能应用到实际生活中，仅靠教师对知识点的讲解是不够的，而要通过基于真实情境的任务来驱动学习的全程。模拟“细胞招聘”是本单元最核心的表现性任务，该任务贴近生活，可以激发学生的学习热情，同时该任务很好地契合了本单元的大概念。学生的部分作品如图 4-3-2 所示。

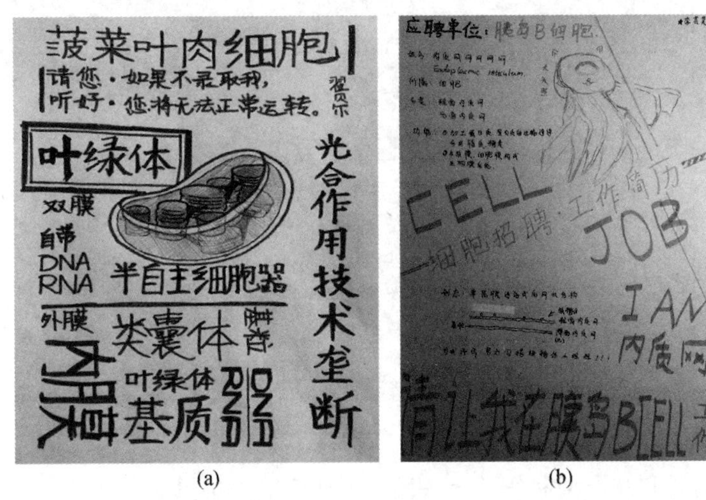

(a)　　　　(b)

图 4-3-2　“细胞的结构与功能”单元学生的“细胞招聘”作品

3. 理解为先的逆向教学设计需要保持目标、评估、活动的一致性

新版课程标准中不仅提出学科核心素养，还对学业质量标准有明确的描述。评估作为逆向教学设计中的重要一环，需要研究和分析如何基于课程标准中的学业质量标准，结合学生的学习过程，对学生的学习效果进行诊断。在明确学习目标之后，教师要思考：如何通过有效的评估来检验学生是否达成学习目标？然后依据目标和评价设计相应的教学活动，使学生在一系列课堂学习策略、资源的帮助下完成学习任务。教师不仅是学生学习的指导者，还应该是学生学习过程的评估员。学生完成任务的过程也是自我评估的过程。逆向教学设计需要建立一套多样化的、持续的、能够贯穿学生学习始终的评估系统。通过评估，教师不仅能诊断学生的学习，更能够促进学生的学习，及时捕捉不同学生的认知差异，提供有针对性的个性化指导，让评估成为学习体系不可或缺的一环。

为了帮助学生进行单元学习，完成学习活动，本单元教学设计了评价量表这一工具。评价量表包括纵向的考查维度和横向的不同层级。如何设计不同的考查维度呢？还是要回归学习目标。在横向上，根据学生在学习中可能出现的问题、关键节点，以及希望学生达成的素养进行不同层级的描述。有了这样的评价量表做工具，学生在完成每一项学习活动时，通过自评和互评，就知道自己达到了什么程度，并通过一次次矫正学习过程，达成学习目标。例如，在本单元教学设计中，针对学生的模拟“细胞招聘”活动，设计了“细胞招聘”评价量表，如表 4-3-4 所示。

表 4-3-4 “细胞招聘”评价量表

考查维度	优　秀	合　格	待改进
角色关联	选定角色和所扮演的细胞结构有紧密的关联性和可迁移性	选定角色和所扮演的细胞结构有一定的关联性和可迁移性	选定角色和所扮演的细胞结构有关联性
功能描述	能用规范的术语对所扮演的细胞结构及其功能描述详细准确	能用术语对所扮演的细胞器结构及其功能描述较详细准确	能用术语对所扮演的细胞器结构及其功能进行描述
细胞匹配	对所扮演的细胞结构在特定细胞中的功能描述准确，且符合特定细胞的需求	对所扮演的细胞结构在特定细胞中的功能进行描述，且符合特定细胞的需求	对所扮演的细胞结构在特定细胞中的功能进行描述，没有针对特定细胞说明其必要性
创新反思	对各细胞结构及其功能有清晰的认识，对未涉及的细胞器也有充分的认识	对各细胞结构及其功能有清晰的认识	对各细胞结构及其功能有一定的认识

在学习活动⑤和⑨模型制作环节，设计了相应的评价量表，如表 4-3-5 所示。

表 4-3-5 模型制作（细胞膜模型和细胞模型）评价量表

考查维度	优　秀	合　格	待改进
科学性	各结构齐全，形态非常准确	各结构齐全，形态准确	各结构较齐全，形态不够准确
规范性	各结构大小比例合适，位置准确，能体现结构间关系	各结构大小比例合适，位置准确	各结构大小比例不够合适或位置不够准确
艺术性	所选材料有创意，作品精美	所选材料合适，作品美观	所选材料合适，作品不够美观
合理性	成本低廉，所选材料环保	成本低廉	成本较合理

用评价量表作为标准，设置与生活紧密结合的学习活动，为学生的学习过程提供了方向，同时，教师引导学生根据目标和量表等进行自评和互评，来完善学习过程。另外，评估方式不局限于量表，在单元学习结束后，针对学习活动⑪，利用学生的“细胞招聘”作品设计了相应的诊断试题（图 4-3-3），帮助学生进一步巩固学习成果、达成学习目标，收到了很好的效果。

通过基于理解的逆向教学设计，教师跳出了“满堂灌”的教学模式，学生也打破了“被动听”的学习模式，使学生能更有目的性、探究性地进行知识的习得与应用。将理解的六个侧面有机结合，贯穿整个教学设计的始终。

在“细胞的结构与功能”单元，我们开展了“细胞招聘”的核心任务。细胞是最基本的生命系统，细胞内各结构分工合作、密切配合。小 Z 同学将细胞类比为城市，把各种细胞器类比为城市里的建筑，画出了以下细胞城市图。请据图回答以下问题：

（1）该细胞是________（填“动物”或“植物”）细胞，判断依据是（至少写出两点）____。

（2）小 Z 同学将线粒体类比为“健身房”，因为线粒体是________的主要场所，能够产生大量的能量：“市民”葡萄糖________（填“会”或“不会”）去健身房健身。

（3）请你推测图中“活人免进”代表的细胞器是________，它的功能是____。

（4）假如你是该细胞城市的市长，你是否会让自己的城市不断扩张变大？________，原因是____。

图 4-3-3 “细胞招聘”诊断试题

【研修作业】

1. 结合自身教学实践，与同伴交流进行逆向教学设计的有效策略和尚存困难。
2. 谈一谈逆向教学设计对发展学生生物学学科核心素养有哪些价值和意义。

4-4 如何通过项目式学习促进学生学科核心素养发展？

这个关键问题反映了新版课程标准提出的“教学过程重实践”的高中生物学课程基本理念。对这个关键问题的研究旨在利用项目式学习方式，使学生在实践中掌握知识和技能，对实践问题进行创造性思考，促进学科核心素养的达成。通过对这个关键问题的分析和解决，希望教师能够：

- 理解项目式学习方式的内涵和价值。
- 利用“六维度设计法”设计项目式学习，掌握项目式学习的设计策略。

教学关键问题分析

新版课程标准指出：生物学课程要求学生主动地参与学习，在亲历提出问题、获取信息、寻找证据、检验假设、发现规律等过程中习得生物学知识，养成科学思维的习惯，形成积极的科学态度，发展终身学习及创新实践能力。提高学生学科核心素养是课程的宗旨，而学生在学习过程中的实践经历是发展学科核心素养的重要途径。项目式学习（project-based learning，简称 PBL）所追求的方向与发展学科核心素养的目标是一致的。

一、项目式学习的内涵

项目式学习需要解决如何体现出学生的探究过程，以及如何让学生在实践中发展科学思维和科学探究素养等问题，这就需要明确项目式学习的内涵。

第一，指向核心知识的再构建。项目式学习要求学生掌握核心知识，这些知识是学科的核心概念，是指向学科本质或解决实际问题的观念和方法。核心知识的再构建不仅限于说出定义、举出例子，而是能够在新的情境中进行迁移、应用、转换，从而产生新知识。例如，在糖类的检测实验中，掌握其原理与方法是该实验的主要目的，学生需要对糖类有深度认识，利用化学知识对检测的原理进行分析，明确各实验步骤的意义，寻求新的实验材料和方法解决实际问题。

第二，创建真实的问题情境。项目式学习的重要特征之一是真实性。真实的问题情境使学生习得的知识能够在实际生活中使用，在学习中建立起的思维模式可以在实际生活中解决问题。创设项目式学习的真实问题情境可以是：（1）学术性项目，将现有的课程材料转化为问题式、项目式情境，对学生提出学术性挑战，引导学生在合作中解决问题。（2）虚拟情境项目，虽然项目中的情境是虚拟的，但是赋予学生真实生活的角色，并要求他们在虚拟情境中扮演某些角色来参与项目的实践。（3）真实生活项目，这种项目切实对应真实的生活场景，使学生能够积累非常有价值的学习经验，同时也有一定的实施难度。例如，将糖类的检测实验转变为设计一款实用的尿糖试纸，学生就可以将课本实验转化为具有真实生活情境的项目式学习。

第三，用高阶学习带动低阶学习。项目式学习指向高阶思维的发展。高阶思维的发展依赖学生对挑战性问题的推理分析和解决、创造，通过真实情境和驱动性问题激发学生的内在动力。在这一过程中，学习对自己所学的内容产生意义感和价值感，每个学生都明确学习的真实意义，将学习与生活的社会有机联系起来。玛扎诺在新目标分类中提出，学生学习的高阶目标是开启自我系统，在明确学习意义后才能更好地提升学习兴趣，自发地参与到学习活动中去。① 例如，学生明确制作尿糖试纸的意义是快速、简便地实现尿糖含量测定，能用于糖尿病初步诊断。在这种将学业成果转化成实用产品的项目式学习中，学生需要综合考虑成本、实用性等多方面的问题来制作产品，并直接在生活中使用，促进了学生对学科知识的自主学习。

第四，将素养转化为持续的学习实践。核心素养的达成需要学生形成解决实际问题的必备品格和关键能力。在项目式学习中，学生对问题的探究和解决，转化为学生有意义的学习实践，进而凝练成为素养。“实践”强调“做”和“学”的统一性。因此，实践过程给予学生机会，让他们像科学家、医务工作者等一样，遇到真实的问题并在多种问题情境中经历持续的实践。在前面举例的设计尿糖试纸的项目式学习中，学生不仅要做尿糖试纸，还要理解尿糖试纸中蕴含的生物学、化学和工程学知识，考虑产品的科学性、实用性和经济效益。设计和制作产品的过程需要将知识与技能迁移到复杂情境中解决问题。这种迁移能力可以延续到未来的学习和生活中，成为学生解决实际生活问题的科学素养。

二、项目式学习的意义

1. 项目式学习对学生的意义

当学生在驱动性问题引导下进行思考时，需要运用多方面知识和技能的整合，大脑不断建立已知与未知、问题与方法、措施与途径之间的关联，为更复杂的学习做准备。同时，具有驱动性问题情境能带动学生的情绪体验，使学生容易形成持久记忆，建立深刻的科学观念，从而发展核心素养。

项目式学习针对不同类型的学生会产生不同的影响。在项目情境中解决问题，使具有较高学业水平的学生有了展示自己的舞台，能够尽可能地发挥学习潜力。同时，项目式学习对真实世界的关注，使那些对学业原本不感兴趣的学生也能投入学习。

项目式学习最终指向学生核心素养的达成，而不必机械地记忆和重复学科知识。

---

① 马扎诺，肯德尔．教育目标的新分类学：第 2 版［M］．高凌飚，吴有昌，苏峻，译．北京：教育科学出版社，2012.

在漫长的学习生涯中，学生需要有机会在复杂问题中进行决策，找寻非标准的开放式答案，从而形成创造力和批判性。

2. 项目式学习对教师的意义

采用传统的讲授教学策略，师生之间很难在课堂上迸发出火花。而在项目式学习中，学生投入学习的状态对教师是一种情感的激励，学生在解决问题时表现出的奇思妙想也能促进师生之间的教学相长。

项目式学习多以探究单元的形式呈现，突破了课时的限制，也为教师在单元设计上发挥专业技能提供了机会。单元设计促进教师基于学科核心素养思考如何确定学习目标并围绕主题展开探究活动。项目式学习的单元设计比一般的单元设计更加凸显探究性和高阶思维的特征，对知识和技能的整合程度更高。

教学关键问题解决

指向核心素养的项目式学习，涉及知识观的变革，涉及如何引发学生的主动学习与积极思考，如何实践知识，如何独立地或与同伴合作完成项目。从核心素养的综合目标看来，可以从核心知识、驱动性问题、高阶认识、学习实践、公开成果和全程评价六个维度进行项目式学习设计，即“六维度设计法”。① 项目式学习的设计框架如图 4-4-1 所示。

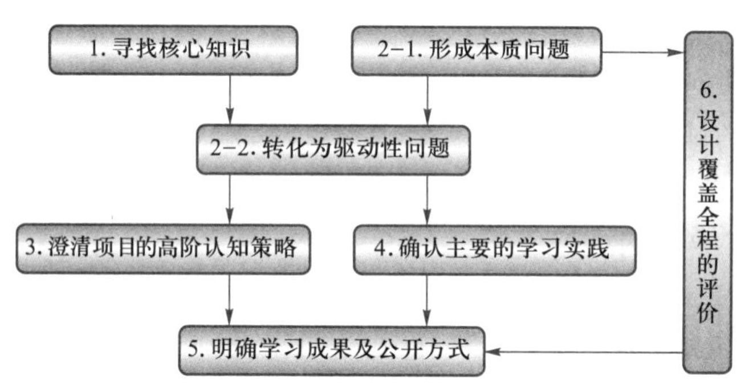

图 4-4-1　项目式学习的设计框架

一、寻找核心知识

项目式学习的设计不是从项目本身开始的，而是从学生应理解和掌握的核心概念出发的。教师要确定与这些核心概念相关的基础知识和技能，以及要培养的学科核心素养。

知识通常分为事实性知识、概念性知识、程序性知识和元认知知识等。项目式学习应聚焦概念性知识。概念性知识的形成意味着学生不仅知道，而且能够理解，做到

① 夏雪梅. 项目化学习设计：学习素养视角下的国际与本土实践［M］. 北京：教育科学出版社，2018.

举一反三，能运用概念作为工具来分析新情境。概念性知识是超越事实层面、指向思维的，它促进学生对各种事实性知识进行整合，将事实性知识作为材料进行抽象性思考。因此，虽然事实性知识并不适合项目式学习，但是项目式学习是事实性知识组织和有意义化的过程。很多人可能存在一个认识误区，认为程序性知识更适合做项目式学习。程序性知识是一套办事的操作步骤，是关于“怎么办”的知识。虽然项目式学习强调在“做中学”，但是在操作中理解和应用程序性知识，是不能脱离概念性知识的。正如威金斯和麦克泰格所说，除非学习者理解了与智慧应用技能相关的大概念，否则没有哪种技能可以被整合到一个强大的技能库中。[①]

项目式学习指向概念的深层次理解和迁移，但并不排斥对事实性知识和程序性知识的学习，同时也会引领学生经历更高层次的学习，即对元认知知识的学习。

如何找到概念性的核心知识？第一，自上而下地构建。新版课程标准提出了内容聚焦大概念的课程理念，在课程内容的叙述上参考了近年生物学概念教学的研究成果。教师可以从课程标准的内容要求条目中确定概念性知识的核心内容。第二，自下而上地构建。教师可以从熟悉的教材、知识点和学生经常会遇到的难点出发，寻找这些知识点共同覆盖和指向的上位概念，同时找到这个上位概念与课程标准的联系，确定适合的等级。

【案例 1】

在“细胞的结构与功能”单元中，教师提出问题：细胞中的各种结构是如何被一一发现的？布置项目任务：以小组为单位，回顾细胞结构与功能“探索轴”，从细胞生物学研究史的角度，遵循“观察研究→分离研究→动态研究”的历程，总结科学史中具有里程碑意义的技术革新及其对应的科学发现。小组绘制的细胞结构与功能“探索轴”如图 4-4-2 所示。

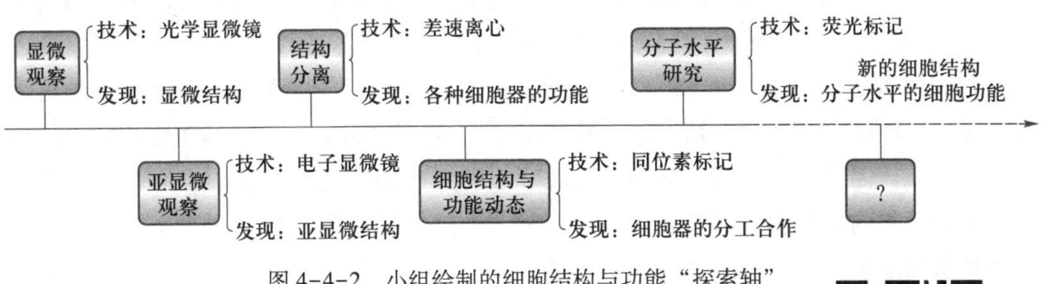

图 4-4-2　小组绘制的细胞结构与功能“探索轴”

案例分析：

本案例中，教师依据自下而上的方法，整合各种细胞结构的研究史，生成“细胞的结构与功能相适应”的概念性核心知识，并将其转化为驱动性问题，在项目式学习设计中融入有关的事实

4-4-1　细胞的结构与功能（单元学习项目）

① 威金斯，麦克泰格．追求理解的教学设计：第 2 版［M］．闫寒冰，宋雪莲，赖平，译．上海：华东师范大学出版社，2017.

性知识，以及研究细胞的技术方法等程序性知识。

（案例提供：付鑫，北京市十一学校）

二、形成本质问题并将其转化为驱动性问题

将核心知识用问题的方式表现出来，可以驱动学习的发生。这里所说的问题包含本质问题和驱动性问题两类。

本质问题反映了学科的关键内涵，指向学科中的大概念。这些本质问题起到一种聚合作用，将学科中零散的、孤立的知识和技能整合起来。对本质问题的回答意味着学生在这些问题上产生了重要的理解，反映了学生对大概念的理解和内化，这是不可能在一节课上完成的，甚至经过长期学习学生都很难做到，但是学生在经历项目式学习之后本质问题的答案，就在头脑中潜移默化地形成了。换言之，凡是学生像问答机一样能直接回答出的问题都不是本质问题。

项目式学习需要设计一个富有挑战性的驱动性问题，开启学生的内动力，激发学生的主动性，同时要注意避免项目华而不实。有些本质问题虽然带有驱动性问题的属性，但由于太深奥，需要转化成驱动性问题来吸引学生，让学生发出“原来还可以这么想”的感叹。驱动性问题直接影响项目式学习的实践结果和过程，只有能引发学生高阶思维的驱动性问题才能更有效地促进学生的思维发展。

如何设计驱动性问题呢？第一，将具体知识点提升为本质问题。过于具体的内容问题很难让学生进行迁移，本质问题要实现多个具体知识点的包容，并且直指上位概念，才能统领整个项目的进行。第二，将本质问题与学生生活经验相关联。学生感兴趣的是身边发生的事情，对本质问题的转变也要找到学生实际生活的投射点，同时考虑问题背后的概念难度以及问题的结构性。越难理解的概念，越需要创设学生感兴趣的情境，而许多生活实际的问题又包含了太多的不良结构。因此，驱动性问题需要限定问题的环境与条件，贴近生活而又直指学习内容。第三，从学生那里获得驱动性问题的雏形。教师在设计教学时并非“高高在上”，只有贴近学生才能真切感知学生的生活学习状态。因此在日常师生互动中，教师要有意收集学生感兴趣的问题，尤其要关注学生对学科内容的前科学概念，从而让驱动性问题更有针对性，让学生从熟悉的情境中挖掘出陌生而新奇的学科内容。第四，选择具有争论性的问题。争论性问题能够引发学生的争论，促使学生在持有不同观点的立场上进行论证，从而实现概念的迁移与应用，同时发挥学生的内动力。

【案例2】

在“神经调节”单元中，教师在世界艾滋病日的背景下提出“珍爱生命，远离毒品”的话题，并向学生提出“毒瘾是如何产生的？有何危害？”的问题，给学生布置画一幅禁毒知识宣传海报的项目任务。

案例分析：

本案例中，驱动性问题来源于真实生活，而这一问题的答案正是“神经调节”单元中“神经系统如何参与人体稳态调节？”这一本质问题的答案。教师在真实生活背景下，将禁毒话题进行限定，既保证驱动性问题具有真实性，又对不良结构问题进行限定，让学生聚焦在单元核心知识上。

（案例提供：付鑫，北京市十一学校）

三、澄清项目的高阶认知策略

项目式学习主要通过高阶认知带动低阶认知，设计者需要明确驱动性问题和学习成果中包含的主要高阶认知策略类型。明晰设计高阶认知策略更有利于整合基础知识与技能，实现概念知识的学习。

玛扎诺在其目标分类学中，将学生的认知系统水平分为 4 个水平（表 4-4-1），其中最高水平的决策、问题解决、实验与调查四种认知策略常被应用在项目式学习中。

表 4-4-1　玛扎诺目标分类学中的认知系统水平

水　　平	认知策略	说　　明
水平一：信息提取	再认	学生对于术语、事实的简单识别
	回忆执行	学生描述出术语、事实的基本信息
水平二：理解	整合	学生创建出诸多细节知识之间的关联
	象征	学生利用图表等工具呈现出知识内涵
水平三：分析	匹配	学生比较出不同概念之间的异同
	分类	学生有依据地呈现概念内涵及应用范围
	差错分析	学生根据概念内涵进行判断和归因
	概括认定	学生经过内化生成概念和结论
水平四：知识应用	决策	学生在备选项目中进行科学选择
	问题解决	学生在存在障碍的条件下提出解决方案
	实验	学生提出假设并依据科学方法进行检验
	调查	学生收集并辨别证据来解决争议矛盾

高阶认知策略能够促使学生在学习过程中持续地探索驱动性问题。教师在设计项目式学习时，将具体任务定位到这些高阶认知策略上，能够让学生产生更多思维的碰撞和高层次的思考，有效开启学生的自我系统，使学生获得对学习意义和自身价值的认同。当然，在使用高阶认知策略时肯定也会设计大量低阶认知策略，利用低阶认知策略对事实性知识、概念知识、经验方法进行组织、整合、分类和分析，有利于支撑高阶认知策略的实现。教师布置任务上时，要让学生带着“我要实现什么”的目标，

完成对适当程度的不良结构问题的剖析，进行决策、问题解决、实验和调查，实现概念的构建和素养目标的达成。

【案例 3】

在“组成细胞的分子”单元中，教师基于教材中的物质鉴定实验，提出“如何制作一款尿糖试纸”的问题，引导学生从试剂选择、材料确定、说明书制作等方面完成项目式学习。

案例分析：

本案例中，教师将教材中的探究性实验转化为项目，设计高阶认知策略，学生需要在选材中利用化学知识、工程学知识进行决策，调查人群需求，在制作产品过程中利用实验的方法进行广泛尝试，最终完成学习任务。如图 4-4-3 所示为学生利用自制的尿糖试纸进行检测的实验结果。

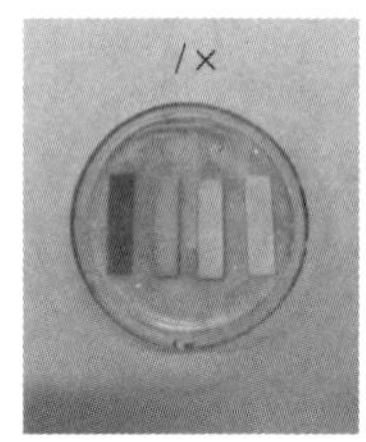

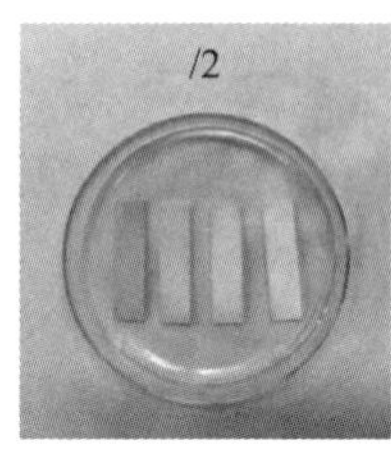

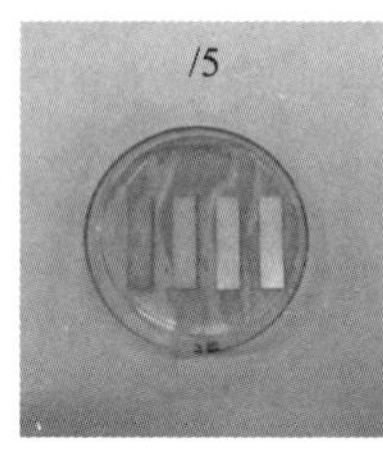

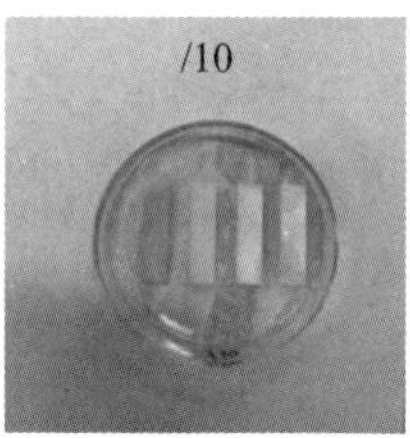

（注：数字代表糖样品稀释倍数）

图 4-4-3　学生利用自制的尿糖试纸进行检测的实验结果

（案例提供：付鑫，北京市十一学校）

四、确认主要的学习实践

项目式学习需要学生扮演某种既定角色，从而完成知识、技能和态度的实践，而不是按部就班地完成既定流程。教师在设计项目式学习时需要思考让学生如何参与实践，参与哪些具体的实践行为。

项目式学习中的学习实践可以分为多种类型，其中具有代表性的有探究性实践、社会性实践和技术性实践等。在探究性实践中，学生作为科学家、工程师、设计师等角色参与项目，用科学的方法和流程来解决问题。学生需要通过对现实世界的观察和调查，提出问题，将问题与所学知识建立联系，利用推理、建立模型等方法提出假设，并设计实验进行检验。在社会性实践中，学生作为新闻工作者、政府工作者等角色参与项目，通过沟通与交流来获取信息，对信息进行甄别和整合，比较不同方案的优劣，进行科学的决策。在技术性实践中，学生作为发明家、工人等角色参与项目，需要掌握利用各种工具的基本方法，具备一定的信息技术素养，在完成作品的过程中考虑其实用性、经济成本等问题，同时发展自己的创造性和批判性思维。

在项目式学习设计中，各种不同的实践类型并不是完全区分开的，而是具有一定的交叉和融合，关键是如何让学生参与这些实践活动。教师可以通过以下六个阶段，引导学生进行项目式学习。第一，引入阶段，主要目的是利用真实或模拟的情境让学生明确学习主题，提出驱动性问题，引起学习的兴趣。第二，知识与技能储备阶段，主要目的是让学生将问题与已学知识或经验产生联系，探索问题的解决途径，分析过程中可能需要的知识和工具，并自主进行储备。第三，行动阶段，引导学生通过小组合作形成问题解决方法的共识，督促学生按步骤完成工作并产生成果。第四，评价反思阶段，让学生倾听教师、同伴，甚至专家的点评与建议，对成果进行修订，反思并纠正学习过程中出现的问题。第五，展示阶段，给学生提供展示学习成果的舞台，激励学生未来的学习。第六，总结迁移阶段，引导学生反思学习过程中的经验，总结通用性的方法，为未来的学习做准备。

【案例 4】

在“植物生命活动的调节”单元中，教师利用学生发现学校大量桃树有落果现象的校园生活经历，提出“桃树为什么会落果”的问题，布置学生通过项目式学习，提出预防桃树落果的对策。为了项目的顺利展开，教师设计了项目的五个阶段。

阶段一：调查桃树落果范围，初步提出导致落果的基本假设。

阶段二：利用植物生命活动调节的基本知识，确定影响植物果实结成和脱落的内因与外因。

阶段三：学生通过开展植物向光生长、生长素处理的燕麦萌发等实验，探究植物激素以及光照等环境条件对植物生长的影响。同时，通过拓展资料阅读和文献查询，对桃树落果的假设进行检验。

阶段四：学生撰写桃树落果调查报告，提交给教师、同学、外聘专家，获得反馈，对报告进行修订。

阶段五：在学校范围召开“桃树落果总结会”，邀请学校总务处领导参加，学生代表汇报学习成果。

案例分析：

本案例中，教师利用学生真实生活情境作为项目主题，设计合理的学习实践活动步骤，引导学生参与项目式学习，并在学习实践中监测学生的阶段性成果，保障项目式学习的有效开展。

（案例提供：付鑫，北京市十一学校）

五、明确学习成果及公开方式

教师要在设计阶段就做好规划，针对由驱动性问题引发的项目式学习任务，学生会产生怎样的学习成果，应何时产生学习成果，学习成果完成的标准是什么，以及用怎样的方式分享学习成果，最终如何实现推广。

【案例 5】

北京市十一学校每年 9 月底都会开展“红窗汇”活动，为学生项目式学习成果的展示提供平台。如图 4-4-4 所示，学生将学习中制作的作品进行展示和售卖，在准备展架时，会对产品外观、质量、实用性等提出要求，从而保障自己产品的“销路”。

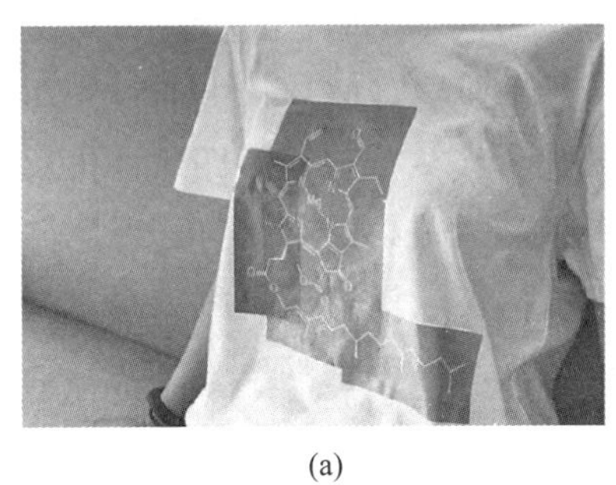
(a)

(b)

(c)

图 4-4-4　十一学校学生在“红窗汇”上展示的项目式学习成果

案例分析：

检验是否产生学习成果的标准包括：是否对应驱动性问题，是否有个人和团队成员的贡献，是否内含对概念性核心知识的深度理解，以及对学习成果产生过程的说明。教师还可以设计对学习成果的评价量表，指导学生提高学习成果的质量。

（案例提供：付鑫，北京市十一学校）

六、设计覆盖全程的评价

项目式学习评价与学习成果紧密联系，同时，评价还应贯穿学习实践的整个过程，用明确的学习目标引领学习任务的设定与实施，体现学习目标、学习任务与学习成果的一致性。

对于学生的实践过程，教师可以通过编制学习量规，推动学生学习进程，并进行过程性评价。学习量规既是学生学习实践过程的评价工具，也是帮助学生了解学习方法的指导工具。学习量规的编制需要考虑学生的学业水平，以及对任务进程中每个节点的精准控制。

对于学生的学习成果，项目式学习并不排斥传统的纸笔测验。但值得注意的是，对项目式学习的终结性评价，必须定位在深层次的概念理解和问题解决上。同时，对学生可视化学习成果的评价，教师既要设计对学习成果本身的评价量规，也要设计对学习成果公开报告的量规。

【案例 6】

在“生物的进化”单元中，教师提出“滥用抗生素有什么危害”的问题，引导学生重走莱德伯格的实验之路，设计实验探究耐药细菌产生的原因，并利用生物进化的知识，明确细菌耐药性积累的机理，撰写抗生素使用建议书。

在本案例中，项目化学习的主要实践活动是微生物的抗性筛选实验，为实现有效评价，教师设计了实验量规，如表 4-4-2 所示。

表 4-4-2　微生物抗性筛选实验量规

评价项目		优　　秀	合　　格	待改进
实验设计	实验材料	准确地规划好实验材料需求，满足实验过程所需	全面地规划实验材料，在实验过程中发现有少许遗漏或富余	规划出各项实验材料，但与实验需要不匹配
	过程设计	利用科学的方法设计出筛选抗性微生物的方法，证明抗生素在筛选过程中的作用；合理设置对照组和实验组；实验时间规划合理，满足真实操作	利用科学的方法设计出筛选抗性微生物的方法，指出对照组和实验组	在其他组同学的提示下进行实验
	实验记录	设计表格记录实验过程中菌落数目的变化，及时修正实验设计中的不良之处	实验各阶段都有实验结果记录	能够记录实验过程，记录不完整
结果分析	现象描述	准确描述实验现象（如能计数，科学地统计微生物的数量，并且计算抗性频率）	可以对实验现象进行大概的概括和描述	会描述实验现象，但会出现科学性错误
	数据分析	利用微生物学和进化生物学的知识准确解释数据变化的原因，对数据进行误差分析，评估误差的合理性	能够解释数据变化原因，指出数据变化中合理的部分和误差的部分	能够发现数据变化的规律，没有明确的解释或解释不清
		备注：如果本组实验失败或数据缺失，可利用教师提供的实验结果图片进行结果分析		
讨论与应用	实验结论	总结实验结果是否符合预期，结合进化生物学的知识说明细菌抗性出现和积累的原因	总结实验结果是否符合预期，说明微生物抗性频率增加的原因	总结出实验结论，对微生物抗性的来源和积累解释不清
	实验反思	对整体实验设计进行反思和自我评价，指出实验的成功之处以及设计的疏漏环节	提出实验设计的成功之处和疏漏环节	对实验中的不足没有正确认识
	应用推广	利用实验结论具体详细地提出生活中使用抗生素的注意事项，指出滥用抗生素的危害	利用实验结论提出生活中使用抗生素的注意事项	对抗生素药物的服用仍然维持原有的概念

（案例提供：付鑫，北京市十一学校）

【研修作业】

1. 结合自身教学实践，谈一谈日常教学中开展项目式教学的途径和方法。
2. 尝试利用“六维度设计法”设计一个项目式学习的单元教学。

4-5 如何设计和实施科学、技术、工程学和数学（STEM）相结合的教学？

这个关键问题反映了新版课程标准提出的“核心素养为宗旨”的高中生物学课程基本理念。提出这个关键问题旨在引导教师设计和实施科学、技术、工程学和数学（STEM）相结合的教学，让学生理解科学的本质、科学的思想方法以及跨学科的科学概念和过程，从而建立科学研究的范式，发展科学思维和科学探究的生物学学科核心素养。通过对这个关键问题的分析和解决，希望教师能够：

- 理解 STEM 教育的意义与价值。
- 掌握 STEM 教学设计与实施的基本方法，利用 5E、POE 等教学模式设计教学。

教学关键问题分析

一、STEM 教育的背景与特征

新版课程标准在课程理念“教学过程重实践”中指出，通过探究性学习活动或完成工程学任务，加深对生物学概念的理解，提升应用知识的能力，培养创新精神，进而能用科学的观点、知识、思路和方法，探讨或解决现实生活中的某些问题。为帮助学生达成生物学学科核心素养，课程标准在“实施建议”中也提出注意学科间的联系，加强学科间的横向联系，帮助学生建立科学的生命观，逐步形成正确的世界观，发展生物学学科核心素养。

生物学课程与 STEM 教育的基本思路相一致。STEM 是科学（science）、技术（technology）、工程学（engineering）和数学（mathematics）四门学科英文首字母的缩写。STEM 教育提出在科学课程中嵌入科学、技术、工程学和数学的内容，并强调这些学科之间的关联和应用。采用 STEM 课程设计理念，有助于学生将生物学、数学和其他自然科学的原理、技术手段和工程设计的思路应用于解决现实生活中的问题，有助于学生理解科学、数学和技术的本质，提高实践能力。STEM 教育已经成为当今科学教育改革中不可忽视的发展趋势，得到许多国家、地区和相关机构的高度重视。

美国较早意识到 STEM 教育将对经济社会产生巨大的推动作用，认为 STEM 教育能够在一定程度上解决国家安全、经济安全等问题，从而保持领先的国际地位。美国在 STEM 教育上的重大投入取得了很高的成就，引起了世界各国对 STEM 教育的普遍关注。近些年，我国对 STEM 教育也越来越重视，不断探索适合我国教育国情的实践模式。

STEM 教育影响科学课程的关键是工程学。20 世纪 80 年代初期，技术就被引入科学课程，使得科学、技术与社会（STS）成为随后 30 多年的改革浪潮。工程学进入科学课程是在 21 世纪，工程学的属性决定了这又是一场对科学教育产生深远意义的变革。工程学中创意、设计、实践、产品等重要属性和元素极大丰富了科学课程的内涵和育人价值，使科学课程在培养学生创新、实践和问题解决能力方面有了最直接的支撑点，对学生理解和掌握科学和数学提出了更加真切的要求。

STEM 教育影响下的教学设计突出“整合”和“交叉”，为实现在教学设计中将 STEM 教育有效运用，教师需要全面了解 STEM 教育的特征。①

（1）跨学科。STEM 教育关注多学科融合，用不同学科的综合视角去讨论某个具体问题。现今的教育，倡导学生的学习过程与实践相结合，而实际问题往往具有不良结构，学生需要从综合的视角灵活运用所学知识来回应和解决问题，这就暴露出单纯分科教学的弊端。

（2）趣味性。STEM 教育在实施过程中要把多学科知识融合在与学生生活相关、具有挑战性的有趣问题中。问题和活动的设计要能激发学生内在学习动机，问题的解决要能让学生有成就感，因此问题的设计要从学生的角度出发，让他们能够自发地投入问题解决的学习实践中。

（3）体验性。STEM 教育不仅主张通过自学或教师讲授来获取抽象知识，更强调学生动手、动脑参与学习过程。学生在参与、体验获得知识的过程中，不仅获得事实性知识，还能实现在项目式的问题解决过程中对概念性知识和过程性知识的构建。

（4）情境性。STEM 教育不是只教给学生抽象的、孤立的学科知识，更强调把知识还原成为丰富的真实生活，通过与学生密切相关的情境问题解决，完成教学任务。

（5）协作性。STEM 教育强调学生的合作学习，引导学生在同伴协同中相互帮助、相互启发，进行群体性知识的构建。

（6）设计性。STEM 教育强调学习成果的产出，要在学习产出环节融入设计的思想，通过设计来促进知识的融合与迁移应用，通过设计作品来展现学习的结果，外显获得的知识和能力。

（7）实证性。STEM 教育促进学生按照科学的原则设计作品，基于证据验证假设、发现并得出解决问题的方案；促进学生在设计作品时，遵循科学和数学的严谨规律，让严谨的工程设计实践帮助他们认识和理解客观的科学规律。因此在 STEM 学习中，学生会形成科学实践的范式，产生像科学工作者一样的体验，并会将其进行迁移，成为解决更多实际问题的基础。

（8）技术与工程性。STEM 教育强调学生要具备一定的技术素养，了解技术应用、技术发展过程，具备分析新技术如何影响自己乃至周边环境的能力。在利用技术实现科学探究和发现的过程中，学生还要考虑工程学设计，充分发挥科学、技术在工程学实践中的相互促进作用。

① 刘恩山．中学生物学教学论［M］．3 版．北京：高等教育出版社，2020.

（9）艺术性。STEM 的概念从 20 世纪末在美国诞生以后，在世界各地有了更广泛的发展。后来又有教育工作者提出了 STEAM，即在 STEM 基础上融入艺术（art），强调在自然科学教育中增加学生对人文科学和社会科学的关注与重视。

二、STEM 教育的意义和价值

在高中实施 STEM 课程与项目的一个重要目的是激发学生进行科学研究的兴趣。对很多学生来说，科学研究是一个枯燥的过程，烦琐的实验过程让学生对科研活动望而却步。此外，在传统的高中教学中，数学、科学课程之间的联系以及在现实世界的应用性不强。STEM 教育的出现解决了以上问题，它带领学生采用基于问题的学习方法，通过为学生创造与现实世界相关的问题情境，鼓励学生利用多学科知识并使用现有工具动手解决问题。学生在处理复杂问题的过程中内化了所学知识，在利用高新技术的过程产生了研究兴趣，对处理现实问题也有了更多体验。

科学研究要求学生有一定的科学思维和科学探究素养，还要求学生有具体的动手操作能力。在 STEM 项目实施过程中，学生在驱动性问题的引领下进行积极思考，为了解决问题，学生需要设计相应的步骤和方法。在此过程中，学生更加自信，在利用计算机等技术工具进行数据分析时，增强了技术素养，同时强化了与他人合作的意识，锻炼了交流与表达能力。这都有助于高中生未来的学习和发展。

教学关键问题解决

STEM 教育的指向和特点与我国基础教育课程改革的方向高度一致，适合创新人才的培养，将其用于课程是我国生物学课程未来发展的任务之一。实现基于 STEM 的课程设计和开展相应的教学过程，对课程设计人员和教师都提出了新的挑战和更高的要求，需要经过一定的研究和积累。

一、寻找适合 STEM 教学的主题内容

1. 全面分析高中生物学课程内容，寻找生长点

在国家课程，特别是必修课程中，要坚持开展探究教学，实现学生对核心科学概念的理解，同时还要帮助学生实现跨学科内容的融会贯通，并将学科知识应用于解决现实世界中的问题。将 STEM 教育理念融入生物学必修课程可以采用两种基本方式：一种是在原有探究活动的基础上，融入 STEM 要素并适当调整教学时间安排；另一种是引进全新设计的 STEM 活动。这两种方式在精心设计的教学中都可以取得较好的效果，有助于更好地实现预期目标。

结合课程标准的内容要求，参考课程标准的教学提示，我们以人教版高中生物学教科书为例，梳理了高中生物学必修及选择性必修课程内容，提出可以进行 STEM 教学

设计的建议，如表 4-5-1 所示。

表 4-5-1　高中生物学课程内容中适合 STEM 教学设计的建议

模　块	教学内容	建议形式
必修 1 分子与细胞	第 2 章　组成细胞的分子 探究·实践　检测生物组织中的糖类、脂肪和蛋白质	制作型：化学物质的鉴定试纸
	第 3 章　细胞的基本结构 第 2 节　细胞器之间的分工合作	研究型：细胞产物的生产报告
	第 5 章　细胞的能量供应和利用 第 1 节　降低化学反应活化能的酶	制作型：设计制作酶产品
	第 5 章　细胞的能量供应和利用 第 4 节　光合作用与能量转化	研究型：利用传感器探究环境因素对植物生长的影响，撰写校园菜园生产评估报告
必修 2 遗传与进化	第 6 章　现代生物进化理论 思考·讨论　用数学方法讨论基因频率的变化 探究·实践　探究抗生素对细菌的选择作用	研究型：抗性菌的筛选、鉴定与危害分析报告
选择性必修 1 稳态与调节	第 2 章　神经调节 第 3 章　体液调节	研究型：探究“瘾”的形成机制，撰写禁毒报告
	第 5 章　植物生命活动的调节 探究·实践　探索植物生长调节剂的应用	制作型：设计“生长旺”植物生长调节剂配方
选择性必修 2 生物与环境	第 1 章　种群及其动态 探究·实践　培养液中酵母菌种群数量的变化	研究型：种群数量变化数学模型的构建
	第 3 章　生态系统及其稳定性 探究·实践　设计制作生态缸，观察其稳定性	制作型：设计“校园小动物家园”生态景观
选择性必修 3 生物技术与工程	第 1 章　发酵工程	制作型：发酵菌种的筛选、纯化与发酵产品制作
	第 2 章　细胞工程	制作型：“拇指盆栽”的植物组织培养制作
	第 3 章　基因工程	研究型：利用聚合酶链式反应（PCR）进行突变体的基因型鉴定，研究基因功能

高中生物学课程中可以落实 STEM 教学的切入点还有很多，不限于上述建议的范围。在进行 STEM 教学设计时，一方面要考虑 STEM 教育本身的特点，另一方面要考虑日常教学的连贯性。STEM 项目往往需要一定的周期，才能让学生在完成项目任务的过程中锻炼科学思维，掌握科学探究方法，因此 STEM 教学往往要依托大单元整体教学设计。大单元具有一定的独立性，一般安排 2~3 周完成，学生需要在课上补充理论知识，课下完成项目任务。STEM 项目往往从具有相对独立性的大单元中生成，人教版高中生物学教科书中的“探究·实践”就是很好的 STEM 项目雏形。

2. 创新设计选修课程和校本课程，凸显灵活性

中学阶段的选修课程和校本课程具有更强的灵活性和针对性。课程标准在课程内容中明确提出选修课程旨在帮助学生更好地生活、就业，满足一部分学生选择从事科学研究的需求。因此，在高中落实STEM教育的另一途径就是创新设计选修课程和校本课程，利用非国家课程的优势，给学生提供更广阔的自主学习和研究空间。

设计融合STEM教育的校本课程，可以遵循以下流程。①

第一，分析学校环境条件与学生需求。在学校环境条件与学生需求分析的基础上，结合文献研究，借鉴已有STEM项目资源，选择适当的主题和内容，明确设计宗旨。学校环境条件与学生需求分析可以概括为环境分析：学校内部环境既包括学校硬件设施（生物学实验室的现有配备），也包括课程课时安排（高中教学计划）等内容；学校外部条件主要指学生在学校之外的学习与生活环境，这种环境集中体现了学生所面临的实际问题，也是学生在学校之外学以致用的重要机会。学校环境条件与学生需求分析是STEM项目有效性与适用性的基础，只有学校硬件条件有所保障，课程才能得以开设；只有满足学生实际生活需求的STEM项目内容，才有可能成为学生乐于实践的优质项目。因此，学校环境条件与学生需求分析是STEM项目设计与实施的前提和基础。

第二，组织课程内容，确定指导策略。学生的活动需要从课上开始，并延伸到课外。因此，为学生做好引领性规划是有效实现STEM项目的必要保障。根据达西·哈兰德博士所著《STEM项目学生研究手册》的研究成果，STEM项目的研究过程大致分为八个阶段：生成研究主题→制订研究计划→了解研究主题→撰写研究方案→准备并开展实验→统计分析→解释数据→报告结果。研究团队在设计主题之后，依据上述八个阶段，为学生提出具有可操作性的建议。教师在参考高中生物学课程的课时计划基础之上，从学生的课上实验出发，引导学生发现问题，并生成研究主题。之后的六个阶段由教师在课下完成辅导，学生以个人或研究团队的形式参与课题研究。最后一个阶段“报告结果”在课堂上落实，引导学生反思总结。教师在项目进行过程中帮助学生确定研究主题，帮助学生搜集可利用的人员、材料、耗材等资源，并从学科角度帮助学生解决研究中遇到的科学问题。

第三，设计课程评价与学习效果评价。教师在设计STEM项目时，同时要设计活动评价和形成性评价方式，配合传统的纸笔测验，重视过程性评价与结果性评价相结合，确定多主体、多方式的评价策略。学生的学习效果是课程最终需要达成的目标，是课程目标和教学目标的呼应，也是评判课程有效性和适用性的基准之一。针对学生学习效果评价的诸多研究表明，学业评价不应诉诸单一的纸笔测验，这种测验方式虽然能够测量学生的知识学习，但是无法对学生的学习能力等方面的提高做出有效评判。这就需要丰富多样的过程性评价予以辅助。过程性评价要求教师在教学实践过程中时刻关注学生给予的反馈，包括每个教学环节中学生的互动，这既体现了学生在课堂上的

① 参见：付鑫．基于高中生物学课程资源进行STEM项目的设计思路与案例［J］．生物学通报，2018，53（3）：34-38.

主体性，又为教师赋予了新的任务，避免了“一言堂”情况的产生。此外，评价还包括对课程本身的评价，课程的有效性和适用性是需要学生反馈的，教师需要通过学生反馈调整授课节奏、难度、活动安排，来保证学生对课程的可接受程度。由此，可以说课程评价既是整套校本课程设计的结束，又是新一轮 STEM 项目修订的开端。

二、利用适宜的教学模式组织 STEM 教学过程

1. 5E 教学模式在 STEM 教学中的应用

1989 年，美国生物学课程研究所的研究员基于学习环模式，提出了 5E 教学模式，即引入（engage）、探究（explore）、解释（explan）、精致（elaborate）和评价（evaluate）。由这五个阶段组成一套完整的教学流程，可用于一个单元或一节课的教学。5E 教学模式的核心在于探究环节，通过实验等动手动脑的过程，解决问题，构建概念，这与 STEM 教育的体验性、情境性、实证性等特征相统一。

第一个阶段：引入（有的文献将其翻译成“参与”）。在该阶段，教师首先提供有意义的学习活动以吸引学生的学习兴趣，学生对教师提供的问题情境或现象进行思考，并联系已有的知识和经验，暴露出前科学概念。这是学习科学概念的重要基础和前提。

第二个阶段：探究。探究阶段是 5E 教学模式的中心环节，通过一个或多个活动来探究科学概念。通过具体的探究活动，学生的前科学概念（很可能是错误概念）、技能、方法等逐渐被暴露出来，为之后的概念转换和概念界定创造了便利的条件。教师设计的探究活动要让学生容易上手，因此教师需要为学生提供必需的“学习支架”，比如逻辑问题串、实验指导、任务记录表等，在探究的过程中，让学生像科学家一样经历发现问题、提出假设、设计实验、预期结果、验证假设等步骤，体会科学研究的范式。

第三个阶段：解释。解释阶段是 5E 教学模式的关键环节。探究完成后，学生经历了前科学概念和科学概念之间的冲突和转化过程，尝试用自己的理解阐述他们对概念的认知。学生可以在小组合作学习活动中，对不同的解释结果展开讨论，通过比较各自的结果，或者与教师或学习材料提供的结论相比较，检查自己提出的结论是否正确，推理过程是否有缺陷等，以保证学生对有关问题的解释达成共识。

第四个阶段：精致。精致阶段是 5E 教学模式的改进和完善环节。在此阶段，学生在教师的引导下继续发展对概念的理解和应用技巧，扩充概念的基本内涵，并与其他已有概念建立某种联系，同时用新的概念解释新的情境或新的问题。

第五个阶段：评价。评价阶段是教学模式的反思与创新环节。在此阶段，教师和学生用多种形式评价学生对新知识的理解和应用能力，可以采用纸笔测验和表现性任务等形式，也可以在整个教学过程中的任何时候进行。总之，评价的目的在于确保学生活动的方向或鼓励学生对探究过程进行反思，同时，评价也为教师提供了一个评估自己教学过程和效果的机会。

【案例 1】

5E 教学模式下的“酶作用机理”教学设计

以酶作用的“过渡态假说”为核心主线，通过基于材料的探究和基于实验的探究策略，引发学生对“酶作用机理”的生物学科本质进行探索，并利用所学习的内容解决新情境下的问题。教学设计凸显课程标准对培养科学思维和科学探究核心素养的要求，融入化学、工程学等跨学科概念。

1. 引入

如图 4-5-1 所示为模拟分解反应的“铁丝”模型，明确反应需要较高的能量条件，由此提出“E 物质”是如何通过改变物质能量水平来加快化学反应的，将学生引入探究环节。

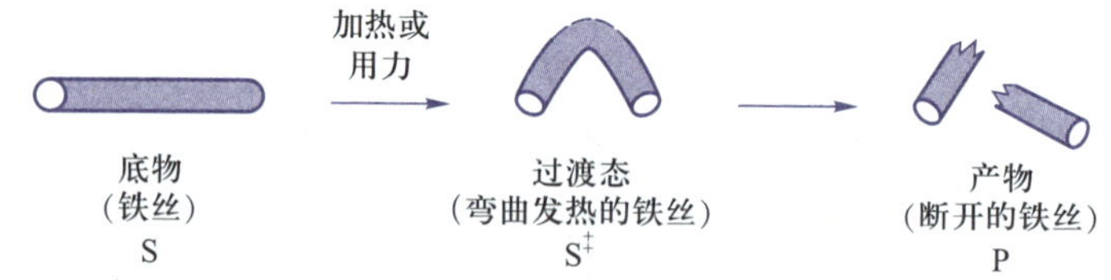

图 4-5-1 模拟分解反应的“铁丝”模型

2. 探究

学生通过上述学习过程已经得到“物质状态越稳定能量越低，反之亦然”的结论，在此前提下，为了探究“E 物质”的作用机理，教师抛出探究“E 物质”的两种猜想，如图 4-5-2 所示。

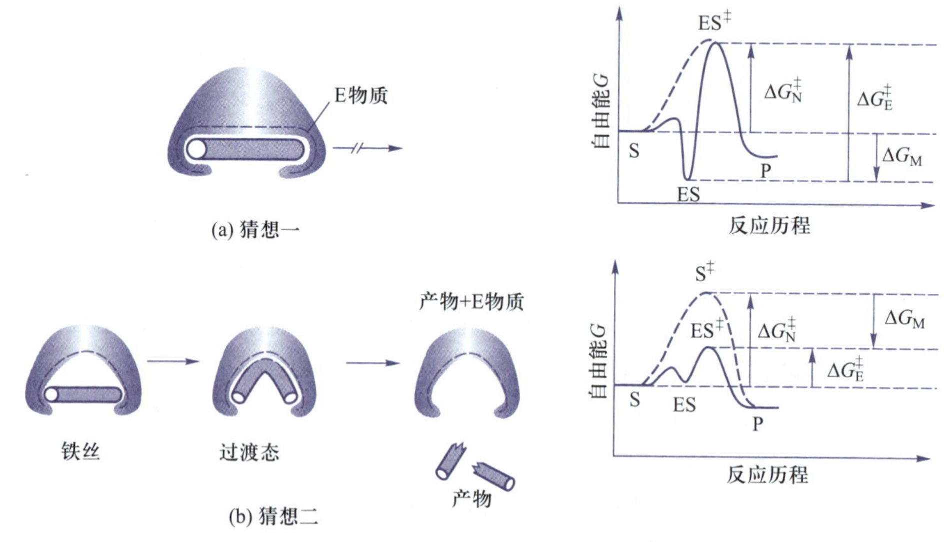

图 4-5-2 探究“E 物质”的两种猜想

基于人教版教科书必修 1《分子与细胞》第 5 章第 1 节“降低反应活化能的酶”中比较过氧化氢在不同条件下的分解实例，组织学生进行小组实验，记录实验现象。在以上实验的基础上，教师带领学生对两种酶（过氧化氢酶和淀粉酶）开始进行研究，实验装置如图 4-5-3 所示。

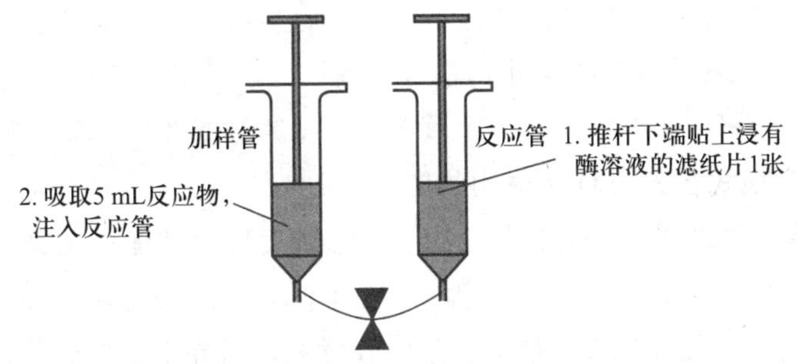

图 4-5-3　探究过氧化氢酶和淀粉酶的实验装置

教师引导学生利用现有实验仪器，利用过氧化氢、淀粉溶液、过氧化氢酶、淀粉酶四种实验试剂探究酶的作用特点，即“门当户对”。本实验的改良设计不仅提高了学生的兴趣，而且培养了学生对新情境问题的实验设计能力。

3. 解释

通过总结“铁丝”模型中模拟化学反应中物质状态与能量水平变化的过程，指出生物化学反应中降低反应活化能的神秘“E 物质”就是酶。由此得到本节课第一个重要概念：酶通过稳定反应物“过渡态”，降低活化能，具有催化作用。化学基础较好的同学能够发现，氯化铁催化过氧化氢分解的机理是将反应分步进行；作为催化剂的过氧化氢酶，通过一个腔隙收集反应分子；结合之前的结论，这一腔隙不仅能够稳定“过渡态”，还能够制造一个“局部空间”增大过氧化氢的有效浓度。由此得到本节课第二个重要概念：酶通过结合反应物“过渡态”，增加反应物有效浓度，体现出催化的高效性。分析过氧化氢酶的腔隙与反应物之间结合的条件，从而得出本节课的第三个重要概念：酶通过与反应物“过渡态”的空间契合，体现出催化的专一性。

4. 精致

在得到本节课三个重要结论的基础上，教师提出一个更富有挑战性的新问题。该问题基于脯氨酸的异构化反应，已知脯氨酸类似物与脯氨酸“过渡态”类似物均能抑制上述反应发生，提问学生哪种抑制剂的效果更强。这一情境的设置帮助学生回顾整节课的重要概念，引发学生对课堂内容核心的回顾，并用已学知识灵活地解释现象，对学生的认知能力、迁移能力有较高的要求，更是对学生是否理解科学本质的重要检验。

5. 评价

作为本节课的收尾，教师利用一则科学史材料，从酶催化反应的“过渡态”假说出发进行实验证实，引导学生回答问题。问题的设置参考了新版课程标准对学业质量水平的四级标准，充分体现新评价方案的特点。

案例分析：

本节课具有较强的思维含量，融合了大量化学的跨学科概念。教师通过基于材料的探究、基于实验的探究等多种探究方式，对学生的理性思维能力进行训练，通过层层深入的情境设置，带领学生深入教学内容的科学本质。课堂容量很大，对教师和学生都提出了挑战。但是在实践中，学生乐于接受这些挑战，只有符合学生认知水平而又富有挑战的学习任务才能引发学生的学习兴趣，在学习中挑战自我、超越自我。

（案例提供：付鑫，北京市十一学校）

2. POE 教学模式在 STEM 教学中的应用

POE 教学模式是 20 世纪 90 年代初基于概念转变理论和建构主义理论提出的课程组织形式。该教学模式将课程分为预测（predict）、观察（observe）和解释（explain）三个阶段，往往把实验作为教学内容背景，引导学生根据前科学概念预测实验结果、观察实验现象、利用学科知识解释实验现象，实现错误概念的转化，建立科学的生物学概念。对课程内容进行合理的 POE 教学设计，同时渗透生物学科学研究的思想方法，可以培养学生的实验探究能力，充分尊重了学生的认识发展规律。

第一个阶段：预测。预测阶段是学生对实验现象进行大胆假设的过程，学生通过已有的知识背景和生活经验，对实验现象或预期结果进行头脑风暴，在这一过程中暴露出前科学概念。在此阶段，教师需要设计一系列引发思维的问题，为学生提供学习支架，引导学生有条理地思考。这一阶段的关键在于带动学生进入角色，积极参与探究活动。

第二个阶段：观察。观察阶段是学生动手操作实验的过程，在这一过程中，要落实科学探究的基本思想，设计实验、完成实验、收集数据、处理结果、得出结论。教师要引导学生从实验结果中找出证实预测阶段猜想和假设的证据，同时关注实验结果中与预期不相符的内容，开启学生自我发现的过程，在尝试解决矛盾的过程中实现错误概念的转化和科学概念的构建。观察不仅要看，更要进行深度思考，是 POE 教学模式中的中心环节，对学生实现有效学习起决定性作用。

第三个阶段：解释。解释阶段是学生知识理论外显的过程。学生通过观察阶段获得支持假设的证据，由解释矛盾引发概念的转化，之后将主题内容的科学内涵通过小组合作等方式呈现出来。教师可以在这一阶段安排汇报分享环节，也可以提出新的问题情境，让学生尝试利用概念去解决，达成更高阶的应用水平。

【案例 2】

POE 教学模式下的“PCR 技术的应用”教学设计

“PCR 技术的应用”一课的设计基于真实的科研情境，引入基因敲除技术和遗传学分析，融合大量技术、工程学的概念，通过 POE 教学模式带领学生确定实验核心问题，根据实验原理对实验结果进行预测，对实验现象进行观察、分析和解释，转变错误概念。像科学家一样进行研究工作，培养学生的科学思维和科学探究能力，落实核心素养。

教师以学案的方式展示研究情境，带领学生通过小组讨论的方式分析基因敲除的原理和小鼠遗传杂交的后代基因型，确定本节课实验的主题——用 PCR 鉴定敲除小鼠杂交后代的基因型。

1. 预测阶段

在学生阅读和了解研究情境之后，教师引导学生明确本实验的核心问题：如何利用 PCR 技术测定基因型？学生可以通过小组讨论，用绘制实验方案流程图的方式明确实验思路（图 4-5-4）。

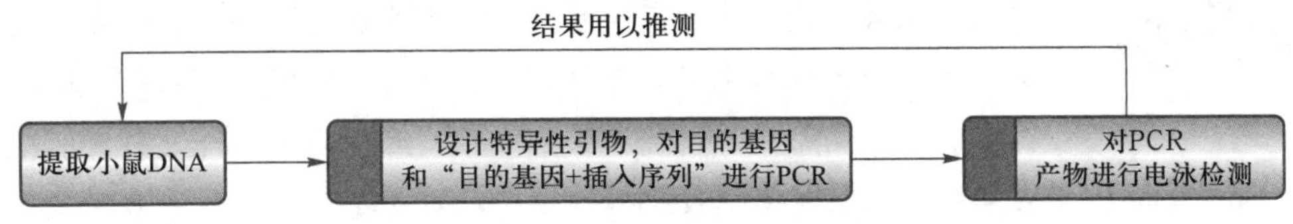

图 4-5-4　利用 PCR 技术测定基因型的实验思路

学生的错误概念往往集中在对基因敲除效果的预测以及对小鼠杂交实验结果的分析，如无法区分“嵌合体”和“杂合子”，不知道基因敲除产生的是“杂合子”还是“纯合子”等。这些错误概念都可能导致学生产生错误的预测，此时教师不要急于纠正学生的错误，而是引导学生根据各自的分析思路大胆预测，并将所有成员的预测结果收集起来，以期在实验过后的解释环节实现错误概念的转化。

2. 观察阶段

教师带领学生进行 PCR 和电泳实验，将凝胶成像仪检测结果进行汇总，展现给全班同学（图 4-5-5），结果先由小组进行讨论分析，确定条带位置，若条带明显则分析小鼠样本基因型及表型，条带不明显或位置异常则进行归因分析。

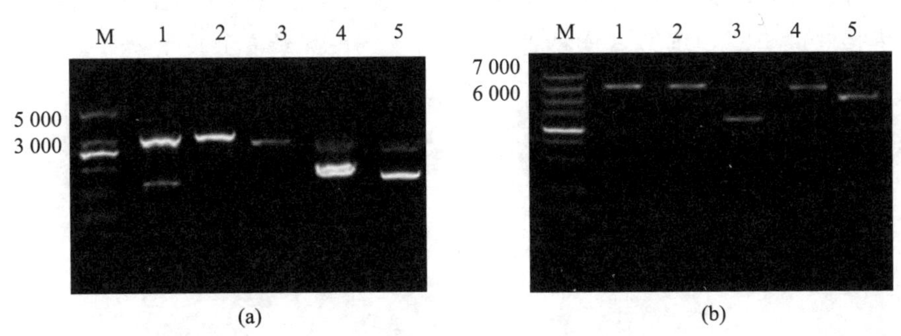

图 4-5-5　利用 PCR 技术测定基因型的实验结果

在这一过程中，学生首先结合电泳成像结果，比较野生基因与敲除基因的片段长度差异，分析电泳结果对应的小鼠基因型。学生利用这一结果，重新对基因敲除过程和杂交实验进行回顾和分析，在互相启发和教师引导下，对预测阶段产生的错误概念进行转化。

3. 解释阶段

解释阶段是对预测阶段的回应，同时也是对实验操作、观察阶段的检验。在预测阶段产生错误概念的学生会发现真实的实验结果无法与自己的预测相吻合，在小组合作与教师引导之下，他们会追根溯源，从研究情境的理解、基因敲除和 PCR 技术的原理、遗传分析的方法等角度发现并转化自己的错误概念，形成科学的实验探究思路、生物技术与遗传学概念。对实验结果的科学分析，对实验误差进行归因，是提升学生解决实际问题的能力、培养批判性思维的良好途径。

4-5-1 PCR 技术的应用

案例分析：

本实验通过真实的科研情境，将高中生物学教材中“照方抓药”的体验式实验改造为具有实践性和综合性的探究性实验。在实验过程中，学生有机会像科学家一样设计实验方案、预测实验结果、解释实验现象、分析实验误差、形成实验结论。这样的过程一方面对高中生物学中的生物技术与遗传学相关概念进行了整合，另一方面培养了学生运用科学思维方法认识事物、解决实际问题的科学思维和科学探究能力，发展了学生学科核心素养。POE 教学在明确研究核心问题的基础上，充分发挥学生的主动性，以学生自己的预测为开端，经过实验、观察、结果分析与解释，让学生在实践过程中发现、转化自己的错误概念，形成科学概念与思维体系。由于实验中选取的小鼠样本未知，因此没有真实得到双敲除小鼠，这也反映了科学研究的真实性，引导学生尊重实验事实的科研精神。

（案例提供：付鑫，北京市十一学校）

【研修作业】

1. 结合自身教学实践，谈一谈 STEM 教学对发展学生核心素养的意义和价值。
2. 尝试利用 5E、POE 等教学模式，设计融入 STEM 教育的单元教学。

4-6 如何开展社会性科学议题教学发展学生的科学思维和社会责任？

这个关键问题是课程标准基本理念之“核心素养为宗旨”的实践性问题。对这个关键问题的研究旨在利用一种广泛适用的教学组织策略，达到发展学生科学思维和社会责任的目的。通过对这个关键问题的分析和解决，希望教师能够：

- 理解社会性科学议题教学的价值和意义。
- 掌握社会性科学议题教学的组织策略。

 教学关键问题分析

从教学情境选择的角度看，生物学课程学习中蕴含大量社会性科学议题（socio-scientific issues，缩写为SSI），如转基因、克隆人、疫苗安全、全球气候变化、濒危动物保护等。教师教学行为表现、课堂教学组织现状与课程标准要求之间的差距，是确定该关键问题的依据。通过课堂观察和文献研究发现，主要有如下三类问题：一是教师认为SSI教学占用课时较多，在日常课堂教学实践中很难实施；二是将SSI混同于自然生命现象的讨论和探究方式，对解决社会性和科学性矛盾冲突的深刻反思、辩论过程“打开”程度不足；三是利用传统教学模式和已有经验组织教学，缺乏对国际科学教育领域已有教学模式的认识和本土化实践。

一、社会性科学议题的内涵与历史沿革

SSI是在科学、技术、工程等研究在科学共同体中引发争议的话题。有些话题能被社会理解，有些不被理解，具有两难性，其中，不被理解的部分随着人们对科学的理解程度加深，可能转变为可被理解的内容，这一过程符合科学本质的认识规律。由于各方所持的立场观点不同，或受其他因素的影响，有些话题会引发公众中不同利益群体的争论，如转基因食品的上市、碳排放限制和新冠肺炎的防控等。

教师选择符合生物学课程标准要求和教材相关内容的SSI，设计并开展教学活动，称为SSI教学。因此，SSI具有社会性、科学性、真实性、争议性和指向不确定性结果等特征，是发展学生科学思维和社会责任的良好载体，如发展学生批判性思维，促进学生对多元文化的理解，加深学生对科学技术社会之间多重复杂关系的理解。开展SSI教学是达成学科核心素养的重要策略之一。

20世纪，在科学教育领域兴起的STS教学突出科学、技术和社会之间的关联性，在此基础上增加了环境教育形成STSE教学，但两种教学理念突出强调的是现实生活背景，并未更多地关注持有不同立场的人在社会生活中的利益冲突与决策困境。为了解

决这一问题，提高公民意识，SSI 教学应运而生。SSI 教学不仅包含 STS 和 STSE 的所有内涵，还对培养学生的社会科学推理能力、理解科学本质、形成健康的情感态度价值观、与多元社会文化背景的人共情、完成个人生活决策等具有重要的价值。我国科学教育在该领域的理论贡献和实践探索尚待发展。

二、高中生物学课程标准的要求

刘恩山等指出，“社会性科学议题”在生物学课程中可以称作“生物学社会议题”①。新版课程标准中与社会议题相关的内容如表 4-6-1 所示。

表 4-6-1　课程标准中与社会议题相关的内容

课程标准中的位置	页　码	与社会性科学议题相关的内容
二、学科核心素养与课程目标 （一）学科核心素养 2. 科学思维	5	学生应该在学习过程中逐步发展科学思维……能够探讨、解释生命现象及规律，审视或论证生物学社会议题
二、学科核心素养与课程目标 （一）学科核心素养 4. 社会责任	5	学生应能够以造福人类的态度和价值观，积极运用生物学的知识和方法，关注社会议题，参与讨论并作出理性解释，辨别迷信和伪科学
二、学科核心素养与课程目标 （二）课程目标	6	学生通过本课程的学习……形成科学思维的习惯，能够运用已有的生物学知识、证据和逻辑对生物学议题进行思考和展开论证
四、课程内容 （二）选择性必修课程 模块 3 生物技术与工程 【教学提示】	31	为帮助学生达成对选择性必修课程概念 6 的理解，促进学生生物学学科核心素养的提升，应开展下列教学活动：（1）搜集文献资料，就“转基因食品是否安全”展开辩论；（2）搜集关于设计试管婴儿的资料，并在小组内讨论“是否支持设计试管婴儿”；（3）搜集历史上使用生物武器的资料，并分析其严重危害
四、课程内容 （二）选择性必修课程 模块 3 生物技术与工程 【学业要求】	31	完成本模块学习后，学生应该能够面对日常生活或社会热点话题中与生物技术和工程有关的话题，基于证据运用生物学基本概念和原理，就生物技术与工程的安全与伦理问题表明自己的观点并展开讨论（科学思维、社会责任）
四、课程内容 （三）选修课程现实生活应用 “社会热点中的生物学问题” 模块开设建议	34	本模块选取转基因植物、试管婴儿、克隆哺乳动物、艾滋病、禽流感、SARS、埃博拉疫情以及 COVID-19 等主题加以论述，旨在向广大学生传递正确的科学知识，有助于他们理性、客观地面对相关的社会议题，为今后继续深造和走上社会奠定必要的基础
六、实施建议 （一）教学建议	57	教师需要为探究性学习创设情境，例如……从学生的生活经验、经历中提出探究性问题，或从社会关注的与生物学有关的热点问题切入

① 刘恩山．中学生物学教学论［M］. 3 版．北京：高等教育出版社，2020：55.

续表

课程标准中的位置	页　码	与社会性科学议题相关的内容
六、实施建议 （一）教学建议	59	了解科学、技术、社会的相互关系，关注和参加与生物科学技术有关的个人与社会问题的讨论与决策时生物学学科核心素养的重要组成部分，也是培养学生对自然和社会责任感的重要途径
	60	教师要引导学生特别关注我国和所在学校所在地区现实生活相关的问题，使学生积极思考与生物学有关的社会问题，宣传生物学知识和健康的生活方式，识别伪科学和迷信，尝试参与社会决策，培养学生的社会责任感
六、实施建议 （四）地方和学习实施本课程的建议	72	广泛利用媒体资源。报纸、杂志、广播、电视、互联网等各种媒体上生物学发展的信息很多，教师应关注、选择、收集这些信息；经过适当处理，它们可作为教学情境设计的资料和学生课堂讨论的素材，也可以用于指导学生课外学习。在利用媒体资源时，教师应当指导学生分辨信息的科学性和真实性，提高学生信息甄别、评价的意识和能力，增强抵制伪科学的社会责任感
附录：附录1 学科核心素养水平划分 素养2：科学思维	75	水平四：在面对生活中与生物学相关的问题并作出决策时，利用多个相关的生物学大概念或原理，通过逻辑推理阐明个人立场
附录：附录1 学科核心素养水平划分 素养4：社会责任	76	水平一：知道社会热点中的生物学议题； 水平二：关注并参与社会热点中的生物学议题的讨论； 水平三：基于生物学的基本观点，辨别迷信和伪科学； 水平四：针对现代生物技术在社会生活中的应用，基于生物学的基本观点，辨别并揭穿伪科学；……能通过科学实践，尝试解决现实生活中的生物学问题

课程标准中“社会议题”的相关内容涉及的学科核心素养主要是科学思维和社会责任，在必修课程的课程目标、课程内容、活动组织和学业评价等方面都给出了具体建议，在选修课程开发方面给出了建议，在科学思维和社会责任两个维度划分出清晰的水平要求。

三、解决该教学关键问题的价值和意义

今天的学生是未来的公民，也可能成为未来社会性科学议题的真正决策者，因此教育者将SSI引入科学教育，为学生提供面对真实社会议题的机会和开放自主的学习环境，这种前瞻性和卷入式的学习活动会带给学生前所未有的体验，是对未来社会生活

的一种预演，是提升公民意识的重要途径。相关研究表明，SSI 教学在提高学生的学习兴趣、发展学生的高阶思维能力和科学实践能力方面均有良好的效果。

身处信息爆炸的时代，社会热点变化快是一种时代特征。从这一角度讲，教材编写相对滞后，教师在 SSI 教学设计和组织实施方面则会有较大、较自由的探索空间。开展 SSI 教学的过程会极大地挑战教师传统教学习惯，例如教师需要改变自己在课堂中的权威角色，需要营造民主协商的学习氛围，需要基于学生讨论进程引导话题深入，需要适时地质疑并挑战学生的立场，需要保持中立，不提前或过度展示自己的观点或立场等，这对教师的专业素养水平、教学组织的灵活性等提出了更高要求。

教学关键问题解决

一、SSI 教学实施中的课时优化策略

刘辰艳等基于多个已发表的实践案例分析，按照课程标准提出的地区和内容两个属性进行归类，结果表明国内已发表的教学案例选题符合课程标准要求，从地区属性看涉及全球性、国家性和地域性议题，从内容属性看涉及环境生态议题、伦理道德议题、人类健康议题和资源使用议题。① 这些议题是以高中生物学必修课程的学习为基础，密切关联选择性必修的三个模块内容，在学业考试等级考中应达到课程标准学业水平要求的水平三和水平四。换句话说，SSI 既可以成为教学情境，也可以成为考试评价的命题情境，能够充分体现教、学、评一致性的变化趋势。为顺应这种变化趋势，教师该如何解决 SSI 教学实施中课时不足的问题呢？

1. 跨章节整合教学内容以期优化单元教学设计

单元教学可以从四个维度落实学科核心素养。利用 SSI 组织的单元教学在发展学生科学思维和社会责任素养方面具有突出的价值，因为在知识学习和能力发展的基础上，单元教学目标指向对 SSI 的讨论和解决过程，是对教学内容中育人价值的深度挖掘。在单元教学中，教师利用有张力的话题和驱动性任务引导学生主动投入学习活动，使单元学习成为一种真实问题解决过程中的模拟实践，成为有意义的学习。

【案例 1】

克隆羊多莉问世后，关于克隆技术的发展与应用一直是公众关注的焦点之一。克隆技术的研究和应用价值是显而易见的，其操作过程的风险性、技术产出及应用范围的敏感性问题，自其产生就备受争议，从克隆羊到我国科学家克隆猴，再到 2019 年我国生物技术公司成功完成克隆狗和克隆猫项目。可以说，克隆技术正在从科研走进公

---

① 刘辰艳，张颖之．从 STS 到 SSI：社会性科学议题的内涵、教育价值与展望［J］．教育理论与实践，2018，38（29）：7-9.

众的生产生活领域，涉及更多的关于社会、科学、经济、政治、法律、道德、伦理等问题。基于上述背景，在人教版高中生物学教科书选择性必修3《生物技术与工程》中，可结合第2章第3节“动物细胞核移植技术和克隆动物”和第4章第2节“关注生殖性克隆人”，开展SSI教学，构建“你支持克隆动物吗?”重组单元，设计4课时完成。

案例分析：

上述案例中，使用公众关注的“宠物克隆”的新闻激发学生兴趣，作为SSI教学的导入环节，顺理成章地引出第2章第3节相关概念和原理的学习，让学生在初中学段学习克隆羊培育过程的基础上，进一步学习克隆和细胞核移植技术的原理，并引导学生通过互联网收集新信息来延伸学习内容和学习时空。在此基础上，学生综合课内外学习内容讨论是否支持宠物克隆这个两难问题，可以水到渠成地完成第4章第2节“关注生殖性克隆人”的教学任务。这样跨章节整合相关教学内容，有助于优化课时。在该重组单元的学习中，学生经历“发现问题、学习原理、应用原理和作出决策”的过程，站在不同的角色立场考虑和权衡问题，达到发展学生的科学思维和参与个人决策的目的。

（案例提供：田树青，北京市海淀区教师进修学校）

2. 将国家课程与校本课程有机组合以期拓展延伸

我国基础教育阶段实施国家、地方和学校三级课程管理体系。其中，国家课程集中体现国家的意志，专门为培养未来的国家公民而设计，依据未来公民接受教育之后所要达到的共同素质而开发。① 校本课程是学校在实施好国家课程和地方课程的前提下，自己开发的适合本校实际的、具有学校自身特点的课程。② 校本课程的有效实施，可以更好地服务于国家课程和地方课程目标的达成，更好地满足本校学生的个性化发展需求，更好地实现学科教师专业发展理想。

课程标准中学业质量要求的水平三、水平四指出，解决问题的情境相对复杂，解决问题的程度要求相对较高，涉及的大概念、方法等包括必修课程和选择性必修课程的全部内容，是本学科学业水平等级性考试的命题依据。SSI教学的话题选择、讨论过程等符合上述情境选择、解决问题的要求，可以成为帮助学生达到水平三、水平四的教学策略之一。

【案例2】

在校本课程中尝试开展辩论赛实施SSI教学，是依据课程标准在选择性必修3“生物技术与工程”模块的学业要求，即面对日常生活或社会热点话题中与生物技术和工程有关的话题，基于证据运用生物学基本概念和原理，就生物技术与工程的安全与伦理问题表明自己的观点并展开讨论。同时，人教版教科书选择性必修3中的

---

① 钟启泉，崔允漷，张华．为了中华民族的复兴，为了每位学生的发展：基础教育课程改革纲要（试行）解读［M］．上海：华东师范大学出版社，2001：355.

② 许洁英．国家课程、地方课程和校本课程的含义、目的及地位［J］．教育研究，2005（8）：32-35，57.

专栏提示学生，辩论的目的是使不同的意见在共同的平台上殊途同归，形成共识。教师要在辩论中引导学生科学思维的发展，学生论证的过程中要进行符合逻辑的推理和判断，同时要洞察对方的陷阱和漏洞。另外，结合教学实践，分析了在高二国家课程和高二校本选修课程中用辩论赛的形式开展SSI教学的学生反应差异及其原因。

4-6-1　校本选修课的设计

案例分析：

上述案例中，教师在校本选修课程中组织辩论赛来实施SSI教学的出发点有三个方面：一是依据课程标准的相关要求，选取适合的辩论话题，引导学生结合证据，应用概念和原理展开辩论。在真实的问题情境中，准确使用学科原理阐述个人观点并展开辩论符合学业质量水平三、水平四的基本要求。二是依据教科书相关栏目明确提示的教学价值，组织辩论活动，制定辩论流程和规则。辩论的双方需要各自持有明确的观点，为自己的观点提供证据，并在对方质询中进行答辩、举证和反驳等，从而实现发展学生科学思维和社会责任的教学目标。三是依据学生的爱好和学习需求，采用灵活的处理方式组织教学活动。学生对学习内容、学习形式和学习节奏上有个性化的需求，摒弃在国家课程中全员参与的形式，灵活机动地利用校本选修课，为乐于参加辩论的学生提供展示的平台，又不强迫所有的学生必须参与，尽可能满足全体学生的要求。

（案例提供：李琳，清华大学附属中学）

二、发展学生科学思维和社会责任的组织策略

国内外科学教育者尝试在生物学、化学和地理等多个学科、从小学到高校的不同学段开展SSI教学，发现SSI教学在提高学生领域内学习兴趣，促进学生的概念应用和社会思考，促进学生道德敏感性、品格和价值观的发展，促进对科学本质观的理解以及非正式推理能力、创造性思维和直觉推理等方面均有良好的效果。[①] 由此可见，SSI教学有助于发展学生的高阶思维能力和科学实践能力。但是，这些高阶思维的发展与学生心智发展密不可分，其外显策略和质量评估的客观性都极具挑战性。在SSI教学组织中，学生在各自的小组中参与讨论，教师很难同时把握全班各小组的讨论进程，因此，教师普遍认为SSI教学组织实施的困难较大。那么，有什么教学策略能有效支持小组活动和全班展示呢？

1. 利用星形图和因果图等教学支架外显学生思维

【案例3】

“你支持克隆动物吗？”重组单元教学实施中，组织学生利用星形图讨论并形成

---

① 许翔杰，陈李娜. 高中生的社会性科学议题解决能力及其与科学本质观的关系［J］. 教育学报，2016，12（4）：29-38.

本组观点。学生小组将学习的新知识和已经收集的信息按照科学、经济、政治、文化和伦理五个方面进行梳理，绘制星形图（如图 4-6-1）。在科学方面呈现了新旧知识，在经济方面考虑了不同行业，在政治方面考虑了不同的行政管理部门，在文化方面考虑了人与动物的关系和社会情感领域，在伦理方面考虑了动物伦理和生物技术安全等。

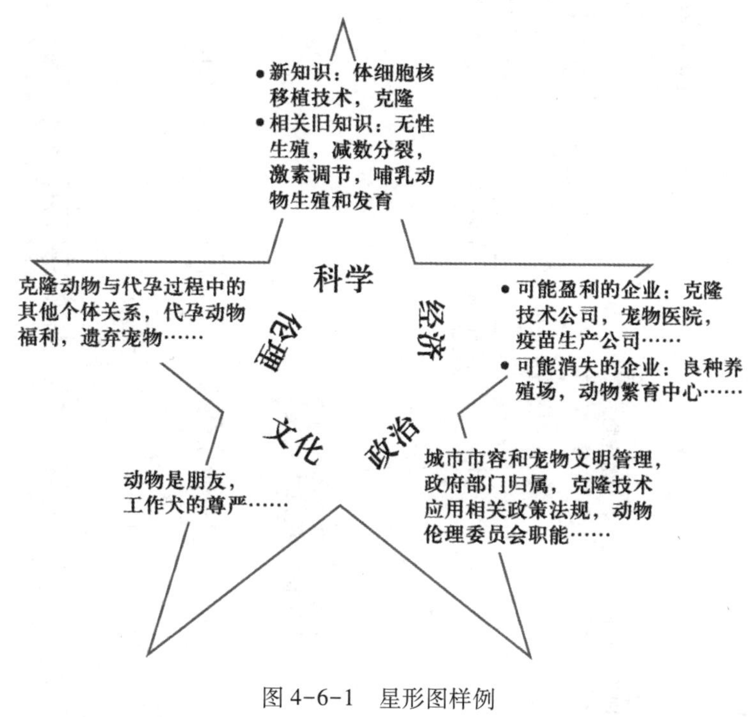

图 4-6-1　星形图样例

案例分析：

上述案例中，星形图是通过单元主题的学习和信息检索，将科学、经济、政治、文化和伦理五个方面填在星形图的五角中，按照这五个不同的视角梳理信息，从不同视角理解 SSI 的观点。在不同视角分析信息之后，学生再进行自我立场的选择和决策，实现个体内部和外部的对话。因此，星形图是一种有效的教学支架，引导学生从不同视角讨论问题，提供证据；在小组交流时形成共同成果；在组间交流时也能直观外显本组的讨论结果。

（案例提供：田树青，北京市海淀区教师进修学校）

【案例 4】

“你支持克隆动物吗？”重组单元教学实施中，组织学生利用因果图讨论不同立场的人所持有的观点和利弊分析角度，分析个人所持观点导致的可能结果。图 4-6-2 所示的因果图为持有“支持克隆技术发展”的学生小组讨论的结果。他们认为，支持克隆技术会影响政策制定、动物养殖、动物选育和实验动物应用四个领域。在每一个领域中，加号表示有利的方面，减号表示不利的方面。

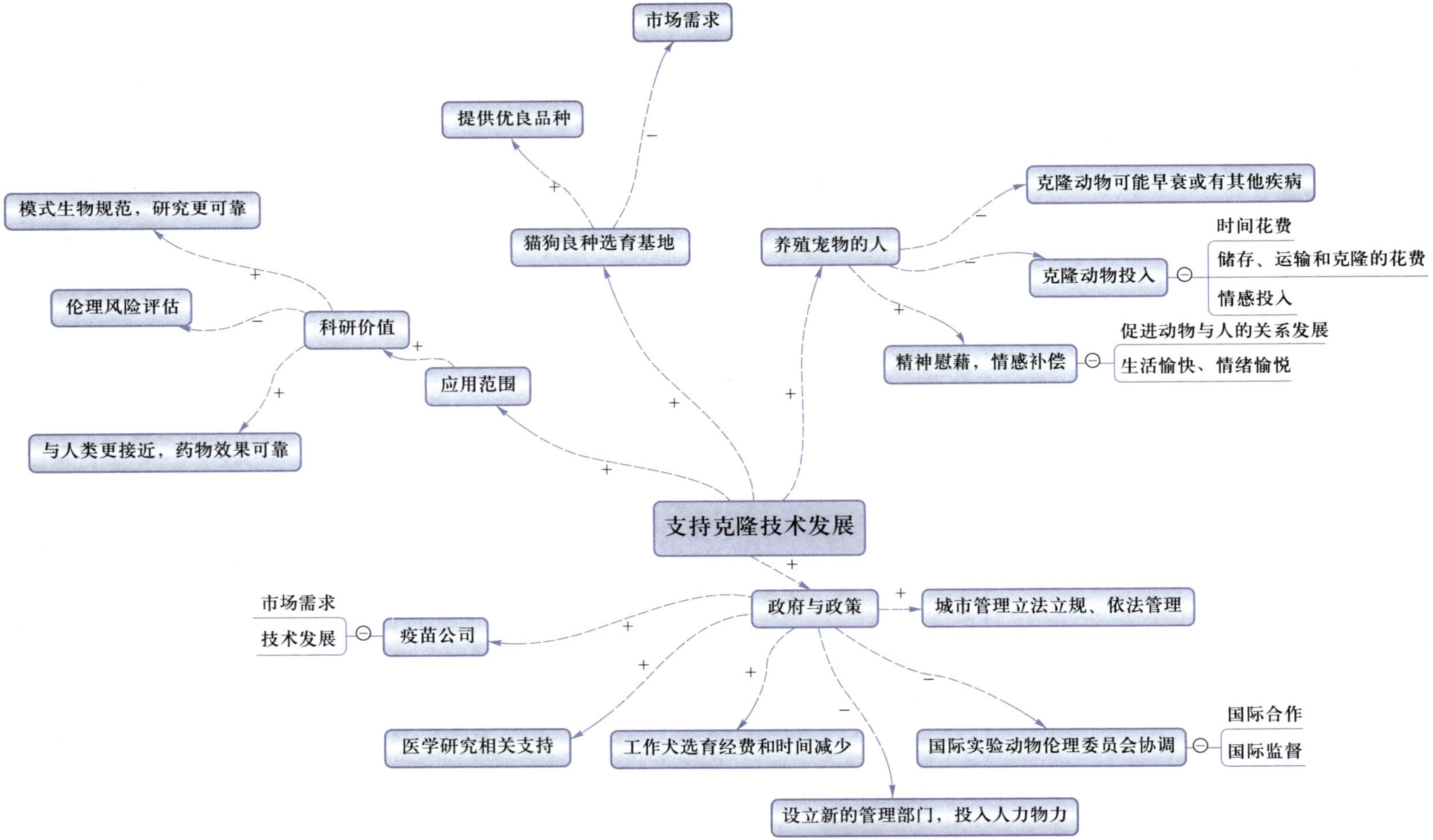

支持克隆技术发展

养殖宠物的人
克隆动物可能早衰或有其他疾病
克隆动物投入
时间花费
储存、运输和克隆的花费
情感投入
精神慰藉，情感补偿
促进动物与人的关系发展
生活愉快、情绪愉悦

猫狗良种选育基地
提供优良品种
市场需求

应用范围
科研价值
模式生物规范，研究更可靠
伦理风险评估
与人类更接近，药物效果可靠

政府与政策
城市管理立法立规、依法管理
疫苗公司
市场需求
技术发展
医学研究相关支持
工作犬选育经费和时间减少
国际实验动物伦理委员会协调
国际合作
国际监督
设立新的管理部门，投入人力物力

图 4-6-2　因果图样例

案例分析：

上述案例中，因果图是引导学生考虑事物间的因果关系，考虑多种因素间的相互作用。它可以在星形图的基础上使用，学生依据星形图梳理的结果决定自己的立场，然后在小组讨论中利用因果图这一支架讨论该立场所引发的更广泛的、复杂的问题和后果。因果图记录的讨论过程，强调一种立场引发相关领域的正反两方面的作用，有助于发展学生的发散性思维和共情能力。在教学组织中，持有不同立场的小组制作的因果图的复杂程度应该比较匹配，这样在组间交流时，更能触动学生反思自己所持有立场的合理性，权衡自己是否要改变立场。

（案例提供：田树青，北京市海淀区教师进修学校）

2. 组织辩论赛发展学生的科学论证能力

【案例 5】

在选修课中，教师设计了长线专题辩论活动，分享了课时设计以及每课时的教学任务、课上实施和活动组织准备等情况。

案例分析：

上述案例中，教师为辩论活动所做的知识准备不拘泥于教科书，还包括拓展文献阅读任务，这对发展高二学生科学文本阅读能力有所助益。在教科书原理学习和拓展资料的阅读中，学生可以吸纳更丰富的观点和证据，有利于权衡个人立场，作出更客观的判断。另外，在小组讨论中没有提前按照立场分组，在真正的辩论交锋前为持有不同立场的同学间提供了交流对话的机会。不同立场的学生在同一组讨论能互相了解对方立场，更有目的地搜寻支持个人立场和反驳对方立场的证据，能让辩论交锋更加激烈。

4-6-2 选修课的专题课时设计

（案例提供：李琳，清华大学附属中学）

【案例 6】

在进行人教版教科书选择性必修 3《生物技术与工程》第 4 章第 2 节“关注生殖性克隆人”的教学时，教师组织了辩论活动。

辩题：为了规避疾病，对人类胚胎进行基因编辑的相关研究，是否可取？

正方：为了规避疾病，对人类胚胎进行基因编辑的相关研究，是可取的；4 人组队。

反方：为了规避疾病，对人类胚胎进行基因编辑的相关研究，是不可取的；4 人组队。

案例分析：

上述案例中，教师为辩论活动规定了明确的赛制和规则。学生需要考虑支持本方观点的证据，同时要站在对方观点考虑他们可能提供的证据。精彩的自由辩论环节，既要有对观点和证据的了然于心，更要针对对方的证据质询，灵活出示本方的证据进行论证或反驳。这样的辩论活动，不在于哪一方胜利，而在于论证和反驳的过程中，外显了学生对生物学观点的理解，展示了科学思维和社会责任素养的发展水平。

4-6-3 学生自由辩论

（案例提供：汤洋洋，中国人民大学附属中学分校）

三、SIMBL 模型在 SSI 教学中的本土化实践

SSI 教学价值正日益受到我国科学教育界的关注。萨德拉等研究发现，教师在组织 SSI 教学中对组织学生的全程参与和推进深入讨论比较困难，学生小组内和小组间的协商、反思等环节复杂性极高，缺少教学支架。为弥补这些不足，SIMBL 模型（socio-scientific issues and model based learning，缩写为 SIMBL）在 2019 年被提出，如图 4-6-3 所示。

图 4-6-3　实施 SSI 教学的 SIMBL 模型

该模型将 SSI 教学过程提炼为 6 个要素，即探寻科学现象和概念、参与科学建模、考虑主题系统动态、发展媒体与信息素养、对比多种观点、阐明自己的立场。教师可依据教学内容和学习活动设计，自由调整各要素的顺序。

【案例 7】

基于 SIMBL 模型设计的单元教学案例“你支持克隆动物吗?”单元教学规划如图 4-6-4 所示。

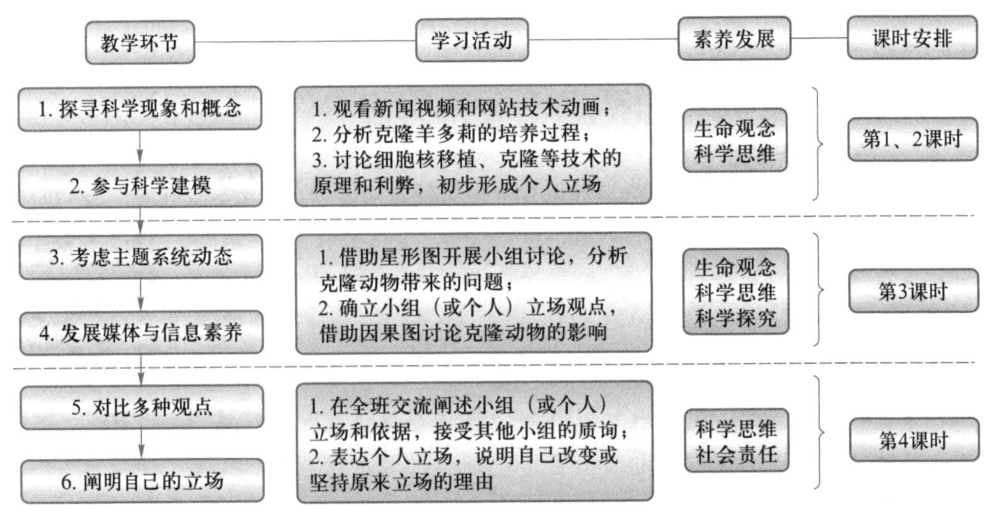

图 4-6-4　“你支持克隆动物吗?”单元教学规划

本单元作业设计为四选一。

（1）指向道德伦理与技术相互关系的思考：为克隆动物的公司写一份递交给生命伦理委员会的申报书，要求阐明公司技术要点、应用范围、伦理承诺等内容，以帮助公司通过生命伦理委员会的审核。

（2）指向产品消费群体的调研和换位思考：为克隆动物的公司设计一份培训前台工作人员的咨询手册，预测前来咨询的人群可能提出的问题，针对这些问题写清工作人员应回答的内容和注意事项。

（3）指向学生的财经素养培养和技术发展的创新性思维：为克隆动物公司做一份价格预算，请调研技术费用产生的具体环节，提出降低克隆动物费用的可能方案。（注意：前提是必须遵守相关法律法规。）

（4）指向外显学生个人决策的过程：结合本单元学习内容，以第一人称的口吻给你的死去的宠物写一封信，向它倾诉你决定放弃克隆它或决定克隆它的心路历程。

案例分析：

本案例在组织 SSI 教学时完整地使用了 SIMBL 模型，学生运用克隆技术的相关概念和原理进行理性分析和解释现实生活中的问题或现象，在学以致用的过程中促进概念理解；鼓励小组内多边讨论和有目的地收集、甄别信息，引导学生站在不同的立场思考和交流，权衡更多的因素作出最终的决策，整个单元教学设计体现 SSI 在进行公民素养发展中的价值。该案例还体现了 SSI 教学重在共情和理解他人、尊重他人的利益和观点的特点。学生体验交换角色，尝试从不同的立场出发考虑问题，尝试调整个人或政府决策等。这些心智体验过程，对学生发展公民意识和尊重多元文化背景是非常有益的。

（案例提供：田树青，北京市海淀区教师进修学校）

【研修作业】

1. 结合自身教学实践，与同伴交流进行 SSI 教学的有效策略和尚存困难。
2. 在生物学课堂上实施 SSI 教学对学生学科核心素养的发展有哪些价值和意义？

4-7 如何进行翻转课堂教学促进学生的自主学习和终身学习？

这个关键问题的提出旨在促进教师充分转变教学思维方式，让学生在课前利用教师提供的微课等资源进行自主学习，在课堂上通过小组讨论、探究实验等多种形式的学习活动进行合作学习，从而提升学生的学科核心素养，提高学生的自主学习和终身学习能力。通过对这个关键问题的分析和解决，希望教师能够：

- 理解翻转课堂教学的价值和意义。
- 了解翻转课堂教学的一般流程及注意事项。

教学关键问题分析

传统课堂以教师讲授为主，讲授的内容通常属于记忆、理解层次。学生在课上容易走神，不主动参与课堂活动，而课后通常又需要独立完成较为综合且有一定难度的作业，从而出现“学生上课听着都会，回家一做作业就困难重重”的现象，长此以往会打击学生的学习积极性。因此，学校需要为学生提供更灵活的课程安排，更适合学生的个体需求，翻转课堂成为解决这些问题的路径之一。通过对翻转课堂的文献研究和教学实践，我们发现翻转课堂实施过程中应重点关注如下两类问题：一是课前学习环节中，教师应提供受学生欢迎的、数量合适的学习资源，师生之间、生生之间应能够通畅互动，以解决预习中的问题；二是课上学习环节中，教师应组织开展符合学生认知水平的高质量的学习活动。

一、翻转课堂的内涵

2007 年，在美国的一所高中，化学教师乔纳森·伯格曼和亚伦·萨姆斯为了解决学生因参加比赛错过课程的问题，用录屏软件录制讲课视频并放到网上，供学生自主学习使用。后来，他们提出，将所有讲稿都预先录制下来，让学生观看视频作为家庭作业，之后教师可以利用整堂课的时间帮助学生厘清他们不懂的内容。这就是翻转课堂的较早实践。

在翻转课堂模式下，学生通过课前观看教学视频进行知识的学习。在课堂上学生通过多种学习活动，如小组讨论、实验探究、教师单独辅导等，完成知识的内化；通过完成作业，实现知识的应用巩固。可见，翻转课堂的最大优点是在不延长学习时间的前提下，将知识学习通过教学视频来完成，将学习最困难的应用分析环节放到课上完成，学生在理解或应用知识遇到困难时能及时得到教师或同伴的帮助，这大大提高了学习效率，提升了学习积极性，增进了师生之间的信任。在翻转课堂中，学生按自己的节奏主动学习，成为学习的主人，教师在教室内观察并帮助学生，带领小组讨论，与学习困难的学生一起学习，成为辅助性教练。① 因此，翻转课堂符合学生的认知规律，是一种高效的教学模式（如图 4-7-1），能够促进学生完成自主学习，提高学生终身学习的能力。

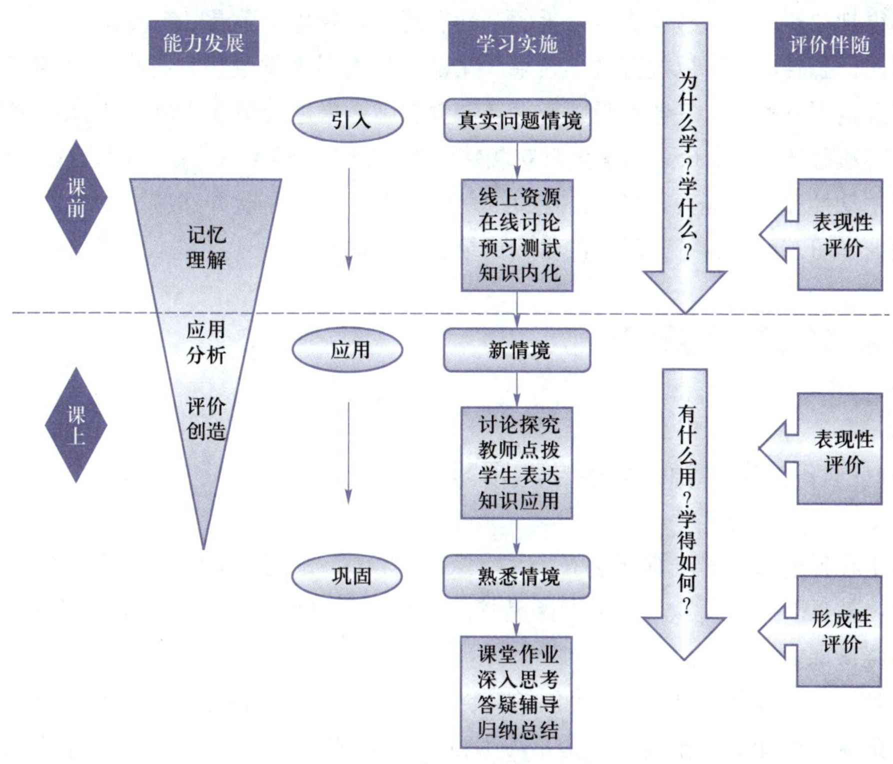

图 4-7-1　翻转课堂教学模式流程图

二、翻转课堂的价值和意义

在生物学教学中，翻转课堂可以帮助学生学会学习，主动承担学习责任，促进学生的发展。

第一，翻转课堂可以激发学生学习热情。在传统讲授式教学中，学生习惯被动接受。在翻转课堂模式下，学生在课前已完成理解记忆层面的预习任务，带着成就感和产生的疑问来到教室，课上他们就会迫切希望与教师或同学交流、解答自己的疑惑，整个学习过程都是在主动学习，自觉承担学习的责任。

第二，翻转课堂可以提高学生信息素养。现在的学生在网络环境中成长，被电子设备包围，数字化资源爆炸式增加。翻转课堂中，教师要引导学生正确选择和使用数字化资源，而不是与之“为敌”。这有利于提高学生的信息素养。

① 乔纳森·伯格曼，亚伦·萨姆斯. 翻转课堂与混合式教学：互联网+时代，教育变革的最佳解决方案［M］. 韩成财，译. 北京：中国青年出版社，2018.

第三，翻转课堂可以实现差异化教学。在传统教学模式下，教师根据班级学生的平均水平来授课，并且新授内容讲解占据了大部分时间，课上教师更多关注的是那些表现最好或最不好的学生，很难满足每个学生的需求。而在翻转课堂中，教师大多数时间都在巡视，根据每位学生的学习基础和学习目标进行有针对性的指导，让每一个学生都得到关注，课堂节奏满足学生的个性需要，差异化教学得以实现。

第四，翻转课堂可以提升教学效果。北京大学附属中学生物学科自 2020 年 3 月开始实施翻转课堂教学，一年后教师对翻转课堂实施效果进行调查。结果显示，28%的学生非常喜欢翻转课堂，65%的学生喜欢翻转课堂；85%的学生认为翻转课堂提高了自己的学习主动性和学习能力。可见，经过一年的实践，学生喜欢并适应了翻转课堂教学。当学生的学习态度改善了，学生的学习成绩也随之提高。

教学关键问题解决

一、准备课前资源，学生自主预习

学生在课前通过学习资源进行自主预习。学习资源包括微课、预习学案、教材、检测预习效果的测试题等。其中微课是核心，预习学案和检测预习效果的测试题都要紧紧围绕微课内容展开。

教师开始实施翻转课堂后，面临的最为严峻的问题是寻找或录制高质量的微课。很多教师认为微课的门槛高，一是不习惯没有学生时讲课，二是不擅长软件操作。如果教师决定开始采用翻转课堂的教学模式，必须想办法制作出优秀的微课。建议教师自己录制微课，因为这样更适合学生的学情，同时既可以促进教师的个人专业发展，又可以提高教学效果。那么如何录制微课呢?

第一步，做好准备工作。教师要思考视频的目的、难度、时长、交互性、素材、讲授内容等。一段微课只解决一个问题，不要把多个内容揉在一段微课里，控制好微课资源的容量。课前微课定位在基础知识讲解，属于布卢姆认知目标分类中的记忆、理解层面，不需要加大难度。一段微课最好不要超过 10 min，尽量做到短小精悍，因为学生有可能要多次暂停视频反复观看，过长的微课会增加学生的课下负担。让学生只观看视频是远远不够的，教师可以要求学生做简单的笔记，或完成微课对应的预习学案，或利用有效的软件或网站等在特殊时间完成嵌入的问题，或到班级互动平台中提出自己的疑问等。总之，课前微课应具有交互性。考虑清楚以上要素后，可以开始搜集视频素材，制作 PPT，准备一份讲稿，等等。

第二步，录制微课视频。教师可以根据需要选择使用摄像机、录屏软件、微课制作应用程序等制作微课。如果想录制稀释涂布平板的演示操作，可以使用摄像机录制。如果想录制对某一个概念的讲解，可以使用录屏软件录制幻灯片和声音。Camtasia Studio 就是一款简单实用的录屏软件，PowerPoint 自带的录制屏幕功能，操作更简单易上手。如果想录制边板书边讲解的过程，可以使用一些特定的微课制作应用程序，如 Explain Everything、Knowmia 等；也可以在 PPT 中留出空白区域，使用手写板进行板书，边板书边讲解，将该过程录制成微课。在实际操作中，教师可以根据自己的具体需求和喜好选择录制方式。

第三步，编辑微课视频。通过视频剪辑软件剪去不需要的片段，加注释来强调某些内容，插入其他视频等，例如 Camtasia Studio 就可以实现这个功能。

第四步，发布微课视频。教师可以根据实际情况选择发布平台。

如果网站上有一些契合教学主题且质量高的视频，或者其他教师录制的高质量视频，也可以直接拿来用于教学。课前微课的目的是吸引学生注意力，学习最基本的知识概念，到达理解层次即可，把应用、分析和高层次的认知元素留到课堂上进行。

【案例 1】

4-7-1　Camtasia Studio 的使用

Camtasia Studio 的使用

Camtasia Studio 的优点是无须注册，一键录制。该软件可以录制整个屏幕或屏幕中选中的区域，教师可以边播放 PPT 边讲解，也可以边讲解边板书，还可以在录制屏幕时以画中画的形式显示头像，这样制作出的微课拉近了教师与学生的距离，受到学生的欢迎。该软件支持视频剪辑，如切掉口误的片段、视频拼接等，还支持添加字幕和水印、视频压缩和播放等。该软件使用门槛低、功能强大、容易操作，推荐教师们使用。

（案例提供：张亚慧，北京大学附属中学）

【案例 2】

4-7-2　基因的表达过程

基因的表达过程

基因的表达内容抽象，对高一学生来说难度较大，学生的学习兴趣普遍不高。教师发挥自身特长，用京剧唱出了基因的表达过程，并录制成微课，使科学性和艺术性均得以体现。该微课已被 4 届学生学习使用，深受学生的喜爱，也得到学生家长的一致好评。

案例分析：

能激发学习积极性的微课就是好微课，能够帮助学生学习基本的知识概念的微课就是好微课。所以教师在录制微课前要先给微课定好位，微课的学习目标是解决基础知识的学习，而不是把重难点提前给学生讲一遍。教师录制的微课要讲解清楚，最好还能联系现实生活或加入幽默元素让学生对学习内容感兴趣。教师录制的微课要具有可看性，画面流畅，声音清晰。

（案例提供：夏一凡，北京大学附属中学）

二、利用网络平台，把控预习效果

学生在家学习微课，教师需要知道学生在课前的学习效果，比如学生听不明白的地方在哪里，听完以后知识理解的效果如何，产生了哪些疑问。学生也需要判断自己的预习效果。学生在家进行微课学习时，教师怎样组织学生的学习活动呢？可利用信息技术促进教学的开展，例如 Microsoft Teams 平台，学生可以发帖提出在预习中产生的疑问，其他同学可以给予解答；学生在预习之后将自己的问题写在笔记本上，拍照上传至平台；教师使用问卷收集学生的预习疑问；等等。微信班级群、微信公众号、哔哩哔哩网站、百度云盘、班级优化大师等平台均可以实现资源推送和师生互动，问卷星可以实现线上测试，无论哪一种平台，只要能满足教学需求即可。

【案例 3】

通过线上平台交流课前疑问

学生 A：在预习这节课之前，我一直觉得减数分裂是直接分裂一次变成两个精细胞，现在知道了减数分裂的过程是先复制再分裂两次，但我的疑问是：为什么分裂过程必须要先复制一下？似乎直接分裂要更简单一点。

学生 B：这个可能类似于生物宏观结构上的一种现象，最开始的一些基础细胞分裂基本都要基于一次复制，因此，有可能这种现象被保存下来，在高级动植物中仍有复制的现象。

学生 C：可以增加精细胞的数量吧，如果直接分裂，一个精原细胞只能形成两个精细胞。

学生 B：我不确定我说的对不对，我是根据真菌的减数分裂想到的。

教师：同学 A 的这个问题提得好，启发了老师和很多同学，谢谢你的提问！同学 B、C 解释得都有一定道理，我给你们推荐一篇文献作为参考，大家可以查阅更多的资料，下节课请你们进行课堂分享。

参考文献：龙信和，羊垂功，董丹丹．如何理解减数分裂中 DNA 复制的意义［J］．中学生物教学，2015（13）：70-71.

案例分析：

本案例中学生 A 预习后提出的问题是本节课的核心问题，学生 B 从进化适应观进行解释，学生 C 从减数分裂的结果进行解释，是生生互动的典型案例。教师并没有直接解答学生的问题，而是给学生推荐文献资料让学生继续主动探索问题的答案，并鼓励他们将思考结果讲述给其他同学，让提出问题的学生和回答问题的学生获得学习成就感，提高了学生的学习积极性。在这个案例中，搭建师生、生生互动平台非常重要，鼓励学生把自己预习后未解决的问题或见解分享在平台上，鼓励学生回答其他同学的问题，这有利于班级内主动学习氛围的形成。另外，教师还可以把收集到的问题打印后贴到班级的展板上，方便全班同学参与问题讨论与解答。

（案例提供：张亚慧，北京大学附属中学）

【案例 4】

预习效果检测题示例

1. 辨析题：判断下列说法是否正确，在括号中打“√”或“×”，并说明理由。

（1）人吃进酸性或碱性的食物会使血浆 pH 发生紊乱。（　　）

（2）CO_2是人体细胞呼吸产生的废物，不参与维持内环境的稳态。（　　）

（3）长跑比赛中，运动员大量出汗会引起血浆渗透压和细胞外液渗透压下降。（　　）

2. 将神经中枢与对应功能进行连线。

大脑皮层	呼吸中枢、心跳中枢
下丘脑	语言等高级活动中枢
小脑	膝跳反射中枢、排尿中枢
脑干	维持身体平衡
脊髓	体温调节中枢、水平衡调节中枢

案例分析：

这里使用辨析题和连线题来检测学生的预习效果，题目难度适中，指向预习过程，符合课前预习的记忆、理解层次的教学目标要求。题目的完成率高且正答率高，学生体验到预习的成功感，非常期待后续的学习。教师应积极保护学生的学习欲望，把握好预习检测题的难度，指向预习过程本身，不拔高、不拓展，让所有认真预习的学生都能体验到学习的成功感，为课上跟随教师继续学习做准备。

（案例提供：张亚慧、柏叶、夏一凡、孙荏苒，北京大学附属中学）

三、开展课上活动，促进知识内化

在翻转课堂模式下，基础知识概念的学习已经在课前完成，课上时间可以用在其他更重要的事情上，如解答预习产生的问题，开展更多实践性的课堂活动，进行更多在教师指导下的习题练习等。

教师应如何解答学生在预习中产生的问题？教师在了解学生预习产生的疑问后，要筛选出核心问题。对于简单的知识性问题，学生可以分组讨论，互相解答，教师最好不要直接讲解。解答完简单问题后，教师可以从某个有难度的问题切入，对本节课重点内容进行统整，建议统整时间不超过一节课时长的 1/3。需要注意的是，教师需要根据学生的实际情况调整教学内容，如有的班级学生基础薄弱，在预习之后提不出问题，教师就可以在统整环节投入更多的时间。

如何开展更多实践性的课堂活动？实践性的课堂活动是指实验、项目任务等，例如在“探究温度对唾液淀粉酶活性影响”的实验课中，课前任务是每个学生阅读一篇教师布置的文献；在课堂上学生小组合作设计小组实验方案，教师进行批阅反馈；小组成员讨论后再次修改实验方案，教师再次进行批阅反馈，直至方案科学合理。在这个过程中，各小组的进度不一样，教师在了解各小组进展的同时，提供有针对性的帮助。又如在“植物体细胞杂交技术”一课中，教师运用小组成绩分享法（student teams achievement division，STAD）教学策略开展合作学习。

如何开展有教师指导的练习？在传统讲授模式下，学生习惯在课下写作业，但由于一些作业复杂性高、难度大，学生难以独立完成。翻转课堂实现了教师在场指导学生解决作业难题。常常会有一些学生完成作业进度快，会在第一时间发现难懂的卡壳点，教师可以把这样的学生集合在一个小组集中讲解，然后他们再回到各自的小组去帮助更多的同学。教师也可以先让学生完成一道典型的练习题，再让学生互相批阅，在批阅中体会自己的答案、同伴的答案与标准答案的区别，与教师沟通确认自己的理解是否正确。对有特殊需要的学生，教师可以单独辅导；对学优生，教师可以布置更多的练习。总之，在翻转课堂上，每个学生都能按照最适合自己的节奏进行学习。

【案例 5】

“探究温度对唾液淀粉酶活性影响”学生实验方案及教师反馈

第一次学生小组实验方案	1. 取 5 支试管并从①到⑤编号； 2. 制备唾液淀粉酶溶液试剂； 3. 用滴管分别量取 5 次 1 mL 3%淀粉溶液，加入到 5 支试管中； 4. 用 5 个滴管同时向试管中滴加 1 mL 唾液淀粉酶溶液； 5. 放入不同温度的水浴锅中加热 1 min 30 s 后加入适量 NaOH 溶液； 6. 分别加入 1 mL 本尼迪特试剂； 7. 用试管夹分别将试管放入沸水浴中加热 5 min； 8. 观察现象并记录； 9. 分析实验结果
第一次教师反馈	实验方案思路清晰，步骤简洁。在方案中没有看到自变量（温度）的具体数据，请补充。本实验的无关变量如反应时间、淀粉在不同温度下是否自身降解等，请思考：你们是如何保持无关变量一致的？如何保证酶促反应自开始至结束都是在同一温度下？你们的方案是先加淀粉后加酶，再进行水浴，在水浴之前反应已经开始，这不合理，请思考如何改进。步骤 5 中的适量是指多少？要写出具体的量
第二次学生小组实验方案	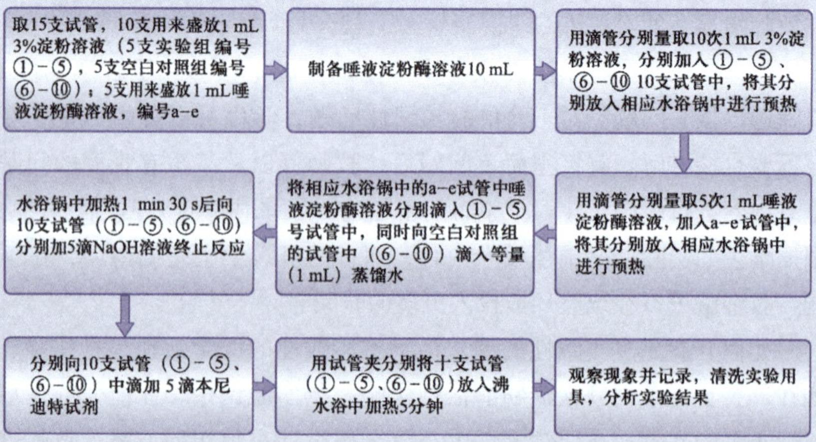 取15支试管，10支用来盛放1 mL 3%淀粉溶液（5支实验组编号①－⑤，5支空白对照组编号⑥－⑩），5支用来盛放1 mL唾液淀粉酶溶液，编号a–e → 制备唾液淀粉酶溶液10 mL → 用滴管分别量取10次1 mL 3%淀粉溶液，分别加入①－⑤、⑥－⑩ 10支试管中，将其分别放入相应水浴锅中进行预热 → 用滴管分别量取5次1 mL唾液淀粉酶溶液，加入a–e试管中，将其分别放入相应水浴锅中进行预热 → 将相应水浴锅中的a–e试管中唾液淀粉酶溶液分别滴入①－⑤号试管中，同时向空白对照组的试管中（⑥－⑩）滴入等量（1 mL）蒸馏水 → 水浴锅中加热1 min 30 s后向10支试管（①－⑤、⑥－⑩）分别加5滴NaOH溶液终止反应 → 分别向10支试管（①－⑤、⑥－⑩）中滴加 5 滴本尼迪特试剂 → 用试管夹分别将十支试管（①－⑤、⑥－⑩）放入沸水浴中加热5分钟 → 观察现象并记录，清洗实验用具，分析实验结果

续表

第二次教师反馈	实验方案编号清晰。运用对照实验解决了淀粉是否会在相应温度下自身水解的问题；预热保证了反应自始至终处于某一温度；试剂加入量准确具体。 温度这个变量没有写出具体为多少摄氏度，请补充。第5步是制约本次实验时长的关键步骤，能不能做到同时向含有淀粉酶的试管中加入淀粉溶液？请思考，并提示小组成员分工合作

案例分析：

教师在对小组方案的反馈中，指出了各组的优点和不足，提示学生思考对照实验的一般原则，注重培养学生严谨的科学思维和解决科学问题的方法。在实验方案设计过程中，各小组的进度不一样，教师走到各小组中，查看活动进展，可以有针对性地提供指导；教师走到学生中间，成为学习的伙伴，增进了师生感情。本案例还可以作一些改进：第一次反馈可以改为让学生互相批阅，教师简单总结，在学生继续改进方案后，教师再做第二次反馈。这样不仅节约时间，还可以促进不同小组之间的交流学习。

（案例提供：郭莉、尹丽媛、刘铭玉、夏一凡，北京大学附属中学）

【案例6】

STAD合作学习实施后的教学反思

如何筛选融合后的马铃薯与番茄杂交细胞？这个问题是没有标准答案的，存在多种可能的解决方案。学生能够通过合作交流，回忆旧知识（如基因工程），使用新知识（如细胞工程），构建起新旧知识联结的网络，并且学生提出的这些解决方案只要理论可行即可通过，大大拓宽了思维的边界。

在活动实施过程中，教师先给学生充足的时间进行组内讨论并记录，之后学生将自己组的结果向班级进行分享。当小组分享时，其他小组可能还在忙着继续讨论，因此采取小组轮流分享的方式，每次分享一个筛选方案，且不能与之前的小组方案重复。这样每个小组的分享展示都能被大家认真倾听。但是仅采用这样的方式仍然缺乏趣味性与挑战性，无法真正激发大家的热情。因此，我们在活动中又采用了两种实施方式：一是将原本的轮流发言变为“抽卡制”，有的组早早说完了自己组的方案，可以安心准备下一轮分享，而有的组会担心自己的方案被其他组抢先说出；二是引入竞争奖励机制，发言将持续数轮，有的组如果无法提出新的解决方案就会被淘汰，剩余小组继续发言直至角逐出前三名，对前三名还可以设置“神秘大奖”。在学生的热情被大大激发，不断提出新的方案，甚至还有小组提出利用如红外光谱等跨学科的内容。在分享完成之后，还需要回顾与评价，这时的评价者也不一定是老师，可以请小组组长对活动小组和成员的表现进行点评。这样的方式能够让同学们自己意识到合作在整个过程中的重要性，这样的评价能鼓励每位成员参与课堂活动，能从对集体的关注转向对个体的关注。

这虽然只是一次小组合作学习课堂实践，但是它具有可迁移性。通过这样的实践，学生锻炼了科学思维与口头表达能力，提高了合作意识，互相学习、共同进步。但活动组织过程也存在一些问题，比如没有足够关注个体差异，可以增加组内记录员，鼓励内向的同学表达，又如在这节课之后应该有考查应用环节，以检测学生通过活动获得的学习效果如何。

案例分析：

本案例中合作任务明确，规则清晰，激发了学生合作交流的热情，是一次成功的合作学习。合作学习的成功离不开教师搭建的学习支架，离不开合理的规则。学习支架是教师将合作学习任务的步骤进行分解，让学生听到教师指令后可以清楚地知道下一步应该与组员讨论哪些内容以及如何讨论，教师还必须及时进行评价，及时发现小组合作中遇到的问题并进行对话以确保合作学习有效进行。合理的规则能够增加学生对任务的兴趣，提高小组的合作效率。

（案例提供：陈新月、高成，北京大学附属中学）

四、发挥教师智慧，实现通达翻转课堂

通达学习是在 20 世纪中期由布卢姆提出的，其基本思想是按照学生自身节奏进行一系列的目标学习。通达翻转课堂是以通达学习为主旨，将教学与现代信息技术相结合，打造可持续、可复制、可管理的学习环境。在通达翻转课堂中，学生的各种异步活动同时进行，教师不断巡视，特别关注需要帮助的学生。进入通达翻转课堂是很重要的一步，很多教师翻转了课堂，但并没有再走向通达翻转课堂。

通达翻转课堂是翻转课堂的迭代和改进，需要教师和学生的共同努力。如果教师选择了翻转课堂的教学模式，那就继续尝试直至实现通达翻转课堂，从而更有效地促进学生的主动学习和终身学习。

【研修作业】

1. 尝试对一节课进行翻转课堂教学，撰写一份教学设计。
2. 如果你正在进行翻转课堂教学，请谈谈你的感受；如果你打算进行翻转课堂教学，请谈谈你的想法。

读者意见反馈

为收集对教材的意见建议，进一步完善教材编写并做好服务工作，读者可将对本教材的意见建议通过如下渠道反馈至我社。

咨询电话　400-810-0598

反馈邮箱　gjdzfwb@pub.hep.cn

通信地址　北京市朝阳区惠新东街4号富盛大厦1座　高等教育出版社总编辑办公室

邮政编码　100029